MANFRED KLUSSMANN

AF141329

Zulässigkeit und Grenzen von nachträglichen Eingriffen des Gesetzgebers in laufende Verträge

Schriften zum Öffentlichen Recht

Band 133

Zulässigkeit und Grenzen von nachträglichen Eingriffen des Gesetzgebers in laufende Verträge

Von

Dr. Manfred Klußmann

DUNCKER & HUMBLOT / BERLIN

Meinen Eltern

Inhaltsverzeichnis

A. Art und Umfang der Eingriffe
des Gesetzgebers in laufende Verträge

I. Freiheit und Abhängigkeit der Vertragsparteien im Zeitalter
der staatlichen Wirtschaftslenkung

Bis zum ersten Weltkrieg galt der Grundsatz, der Staat dürfe das wirtschaftliche Geschehen nicht direkt beeinflussen. Staat und Wirtschaft waren zwei getrennte Bereiche[1]. Auch in sozialen Fragen hielt sich der Staat in seiner Tätigkeit zurück. Der Staat und die Gesellschaft vertrauten dem freien Spiel der Kräfte. Mit dem Beginn des ersten Weltkrieges ergab sich der Zwang zur Aufgabe dieses freiheitlichen Standpunktes. Die kriegswirtschaftlichen Notwendigkeiten veranlaßten den Staat, in den bisher autonomen privatwirtschaftlichen Bereich in immer stärkerem Maße einzugreifen[2]. Staatliche Ankaufs- und Verkaufsmonopole, Kontingentierungen und Preisbindungen für die vorhandenen Waren, um nur einige der ergriffenen Maßnahmen zu nennen, veränderten die wirtschaftliche Freiheit des einzelnen. Auch nach Beendigung des Krieges erfolgte keine Wiederherstellung der ursprünglich weitgehend unbegrenzten Möglichkeiten des einzelnen zur wirtschaftlichen Betätigung. Die Weimarer Verfassung widmete dem Wirtschaftsleben einen eigenen Abschnitt und verpflichtete den Staat zur Ordnung des Wirtschaftslebens (vgl. Art. 15 Abs. 1 WRV). Die Verfassung enthielt zwar ausdrücklich die traditionellen Grundrechte des Liberalismus, unterwarf sie aber gleichzeitig weitgehenden sozialen Vorbehalten[3].

Das Recht und die Pflicht zu einer aktiven Wirtschafts- und Sozialpolitik hat der Staat auch unter der Geltung des Grundgesetzes, obwohl das Grundgesetz keinen besonderen Abschnitt enthält, der den Staat ausdrücklich zur Ordnung des Wirtschaftslebens verpflichtet[4]. Trotz der Betonung des freiheitlichen Charakters der bestehenden Wirtschaftsord-

---

[1] *Hamann*, Rechtsstaat und Wirtschaftslenkung, 1953, S. 15.

[2] *Ehlermann*, Wirtschaftslenkung und Entschädigung, 1957, S. 10.

[3] *Ehlermann*, a.a.O., S. 10.

[4] *Ehlermann*, a.a.O., S. 14 ff.; *Hamann*, Rechtsstaat, S. 24; *Huber*, Wirtschaftsverwaltungsrecht I, 2. Auflage 1953, S. 20 ff.; *Neumann*, Wirtschaftslenkende Verwaltung 1959, S. 15, 16; *Rinck*, Wirtschaftsrecht 1963, S. 16 ff., 34; zum Einfluß des neugefaßten Art. 109 GG vgl. *Zuck*, Die global gesteuerte Marktwirtschaft und das neue Recht der Wirtschaftsverfassung, NJW 1967, S. 1301 ff.; *Stern*, Die Neufassung des Art. 109 GG, NJW 1967, S. 1831 ff.

nung nimmt der Staat daher nachhaltigen Einfluß auf die wirtschaftlichen Entscheidungen und Möglichkeiten des einzelnen. Um seine wirtschafts- und sozialpolitischen Ziele zu erreichen, hat der Staat ein enges Netz len- kender und leitender Gesetzesvorschriften, geschaffen, das in all seinen Verästelungen darzustellen, nur noch sehr schwer möglich ist. Eine wich- tige Ursache ist darin zu sehen, daß eine Vielzahl der heutigen Gesetze, vor allem auf dem Gebiet der Wirtschaftslenkung[5], aus den praktischen Notwendigkeiten konkreter Situationen entstanden ist und sich daher einer Systematisierung weitgehend entzieht[6]. Die einzelnen Gesetze neh- men mehr und mehr den Charakter von Maßnahmen an, mit denen der Staat sich ergebenden Notlagen und Bedürfnissen abzuhelfen versucht[7].

Vor dem Hintergrund dieser verfassungsrechtlichen und allgemein ge- setzlichen Entwicklung, die sich als eine Folge der wirtschaftlichen und sozialen Forderungen der letzten Jahrzehnte erklärt, ist das „liberale" Recht des einzelnen zu sehen, Verträge abzuschließen und auszuführen. Unsere geltende Rechtsordnung geht grundsätzlich von der Möglichkeit des freien Vertragsschlusses aus, der den einzelnen in die Lage versetzen soll, seine Beziehungen zur Umwelt in eigener Verantwortung zu regeln[8]. Der Staat erkennt diese Regelung als rechtsverbindlich an, einmal für das Verhältnis zwischen den Parteien, zum anderen auch für sich, indem er durch seine Gerichte auf Grund eines wirksamen Vertrages unter nur ergänzender Heranziehung gesetzlicher Bestimmungen Recht spricht.

Die Möglichkeit zum freien Vertragsschluß ist aber schon im Rahmen des Bürgerlichen Gesetzbuches aus dem Jahre 1896 nicht unbeschränkt gegeben. Wenn auch dessen Vertragsrecht weitgehendst den liberalen Prinzipien des 19. Jahrhunderts folgt, so darf nicht übersehen werden, daß der staatliche Gesetzgeber schon in diesem Gesetz dem freien Ver- tragsschluß zwingende Grenzen setzte[9]. Dabei wird weniger an die Be- stimmungen gedacht, die Mindestvoraussetzungen für einen wirksamen Vertragsschluß verbindlich festlegen (z. B. Geschäftsfähigkeit, Willens- erklärung usw.). Gemeint sind vielmehr die Vorschriften, die der inhalt- lichen Gestaltungsfreiheit der Vertragsparteien Grenzen ziehen. Der von den Parteien vereinbarte Vertrag erfährt u. a. dann keine rechtliche An-

---

[5] Zum Begriff und Wesen der Wirtschaftslenkung: *Ehlermann*, a.a.O., S. 9; *Hamann*, Rechtsstaat, S. 13.

[6] *Ehlermann*, a.a.O., S. 26.

[7] Zum Begriff des Maßnahmegesetzes: *Forsthoff*, Lehrbuch des Verwal- tungsrechts I, Allg. Teil, 9. Auflage 1966, S. 148; *Wolff*, Verwaltungsrecht I, 7. Auflage 1968, § 17 II b, S. 69.

[8] *Raiser*, Vertragsfunktion und Vertragsfreiheit, in „Hundert Jahre Deut- sches Rechtsleben" 1960, S. 101 ff. (105); *Kollmar*, Das Problem der staatlichen Lenkung und Beeinflussung des rechtsgeschäftlichen Verkehrs 1961, S. 4 ff.

[9] *Raiser*, Vertragsfreiheit heute, in JZ 1958, S. 1 ff. (2).

erkennung, wenn er bei Vertragsschluß[10] gegen ein gesetzliches Verbot verstößt. Ein derartiger Vertrag ist nichtig (§ 134 BGB). Wann ein derartiges Verbot gegeben ist, sagt das Gesetz nicht. § 134 BGB ist eine Blankettnorm[11], die ihre Ausfüllung durch Vorschriften erfährt, die außerhalb des Bürgerlichen Gesetzbuches bestehen. Ein Vertrag ist z. B. nichtig, wenn sein Abschluß gegen ein allgemeines gesetzliches Veräußerungsverbot verstößt, das in Zeiten verstärkter hoheitlicher Lenkung des Warenverkehrs von großer Bedeutung werden kann. Ein Veräußerungsverbot kann sich z. B. gegen den freien Verkauf bestimmter Waren wenden, an denen Mangel herrscht[12].

Der Grundsatz des freien Vertragsschlusses erfuhr in der Vergangenheit in zahlreichen Fällen ferner eine Beschränkung dadurch, daß die Wirksamkeit und die Erfüllung eines Vertrages zur Wahrung von wirtschaftlichen und sozialen Belangen von der Erteilung einer behördlichen Genehmigung abhängig gemacht wurde[13]. Das Lenkungsmittel einer gesetzlich vorgeschriebenen Genehmigung versetzt die staatliche Verwaltung in die Lage, den einzelnen Vertrag auf seine Vereinbarkeit mit den Interessen der Allgemeinheit zu überprüfen, wenn es nicht gerade um einen Genehmigungsvorbehalt geht, der zum Schutz einer der Vertragsparteien geschaffen worden ist. In der Vergangenheit mußten Genehmigungen z. B. von staatlichen Preisbildungsbehörden, Devisenbehörden oder Wohnungsämtern eingeholt werden, bevor ein von den Vertragspartnern ausgehandelter Vertrag wirksam werden konnte. Erst mit der Erteilung der Genehmigung wurde der Vertrag voll wirksam, auch wenn vorher alle Voraussetzungen, die u. a. das Bürgerliche Gesetzbuch für einen wirksamen Vertragsabschluß aufstellt, erfüllt waren. Die Erteilung der Genehmigung war uneigentliche Rechtsbedingung des Verpflichtungsgeschäftes und gesetzliche Wirksamkeitsvoraussetzung. Bis zur Erteilung der Genehmigung war das Verpflichtungsgeschäft schwebend unwirksam[14].

---

[10] *Palandt*, Kommentar zum Bürgerlichen Gesetzbuch, 28. Auflage 1969, § 134 Anm. 1 ff., § 275 Anm. 1 a; *Reichsgerichtsrätekommentar*, 11. Auflage 1959, § 134 Anm. 5; vgl. ferner Auslegung des § 134 BGB und seine Anwendung auf nachträgliche Verbote: BAG 12. 2. 1959, NJW 1959, S. 1243; ebenfalls *Palandt*, a.a.O., § 275 Anm. 1 a; *Bettermann*, Grundfragen des Preisrechts für Mieten und Pachten, 1952, S. 40 ff.

[11] *Staudinger*, Kommentar zum Bürgerlichen Gesetzbuch, 11. Auflage 1957, § 134 Rdz. 2.

[12] *Flume*, Allgemeiner Teil des Bürgerlichen Rechts, II. Band 1965, § 17 S. 340 (344).

[13] *Bullinger*, Die behördliche Genehmigung privater Rechtsgeschäfte und ihre Versagung, DÖV 1957, S. 761 ff.

[14] *Palandt*, a.a.O., Überblick vor § 104 Anm. 4 c; § 275 Anm. 9 a; RG 7. 7. 1930, Bd. 129 S. 357 (376); BGH 4. 6. 1954, Bd. 14 S. 1; 20. 2. 1957, Bd. 23 S. 342 (344).

Nach der heutigen Gesetzeslage tritt z. B. die Wirksamkeit eines Kaufvertrages über ein landwirtschaftliches oder forstwirtschaftliches Grundstück erst mit der Erteilung einer Genehmigung ein (§ 2, 3 Grundstücksverkehrsgesetz)[15]. Ferner dürfen Geldschulden in einer anderen Währung
als in Deutscher Mark auch in der heutigen Zeit nur mit der Genehmigung der zuständigen Stelle eingegangen werden (vgl. § 3 Währungsgesetz)[16], wenn an dem Rechtsgeschäft nur Gebietsansässige beteiligt sind
(§ 49 AWG). Bei fehlender Genehmigung kommt die Geldschuld nicht
wirksam zur Entstehung. Wird die Genehmigung versagt, ist der Vertrag
mit der fremden Währung (insoweit) endgültig unwirksam.

In anderen Fällen beschränkte sich der Staat als Gesetzgeber zur Erreichung seiner wirtschaftlichen und sozialen Ziele darauf, nicht für das
eigentliche Verpflichtungsgeschäft, sondern „nur" für das von den Parteien angestrebte dingliche Verfügungsgeschäft eine behördliche Genehmigung vorzuschreiben (vgl. z. B. § 19 BBauG)[17]. Unter diesen Umständen kann das Verpflichtungsgeschäft zwar ohne besondere staatliche Mitwirkung von Anbeginn wirksam werden; die Parteien dürfen allerdings
die dingliche Erfüllungsleistung im Rahmen des Vertrages erst nach der
Erteilung der Genehmigung vornehmen. Demgemäß bedarf nach § 19
Bundesbaugesetz die Auflassung eines Grundstückes oder die Bestellung
eines Erbbaurechts einer staatlichen Genehmigung[18]. Sofern die Auflassung des Grundstückes oder die Bestellung des Erbbaurechts schon früher
bewirkt sein sollten, sind sie bis zur Erteilung der Genehmigung schwebend unwirksam[19].

Gelegentlich schreibt der Staat eine Genehmigung ausschließlich für die
rein tatsächliche Erfüllungshandlung vor. Diesen Weg der Einflußnahme
wählte der Staat u. a. auf dem für die Wirtschaft so wichtigen Gebiet des
Außenhandels[20] und im Rahmen früherer Bewirtschaftungsbestimmun-
gen für nicht beschlagnahmte Waren[21]. Die Erfüllung des bereits wirksamen Vertrages blieb so lange ungewiß, wie über die Erteilung der Genehmigung noch nicht entschieden war.

---

[15] Grundstücksverkehrsgesetz vom 28. 7. 1961, BGBl. I S. 1091.

[16] Erstes Gesetz zur Neuordnung des Geldwesens (Währungsgesetz) vom
20. 6. 1948, WiGBl. Beilage Nr. 5/1948, S. 1.

[17] Bundesbaugesetz vom 23. 6. 1960, BGBl. I S. 341; letzte Änderung vom
24. 5. 1968, BGBl. I S. 503.

[18] BGH 20. 6. 1962, Bd. 37 S. 233 (237, 239).

[19] *Palandt*, a.a.O., § 275 Anm. 2 b.

[20] Ausfuhrgenehmigung nach KRG 53 Art. I, V, Deutsche Übersetzung in
BAnz 1949 Nr. 2.

[21] Anordnung der Militärregierung vom 20. 4. 1946 und 24. 3. 1948 über die
Erfassung der N. E.-Metalle, Amtsblatt der Mil.Reg., Heft 9, S. 207, 210; Anordnung vom 24. 3. 1948, VfW MBl. 1948, 124.

Der Wille der Vertragsparteien zum Vertragsabschluß und ihre Bereitschaft zur Erfüllung der eingegangenen Verpflichtungen ist gegenüber diesen sehr verschieden ausgestalteten staatlichen Genehmigungsvorbehalten allein nicht mehr ausreichend. Der Staat behält sich, wie wir gesehen haben, in zahlreichen Fällen die letzte Entscheidung über die Ausführung des „frei" abgeschlossenen Vertrages vor. Der einzelne Bürger kann deshalb seine Beziehungen zur Umwelt mit Hilfe eines Vertrages nur insoweit in eigener Verantwortung regeln, als es ihm vom Staat zugestanden wird. Wegen der vielfältigen öffentlichen Aufgaben, deren Erfüllung vom Staat aus wirtschafts- und sozialpolitischen Gründen verlangt wird, sah sich der Gesetzgeber vielfach gezwungen, die Wirksamkeit und die Erfüllung eines zukünftigen Vertrages u. a. von der Erteilung einer behördlichen Genehmigung auf Kosten der Freiheit der Vertragsparteien abhängig zu machen.

II. Die Notwendigkeit von nachträglichen Eingriffen des Gesetzgebers in laufende Verträge

Die wirtschaftlichen und sozialen Entwicklungen der letzten Jahrzehnte erzwangen vom Staat aber nicht nur rechtliche Einschränkungen für zukünftige Verträge und deren Erfüllung. Die Dringlichkeit der wirtschaftlichen und sozialen Umstände ließ es in Vergangenheit und Gegenwart in manchen Fällen als richtig erscheinen, nachträglich durch Änderung der bisherigen Rechtslage in laufende Verträge durch Verbote oder nachträgliche Genehmigungserfordernisse einzugreifen, um die Interessen der Allgemeinheit auf Kosten der betroffenen Vertragsparteien zu wahren. Dabei richteten sich diese Interventionsmaßnahmen gegen Verträge, die vollwirksam in Übereinstimmung mit den bislang geltenden einschlägigen Rechtsnormen entstanden, aber noch nicht vertragsgemäß endgültig abgewickelt waren. Laufende Verträge[22], deren angestrebte Erfüllung im Zeitpunkt des Vertragsabschlusses noch mit den Interessen des Staates und der Öffentlichkeit harmonisieren, können nach kurzer Zeit wegen der heutzutage schnellen Veränderungen aller Umstände von sehr nachteiliger Wirkung für die wirtschaftliche und soziale Entwicklung werden. Vor allem bei langfristigen Verträgen kann sich eine derartige Veränderung ergeben. Besonderes Aufsehen erregte in der Vergangenheit z. B. das sog. Röhrenembargo im Jahre 1962[23], als die Bun-

---

[22] Teilweise spricht man in diesem Zusammenhang auch von abgeschlossenen (§ 2 Abs. 2 S. 3 Außenwirtschaftsgesetz [AWG] vom 28. 4. 1961, BGBl. I S. 481; § 8 Absicherungsgesetz vom 29. 11. 1968, BGBl. I S. 1255) oder von schwebenden Verträgen (*Huber*, Wirtschaftsverwaltungsrecht II, 2. Auflage 1954, S. 308, 309).

[23] Vierte Verordnung zur Änderung der Ausfuhrliste, Anlage zur Außenwirtschaftsverordnung vom 14. 12. 1962, BAnz. Nr. 238 S. 1.

desregierung durch den Erlaß einer Rechtsordnung die weitere Erfüllung eines laufenden, langfristigen Liefervertrages von deutschen Firmen mit der Sowjetunion über Stahlröhren unmöglich machte.

Ein derartiger Eingriff nach Abschluß des Vertrages, der die bisherige Rechtslage zum Nachteil der Vertragsparteien verändert, kann bisherige finanzielle Aufwendungen und tatsächliche Vorbereitungen der Parteien für die Erfüllung des Vertrages ganz oder teilweise wertlos werden lassen. Vor allem bei einem langfristigen Vertrag mit wiederkehrenden Leistungen geschieht es häufig, daß z. B. der Warenlieferant in seinem Unternehmen kostspielige Investitionen vornimmt, die sich erst in der Zukunft als Folge der geplanten Abwicklung des nunmehr durch den Staat behinderten Vertrages bezahlt gemacht hätten.

III. Das Grundgesetz als mögliche Schranke gegenüber nachträglichen Eingriffen des Gesetzgebers

In einem derartigen Fall stellt sich sehr bald die Frage, ob der Staat bei der Verfolgung seiner Aufgaben und Ziele das Recht hat, den Vertragsparteien die angedeuteten vermögenswerten Nachteile zuzufügen, ohne als Ausgleich eine Entschädigung zu zahlen. Eine Antwort läßt sich nur finden, wenn sich klären läßt, ob und inwieweit die sich aus einem laufenden Vertrag ergebenden Rechtspositionen Eigentum im Sinne des Art. 14 GG sind. Das Grundgesetz weist dem Gesetzgeber die Aufgabe zu, Inhalt und Schranken des Eigentums entschädigungsfrei zu bestimmen; eine Enteignung darf der Gesetzgeber aber nur anordnen und ermöglichen, wenn von ihm gleichzeitig eine angemessene Entschädigung für den Vermögensverlust vorgesehen ist (Art. 14 Abs. 3 S. 2 GG).

Läßt man einmal die vermögenswerten Auswirkungen eines staatlichen Eingriffes in einen laufenden Vertrag außer acht, so liegt die Erwägung nahe, ob nicht schon der angeblich verfassungsrechtlich geschützte Grundsatz der Vertragsfreiheit verlangt, daß ein wirksam zustande gekommener Vertrag ungestört von staatlichen Einwirkungen und Verboten abgewickelt werden kann. Handlungsfreiheit und Vertragsfreiheit stehen in einem engen Zusammenhang. Die durch Art. 2 Abs. 1 GG geschützte Handlungsfreiheit berechtigt den einzelnen beispielsweise, seine Beziehungen zu Dritten vertraglich zu ordnen. Der Staat muß den einzelnen Vertrag als Ergebnis der praktizierten Handlungsfreiheit möglicherweise unbeeinträchtigt lassen, soweit dieser nicht durch seine Existenz die Rechte anderer, die verfassungsmäßige Ordnung oder das Sittengesetz verletzt.

Den Vertragsparteien erwächst gegenüber der heutigen staatlichen Interventionstätigkeit ein weiterer Schutz dann, wenn der nachträgliche

Eingriff des Gesetzgebers in einen laufenden Vertrag eine verfassungswidrige Rückwirkung darstellt. Zwar ist im einzelnen noch immer umstritten[24], was unter der Rückwirkung eines Gesetzes zu verstehen ist,
und wo ihre verfassungsrechtlichen Grenzen liegen; weitgehend anerkannt ist aber heute im Grundsatz, daß die Rückwirkung von Gesetzen
nach dem Grundgesetz nicht unbeschränkt zulässig ist[25].

Des weiteren ist denkbar, daß abgesehen von den erwähnten unbe-
dingten Schranken (Schutz des Eigentums, Vertragsfreiheit, Verbot der
Rückwirkung von Gesetzen) der Eingriff in laufende Verträge gegen den
Grundsatz der Verhältnismäßigkeit des Mittels verstößt oder in dieser
Schwere zur Erreichung der anerkannten öffentlichen Ziele und Zwecke
nicht erforderlich ist. Der Maßstab der Verhältnismäßigkeit bindet nach
weitverbreiteter Ansicht in Rechtsprechung und Literatur nicht nur die
Verwaltung, sondern auch den Gesetzgeber, nachdem das Gesetz in zu-
nehmendem Maße zum Regulativ der Sozialabläufe geworden ist und
weniger dazu dient, die Freiheitssphäre des einzelnen abzusichern[26].

Da bisher soweit ersichtlich eine monographische Untersuchung der angedeuteten und weiter damit im Zusammenhang stehenden Fragen des Be-
standsschutzes laufender Verträge gegenüber nachträglichen Eingriffen
des Gesetzgebers fehlt, soll eine Beantwortung im Rahmen dieser Arbeit
versucht werden.

IV. Nachträgliche Eingriffe des Gesetzgebers in laufende
Verträge, dargestellt anhand von ausgewählten Beispielsfällen

1. Einwirkungen auf laufende
Verträge im Rahmen von Übergangsbestimmungen

a) Die Übergangsregelung des Einführungsgesetzes
zum Bürgerlichen Gesetzbuch

Um die Weite der zur Diskussion stehenden Fragen leichter erkennen
zu lassen, ist es unerläßlich, daß anhand von einzelnen ausgewählten
Beispielsfällen die Vielfalt der gegen laufende Verträge gerichteten
staatlichen Interventionstätigkeit aufgezeigt wird. Selbst bei Einführung des von starkem liberalen Geist erfüllten Bürgerlichen Gesetz-

---

[24] *Scheerbarth*, Die Anwendung von Gesetzen auf früher entstandene Sachverhalte, 1961, § 3 S. 5 ff.; *Forsthoff*, a.a.O., § 8 S. 146; *Klein-Barbey*, Bundesverfassungsgericht und Rückwirkung von Gesetzen, 1964, S. 36 ff.; *Kimminich*,
Die Rückwirkung von Gesetzen, JZ 1962, S. 518 ff.
[25] BVerfG 17. 1. 1967, Bd. 21, S. 117 ff. (132); *Wolff* I, a.a.O., § 27 I c S. 130 ff.
[26] *Lerche*, Übermaß und Verfassungsrecht, 1961, S. 60.

buches verzichtete der Gesetzgeber nicht auf eine mehr oder weniger starke Einflußnahme auf laufende Verträge[27]. Zu dieser Feststellung steht, wie sich bei näherer Betrachtung zeigt, auch nicht Artikel 170 des Einführungsgesetzes zum Bürgerlichen Gesetzbuch im Widerspruch. Dieser Artikel enthält den Grundsatz, daß für die Schuldverhältnisse, die vor dem Inkrafttreten des Bürgerlichen Gesetzbuches entstanden waren, die bisherigen Gesetze maßgebend bleiben. Der Inhalt eines vor dem 1. 1. 1900, dem Tag des Inkrafttretens des Bürgerlichen Gesetzbuches, voll wirksam entstandenen Darlehensvertrages bestimmte sich demnach auch fernerhin nach dem Recht, das zur Zeit seiner Entstehung gegolten hatte. Das neue Recht des Bürgerlichen Gesetzbuches fand dagegen trotz dieses Grundsatzes auch für einen derartigen „alten" Vertrag insoweit Anwendung, als es z. B. um Erlöschungsgründe ging, die von außen nach dem 1. 1. 1900 an den Vertrag herantraten (vgl. z. B. § 1165 BGB). Altrechtliche Verträge unterfielen trotz Artikel 170 EGBGB ferner insoweit dem Wirkungskreis des neu eingeführten Bürgerlichen Gesetzbuches, als es sich um Vorschriften handelte, die einen reformatorischen oder prohibitiven Charakter hatten und mit denen der Gesetzgeber erkennbar auch in „wohlerworbene Rechte" hatte eingreifen wollen. Diese Wirkung nahm man u. a. an bei den Vorschriften der §§ 138, 242 BGB[28]. Aber auch eine Einzelvorschrift wie § 247 Abs. 1 BGB galt nicht nur für künftig neu abzuschließende Verträge. Ein Schuldner, der sich vor dem 1. 1. 1900 zur Zahlung eines 6 % übersteigenden Zinssatzes verpflichtet hatte, erhielt mit Hilfe des § 247 Abs. 1 BGB das Recht, nach dem Ablauf von 6 Monaten das Kapital unter Einhaltung einer Kündigungsfrist von 6 Monaten zu kündigen. Stand einem Schuldner nach dem Inhalt eines auf diese Weise betroffenen Darlehensvertrages ursprünglich eine ungünstigere Kündigungsmöglichkeit zu, so trat diese Vertragsbestimmung insoweit trotz (!) Artikel 170 EGBGB außer Kraft. Vertragliche Kündigungsbestimmungen, die für den Schuldner gegenüber der Regelung des § 247 Abs. 1 BGB eine Schlechterstellung ergaben, verloren ab 1. 1. 1900 ihre Wirksamkeit[29], mochten sie ursprünglich auch bei Vertragsabschluß rechtlich wirksam vereinbart worden sein.

Größere inhaltliche Veränderungen ergaben sich bei Einführung des Bürgerlichen Gesetzbuches für laufende Miet-, Pacht- oder Dienstverhältnisse. Gemäß Artikel 171 EGBGB bestimmten sich derartige Rechts-

---

[27] *Soergel-Siebert*, Kommentar zum Bürgerlichen Gesetzbuch, 9. Auflage, 1961, V. Band, Einführungsgesetz Art. 170 Rdz. 2.

[28] *Soergel-Siebert*, a.a.O., Art. 170 Rdz. 5; RG 17. 12. 1912, LZ 1913, S. 291 zur Anwendung von § 138 BGB auf Verträge, die vor dem 1. 1. 1900 abgeschlossen worden waren; RG 2. 6. 1934, Bd. 144 S. 378 (379, 380) zur Anwendung des § 242 BGB auf altrechtliche Schuldverhältnisse.

[29] RG 26. 10. 1907, Bd. 66 S. 409 (411).

verhältnisse von diesem Termin an vollständig nach den Vorschriften des Bürgerlichen Gesetzbuches[30], sofern nicht die Kündigung nach dem Inkrafttreten des Bürgerlichen Gesetzbuches für den ersten Termin erfolgte, für den sie nach den bisherigen Gesetzen zulässig war. Voraussetzung für diese völlige Überstellung eines nach altem Recht entstandenen laufenden Miet-, Pacht- oder Dienstverhältnisses unter das neue Recht des Bürgerlichen Gesetzbuches war allerdings, daß die Kündigung beiden Vertragsparteien zustand. Im Zeitpunkt der vertragsgemäß eingetretenen beiderseitigen Kündigungsmöglichkeit konnten die Parteien frei entscheiden, ob sie den Vertrag trotz der durch das Bürgerliche Gesetzbuch herbeigeführten Veränderungen des Vertragsinhaltes fortsetzen wollten oder nicht. Wenn auch die Artikel 170, 171 EGBGB infolge der seit ihrem Inkrafttreten vergangenen Zeit heute nur noch wenig zur Anwendung kommen, so lassen sie doch schon erkennen, daß sich auch der Gesetzgeber am Ausgang des sogenannten liberalen 19. Jahrhunderts nicht damit begnügte, neue Vorschriften nur für zukünftige, noch nicht entstandene Schuldverhältnisse zu erlassen, sondern mit seiner Rechtsetzungsgewalt — wenn auch recht zurückhaltend — auch auf laufende Verträge Einfluß nahm und nötigenfalls entgegenstehende vertragliche Vereinbarungen außer Kraft setzte (vgl. z. B. § 247 Abs. 1 BGB). Auf der anderen Seite soll nicht übersehen werden, daß die Artikel 170, 171 EGBGB grundsätzlich von dem Fortbestand der nach altem Recht entstandenen Vertragsverhältnisse ausgehen.

b) Die Übergangsregelung des § 106 des Gesetzes gegen Wettbewerbsbeschränkungen

Von ganz anderem Geist erfüllt ist dagegen eine Übergangsregelung, wie sie sich in § 106 des Gesetzes gegen Wettbewerbsbeschränkungen (GWB)[31] findet. Das Gesetz geht in seinem ersten Paragraphen von dem Grundsatz aus, daß „Verträge, die Unternehmer ... schließen, unwirksam sind, soweit sie geeignet sind, die Erzeugung oder die Marktverhältnisse für den Verkehr mit Waren oder gewerblichen Leistungen durch Beschränkung des Wettbewerbs zu beeinflussen". Das Gesetz[32] will die Wettbewerbsfreiheit, d. h. den strukturell funktionsfähigen Wettbewerb als Ordnungselement des wirtschaftlichen Handelns sichern[33]. Es spricht deshalb allen Verträgen, die diesem Ziel widersprechen, grundsätzlich in

---

[30] Vgl. zur Auslegung des Art. 171 EGBGB *Soergel-Siebert*, a.a.O., Art. 171 EGBGB Rdz. 1 ff.

[31] Gesetz vom 27. 7. 1957, BGBl. I S. 1081.

[32] Vgl. ferner das Gesetz über Vereinbarungen von Schiffahrtsverbänden über die Verteilung von Fracht- und Schleppgut vom 1. 10. 1953, BGBl. I S. 1453.

[33] *Tetzner*, Kartellrecht, 2. Auflage 1967, S. 2.

Zukunft ihre rechtliche Wirksamkeit ab, soweit es sich nicht um Verträge handelt, die vom Gesetz ausnahmsweise gebilligt werden (vgl. § 2 ff. GWB). Aber auch diese Verträge unterliegen einem strengen Anmelde- bzw. Erlaubnisverfahren, bevor ihre Wirksamkeit eintritt (vgl. §§ 9 ff. GWB). Nach dem Wortlaut des § 1 ff. gelten die Vorschriften des Gesetzes gegen Wettbewerbsbeschränkungen grundsätzlich nur für zukünftige, neu abzuschließende Verträge. Erst die Vorschrift des § 106 GWB unterwirft auch bestehende Verträge, die, wenn sie neu abgeschlossen würden, vom Gesetz erfaßt würden, ausdrücklich dem Anwendungsbereich des neuen Gesetzes. Während Artikel 170 EGBGB bestimmt, daß für Schuldverhältnisse, die vor dem Inkrafttreten des Bürgerlichen Gesetzbuches entstanden sind, die bisherigen Gesetze maßgebend bleiben, geht § 106 GWB von dem Grundsatz[34] aus, daß zuvor gültig zustandegekommene Verträge, die einen wettbewerbsbeschränkenden Inhalt haben, 6 Monate nach Inkrafttreten des Gesetzes[35] unwirksam werden, sofern ihr Inhalt nicht mit den zwingenden Vorschriften des neuen Gesetzes in Übereinstimmung zu bringen ist. Im Gegensatz zu dem nach Artikel 170 EGBGB möglichen langjährigen Nebeneinander von altem und neuem Recht für ein und denselben Vertrag, strebt § 106 GWB nach einer Übergangszeit von 6 Monaten an, daß allein nur noch das Gesetz gegen Wettbewerbsbeschränkungen über den zulässigen Inhalt eines wettbewerbsbeschränkenden Vertrages (Beschlusses) befindet.

§ 106 GWB unterwirft die sogenannten Altverträge, die trotz der früheren strengen alliierten Dekartellisierungsbestimmungen gültig zustande gekommen waren, nicht nur in materieller Hinsicht den neuen Bestimmungen des Gesetzes gegen Wettbewerbsbeschränkungen. Diese Übergangsbestimmung verlangt grundsätzlich auch für die Verträge, die mit dem neuen Gesetz inhaltlich vereinbar sind, daß sie den formellen Wirksamkeitsvoraussetzungen genügen, von denen in Zukunft der rechtliche Bestand eines wettbewerbsbeschränkenden Vertrages abhängig sein soll. Schon auf Grund früheren Rechts gültig zustande gekommene Verträge mußten daher im Jahre 1958 angemeldet werden (§ 106 Abs. 1 Ziff. 1, 3 GWB) oder es mußte für sie um eine Erlaubnis[36] (§ 106 Abs. 1 Ziff. 2 GWB) bei der Kartellbehörde nachgesucht werden. Andernfalls wurden auch Verträge, die materiell mit dem Gesetz gegen Wettbewerbsbeschränkungen vereinbar waren, unwirksam. Die Umstellung war allerdings wegen der bis dahin bereits bestehenden strengen alliierten Kartellverbote nicht sehr einschneidend.

---

[34] Zum Anwendungsbereich des § 106 GWB im einzelnen vgl. *Schwartz* in *Müller-Henneberg-Schwartz*, Gemeinschaftskommentar, 2. Auflage 1963, § 106 Rdz. 1 ff.

[35] Das Gesetz trat am 1. 1. 1958 in Kraft.

[36] *Müller-Henneberg*, a.a.O., § 106 Rdz. 4.

2. Eingriffe in laufende Verträge auf den Gebieten des Preis- und des Kündigungsrechts, unter besonderer Berücksichtigung des Mietrechts

a) Eingriffe in laufende Verträge aufgrund des Preisgesetzes vom 10. April 1948

Die heutige Zeit kennt nur noch wenige staatliche Preisvorschriften, eine Folge der bisherigen günstigen wirtschaftlichen Entwicklung. Für die Nachkriegszeit war auf dem Gebiet des Preisrechts u. a. das Preisgesetz vom 10. April 1948[37] von großer Bedeutung[38]. Dieses Gesetz ist auch heute noch in Kraft. Nach § 2 des Gesetzes „können Anordnungen und Verfügungen erlassen (werden), durch die Preise, Mieten, Pachten, Gebühren und sonstige Entgelte für Güter und Leistungen jeder Art, ausgenommen Löhne, festgesetzt und genehmigt werden, oder durch die der Preisstand aufrechterhalten werden soll". Noch im Jahre 1958 hat das Bundesverfassungsgericht[39] entschieden, daß das Preisgesetz geltendes Recht und mit dem Grundgesetz vereinbar ist.

Unter den Preisanordnungen im Sinne des Preisgesetzes sind Rechtsverordnungen[40] zu verstehen, die es der Verwaltung gestatten, gemäß den Notwendigkeiten einer sich schnell ändernden wirtschaftlichen Situation entsprechende Preisvorschriften zu erlassen. Gerade die Preislenkung muß besonders elastisch sein. Unter Verfügungen[41] im Sinne des Preisgesetzes sind für den Einzelfall erlassene Verwaltungsakte zu verstehen, die verbietenden, gebietenden, genehmigenden oder feststellenden Charakter haben können. Der verbietende Preisverwaltungsakt (Preisverbot) untersagt den Betroffenen z. B. die Abweichung von den bisher angewandten Preisen durch eine frei vereinbarte Preiserhöhung oder Preissenkung.

Die Rechtsverordnungen und Einzelverfügungen auf Grund des Preisgesetzes ergingen in der Vergangenheit nicht nur für zukünftige, neu abzuschließende Verträge, sondern konnten auch in laufende Verträge[42] eingreifen. Wenn auch die Bedeutung des Preisgesetzes seit der Wäh-

---

[37] Übergangsgesetz über Preisbildung und Preisüberwachung (Preisgesetz) vom 10. 4. 1948, WiGBl. S. 27, zuletzt unbegrenzt verlängert durch Gesetz vom 29. 3. 1951, BGBl. I S. 223; vgl. allgemein zum Preisrecht, *Huber* II, a.a.O., S. 300, bes. S. 304 ff.

[38] Vgl. ferner die Bestimmungen des Güterkraftverkehrsgesetzes vom 17. 10. 1952, BGBl. I S. 697, z. B. §§ 20, 23.

[39] BVerfG 12. 11. 1958, Bd. 8 S. 274 ff.

[40] *Huber* II, a.a.O., S. 304 ff.; *Rinck*, a.a.O., S. 76 Rdz. 262 ff.; BVerfG 12. 11. 1958, Bd. 8 S. 244 (308 ff.).

[41] *Huber* II, a.a.O., S. 306; BVerfG 12. 11. 1958, Bd. 8 S. 274 ff., S. 324 ff.

[42] *Huber* II, a.a.O., S. 307 ff.; BVerfG 12. 11. 1958, Bd. 8 S. 274, S. 330; BGH 3. 3. 1954, Bd. 13 S. 17 (22 ff.).

rungsreform im Juni 1948 dank der günstigen wirtschaftlichen Entwicklung und der damit verbundenen Freigabe der Preise stark abnahm[43], so ergingen auch später noch Rechtsverordnungen und Einzelverfügungen für bestimmte Bereiche des wirtschaftlichen Lebens. Zum Teil gelten Rechtsverordnungen, die auf Grund des Preisgesetzes ergingen, noch heute und treten erst nach und nach außer Kraft[44].

b) Eingriffe in Preisvereinbarungen laufender Mietverträge (Reichsmietengesetz, Bundesmietengesetz)

Für das Mietrecht[45] war in der Vergangenheit z. B. nicht nur das allgemeine Preisgesetz aus dem Jahre 1948 von Wichtigkeit. Auf dem Gebiet des Mietrechts wurde zusätzlich eine Reihe von Spezialgesetzen erlassen, die wiederum wie das Preisgesetz nicht nur Regelungen für zukünftige, sondern auch für laufende Verträge enthielten bzw. zum Erlaß entsprechender Vorschriften ermächtigten. Reichsmietengesetz, später die sogenannten Bundesmietengesetze[46] und andere Gesetz ersetzten die Grundregel des § 535 BGB, den Mietpreis frei auszuhandeln, durch eine Reihe von Spezialnormen, die auch Geltung für laufende Verträge beanspruchten. Für Mietverträge gewann das System der Höchstpreise besondere Bedeutung. Höchstpreisbestimmungen wirkten sich dahin aus, daß es verboten war, mehr als den angegebenen Betrag zu zahlen, auch wenn zuvor vertraglich ein höherer Preis vereinbart war[47]. Für zukünftige Verträge wirkte sich die Höchstpreisfestsetzung dahin aus, daß es den Parteien rechtlich unmöglich war, einen höheren als den staatlich vorgeschriebenen Preis verbindlich zu vereinbaren. Sie konnten dabei nur unterhalb der preisrechtlich zulässigen Miete bleiben; vereinbarten sie aber bei preisgebundenem Wohnraum eine preisrechtlich unzulässige Miethöhe, so war die Mietvereinbarung „insoweit und solange unwirksam, als die vereinbarte Miete die Miete (überstieg), die preisrechtlich zulässig" war[48].

---

[43] BVerfG 12. 11. 1958, Bd. 8 S. 274 (280).

[44] Vgl. § 15 des Gesetzes über die Pflichtversicherung für Kraftfahrzeughalter (Pflichtversicherungsgesetz) vom 5. 4. 1965, Neuf., BGBl. I S. 213.

[45] *Larenz*, Lehrbuch des Schuldrechts, II. Band, Bes. Teil, 9. Auflage 1968, § 44 S. 166 ff.

[46] Vgl. Reichsmietengesetz vom 24. 3. 1922, RGBl. I S. 243; Gesetz über Maßnahmen auf dem Gebiete des Mietpreisrechts, 1. Bundesmietengesetz vom 27. 7. 1955, BGBl. I S. 458.

[47] *Rinck*, a.a.O., S. 82 Rdz. 285.

[48] § 26 Abs. 2, 1. Bundesmietengesetz in der Fassung des Gesetzes über den Abbau der Wohnungszwangswirtschaft und über ein soziales Miet- und Wohnrecht vom 23. 6. 1960, BGBl. I S. 389.

Für den Fall der zulässigen Erhöhung der bisher vertragsgemäß gezahlten Miete sieht z. B. § 18 des noch heute gültigen 1. Bundesmietengesetzes[49] vor, daß der Vermieter dem Mieter gegenüber schriftlich erklärt, daß die Miete um einen bestimmten Betrag oder bei Umlagen um
einen bestimmbaren Betrag bis zur Höhe der preisrechtlich zulässigen
Miete erhöht werden soll. Bevor aber diese besondere Regelung des § 18
des 1. Bundesmietengesetzes eingeführt wurde, verschaffte die Neufestsetzung eines bisher preisrechtlich zulässigen Preises in Form einer Erhöhung in den früheren Jahren dem Vermieter nur das Recht, mehr zu
fordern. Eine Verpflichtung des Mieters ergab sich erst auf Grund einer
besonderen abändernden Vereinbarung[50].

Die Herabsetzung einer bisher gesetzlich zulässigen Miete bedeutete
in der Vergangenheit für den Mieter das Verbot, mehr als den herabgesetzten Preis zu zahlen. Eine anderslautende Vereinbarung zwischen den
Parteien verlor für den Mieter ihre Verbindlichkeit. Das in der Herabsetzung des Mietpreises zum Ausdruck gekommene staatliche Gebot ging
der privaten, nach der bisherigen Rechtslage zulässigen Vereinbarung
vor[51].

c) Der nachträgliche Erlaß von
Kündigungsbestimmungen für laufende Verträge

Der Gesetzgeber nahm in der Vergangenheit in der oben angedeuteten
Art und Weise auf laufende Mietverträge nicht nur durch nachträglich
erlassene Preisvorschriften Einfluß. Alle Preisvorschriften, die sich jahrzehntelang regelmäßig zum wirtschaftlichen Nachteil des Vermieters auswirkten, wären häufig ohne Wirkung geblieben, wenn sie nicht ihre
Ergänzung in entsprechenden Kündigungsbestimmungen gefunden hätten[52]. Falls der staatlicherseits festgesetzte Preis nicht zumindest die aus
der Vermietung von Wohnraum dem Vermieter entstehenden Unkosten
deckt, besteht immer die Gefahr, daß der Vermieter jedes Interesse an
der Fortsetzung des Mietverhältnisses verliert und daher versucht, den
laufenden Mietvertrag zur Auflösung zu bringen. Wegen dieser drohenden Konsequenzen erschwerten Gesetzgeber und Verwaltung zusammen
mit der Einführung von Höchstpreisen die an sich nach dem Bürgerlichen
Gesetzbuch gegebenen Kündigungsmöglichkeiten (§§ 565 ff. BGB). Soweit

---

[49] Gesetz über Maßnahmen auf dem Gebiete des Mietpreisrechts, 1. Bundesmietengesetz vom 27. 5. 1955, BGBl. I S. 458; vgl. Reichsmietengesetz vom
24. 3. 1922, RGBl. I S. 243.
[50] *Rinck*, a.a.O., S. 82 Rdz. 285; *Wiesen*, Dirigierte Verträge, Diss. 1962, S.
188 ff.
[51] *Rinck*, a.a.O., S. 76 Rdz. 262; *Wiesen*, a.a.O., S. 190 ff.
[52] *Larenz* II, a.a.O., S. 164 ff.

der einzelne laufende Mietvertrag besondere Kündigungsvereinbarungen
enthielt, setzte der Gesetzgeber sie durch zwingende Sonderbestimmun-
gen außer Kraft (Einführung von sogenannten Kündigungsschutzbestim-
mungen). Zum Beispiel schützte § 1 des Mieterschutzgesetzes[53] den Mieter
vor „grundlosen" Kündigungen, indem er die Aufhebung eines bestehenden Mietverhältnisses von der Erhebung einer Klage abhängig machte.
Das darauf ergehende Urteil sprach die Aufhebung des Mietverhältnisses aus oder wies die Klage ab. Diese Bestimmung des Mieterschutzgesetzes galt wohlgemerkt nicht nur für die Mietverhältnisse, die nach
Einführung des Mieterschutzgesetzes zur Entstehung gelangten, sondern
war wiederum auch für die schon bestehenden Mietverhältnisse, und damit für laufende Verträge in vollem Umfange maßgebend. Das Bestreben des Gesetzgebers war es, dem Mieter den auf Grund des Mietvertrages erlangten Besitzstand zu sichern. Die Folge war eine unmittelbare Verschlechterung der dem Verbieter bisher zustehenden vertraglichen Rechtsposition.

d) Inhaltliche Veränderungen laufender
Mietverträge durch die Gesetzgebung über den Abbau
der bisherigen Wohnungszwangswirtschaft

Im Rahmen des Abbaues der Wohnungszwangswirtschaft[54] hat sich in
den vergangenen Jahren die umgekehrte Entwicklung ergeben. Mietverträge, die jahrzehntelang für den Vermieter so gut wie unkündbar waren,
sei es, daß die Mietverhältnisse nach Vertragsabschluß von den Kündigungsbestimmungen erfaßt wurden, sei es, daß sie später gemäß dieser
Schutzbestimmungen abgeschlossen worden waren, können in zuneh-
mendem Maße von den Vermietern gekündigt werden. Der Abbau der
Wohnungszwangswirtschaft geschieht gleichermaßen für zukünftige als
auch für laufende Mietverträge mit der Folge, daß sich nunmehr Ver-
schlechterungen für die Vertragsposition des Mieters ergeben. Die gleiche
Entwicklung zeigt sich auch auf dem Gebiet der sogenannten Mietpreis-
bindung, die bisher sehr einseitig die Interessen des Mieters schützte,
eine Folge der jahrzehntelangen Wohnungsnot.

---

[53] Mieterschutzgesetz vom 1. 6. 1923, RGBl. I S. 353, ber. S. 618, letzte Änderung vom 21. 12. 1967, BGBl. I S. 1251.

[54] *Larenz* II, a.a.O., S. 163 „Das Sonderrecht der Raummiete und seine Ab-
lösung".

3. Eingriffe in laufende Außenhandelsverträge

a) Die Einflußnahme auf laufende Außenhandelsverträge durch Genehmigungen und deren Widerruf

Während man für die bisher erwähnten Beispielsfälle für nachträgliche Eingriffe des Gesetzgebers in laufende Verträge (vgl. Artikel 170, 171 EGBGB, § 106 GWB) infolge des Ablaufs der Zeit oder der sich ändernden Umstände feststellen kann, daß sie zunehmend an aktueller Bedeutung verlieren, kann man das nicht über die Eingriffsmöglichkeiten sagen, die der Gesetzgeber der Verwaltung (Verordnungsgeber) im Rahmen des Außenwirtschaftsgesetzes eröffnet. Das Gesetz wurde erst im Jahre 1961[55] erlassen und soll für die nächste Zukunft die allgemeine rechtliche Grundlage für den deutschen Außenhandel abgeben. Außenhandelsverträge können zwar grundsätzlich frei geschlossen werden, d. h. ohne direkte staatliche Mitwirkung, sie unterliegen aber den Beschränkungen, die das Außenwirtschaftsgesetz enthält oder die durch Rechtsverordnungen auf Grund dieses Gesetzes vorgeschrieben werden (§ 1 Abs. 1 AWG). § 2 Abs. 1 AWG ermächtigt zum Erlaß von Rechtsverordnungen, durch die vorgeschrieben wird, daß Rechtsgeschäfte und Handlungen allgemein oder unter bestimmten Voraussetzungen einer Genehmigung bedürfen oder verboten sind. Diese Genehmigungen können zudem noch mit Nebenbestimmungen versehen werden (§ 30 Abs. 1 AWG). Als Rechtsgeschäfte kommen sowohl Verpflichtungsgeschäfte als auch Verfügungsgeschäfte in Betracht[56]. Unterliegt ein derartiges Rechtsgeschäft, z. B. der obligatorische Liefervertrag oder die Übereignung der zu exportierenden Ware einem generellen Verbot, so ist es, wenn es trotzdem vorgenommen wird, gemäß § 134 BGB nichtig[57]. Der Verordnungsgeber (§ 27 AWG) kann sich aber auch darauf beschränken, ein generelles Verbot für die eigentliche, rein tatsächliche Export- bzw. Importhandlung (§ 2 Abs. 1 AWG) zu erlassen. Der Vertrag ist unter diesen Umständen ebenfalls nach § 134 BGB nichtig[58]. Wegen der pauschalen Wirkung eines Verbotes ziehen Gesetzgeber und Verordnungsgeber es vor, Rechtsgeschäfte und Handlungen im Bereich des Außenhandels von der Erteilung einer Genehmigung abhängig zu machen. Auf diese Weise

---

[55] Außenwirtschaftsgesetz (AWG) vom 28. 4. 1961, BGBl. I S. 481; vgl. ferner die Regelungen im Kriegswaffengesetz vom 20. 4. 1961, BGBl. I S. 444, §§ 2, 3; ferner das Gesetz über die friedliche Verwendung der Kernenergie und den Schutz gegen ihre Gefahren vom 23. 12. 1959, BGBl. I S. 814, Genehmigungen gemäß § 3; ferner das Gesetz zum Schutz deutschen Kulturgutes gegen Abwanderung vom 6. 8. 1955, BGBl. I S. 501.

[56] *Sieg-Fahning-Kölling*, Kommentar zum Außenwirtschaftsgesetz, 1963, § 2 Rdz. 2.

[57] *Sieg-Fahning-Kölling*, a.a.O., § 4.

[58] *Palandt*, a.a.O., § 275 Anm. 1 a; *Sieg-Fahning-Kölling*, a.a.O., § 2 Rdz. 4.

erhält die Verwaltung die Möglichkeit, das einzelne Außenhandelsgeschäft dahin zu überprüfen, ob es sich, so wie es die Parteien geplant haben, mit den Interessen der Allgemeinheit im Falle seiner Durchführung vereinbaren läßt.

Gegenüber laufenden Außenhandelsverträgen sieht das Außenwirtschaftsgesetz in § 30 Abs. 2 S. 3 vor, daß die zuständige Verwaltungsbehörde Genehmigungen, die sie zuvor auf Grund einer Rechtsverordnung erteilt hat, widerrufen darf. Durch den Widerruf einer Genehmigung stellt die Verwaltung wieder die Rechtslage her, wie sie vor Erteilung der Genehmigung bestanden hat. Ein auf Grund der Genehmigung wirksam gewordener Außenhandelsvertrag wird unwirksam[59] mit der Folge, daß er in Zukunft nicht weiter abgewickelt werden darf. Aktuell können diese Folgen im Zusammenhang mit § 15 AWG werden, wenn die Verwaltung zuvor auf Grund einer Rechtsverordnung (§ 27 AWG) einen sogenannten Veredelungsvertrag, durch den sich ein Gebietsansässiger verpflichtet hatte, „im Wirtschaftsgebiet Waren eines Gebietsfremden zu bearbeiten oder zu verarbeiten", genehmigt hat.

Im Rahmen des Außenwirtschaftsgesetzes werden heute Genehmigungen vorwiegend für die rein tatsächlichen Erfüllungshandlungen (Export- bzw. Importgenehmigungen[60]) erteilt.

Der Widerruf[61] einer derartigen Genehmigung nach § 30 Abs. 2, 3 AWG läßt den obligatorischen Außenhandelsvertrag — sofern er noch nicht erfüllt und damit erloschen ist — an sich unberührt, er verhindert bzw. verbietet „nur" seine weitere Erfüllung. Ergibt sich aus den Gesamtumständen (nachhaltige Verschlechterung der allgemeinen Wirtschaftslage), daß in absehbarer Zeit eine neue Genehmigung nicht erteilt werden wird, ist von einer dauernden Unmöglichkeit auszugehen. Die Folgen für den Außenhandelsvertrag bestimmen sich dann nach den Vorschriften der §§ 275, 323 BGB[62].

---

[59] Zur Problematik des Widerrufs eines privatrechtsgestaltenden Verwaltungsaktes vgl. *Bullinger*, DÖV 1957, S. 761 ff. (763); *Forsthoff*, a.a.O., § 13 S. 260; *Wolff* I, a.a.O., § 53 III c S. 360, 363; *Ossenbühl*, Die Rücknahme fehlerhafter begünstigender Verwaltungsakte, 2. Auflage 1965, S. 1 ff. (S. 128 ff.).
Speziell zur Widerruflichkeit einer Genehmigung im Sinne des AWG vgl. *Sieg-Fahning-Kölling*, a.a.O., § 30 Rdz. 11 ff.; *Langen*, Kommentar zum Außenwirtschaftsgesetz, 1965, Teil C § 30 Rdz. 16 ff., 21 ff.; *Henze*, Hoheitliche Eingriffe in private Außenhandelsverträge, Diss. 1963, S. 105 ff.
[60] Vgl. die Verordnung zur Durchführung des Außenwirtschaftsgesetzes (AWV) vom 22. 8. 1961, BGBl. I S. 1381, zusammen mit der Ausfuhrliste vom 22. 8. 1961, BGBl. I S. 1402 ff.; ferner die sogenannte Einfuhrliste (§ 10 AWG) im Anlagenband zum BGBl. 1961 Teil I im Anschluß an S. 2152 und ihre Neufassung vom 6. 7. 1965, BAnz. Nr. 130.
[61] Zur Widerruflichkeit einer derartigen Genehmigung vgl. die Literatur in Anm. 59.
[62] *Palandt*, a.a.O., § 275 Anm. 4.

b) Nachträgliche Eingriffe in laufende Außenhandels-verträge durch den Neuerlaß von Rechtsverordnungen

Eine besondere Eingriffsmöglichkeit gegenüber laufenden Außenhandelsverträgen eröffnet § 2 Abs. 2 S. 3 AWG dem Verordnungsgeber. Diese Vorschrift gestattet ausdrücklich, daß die angeordneten Beschränkungen auch „abgeschlossene", d. h. im Rahmen dieser Arbeit laufende Verträge berühren dürfen. Für das Außenwirtschaftsrecht bedeutet es, daß derartige Verträge nachträglich, also nach ihrer vollwirksamen Entstehung einem neuen, möglicherweise zusätzlichen Genehmigungsvorbehalt oder einem generellen Verbot unterstellt werden dürfen (§ 2 Abs. 1 AWG). Die Bundesregierung kann daher gemäß § 27 AWG die Ein- bzw. Ausfuhr von Waren, die bisher von einer Genehmigung freigestellt waren, durch eine Rechtsverordnung für die Zukunft von der Einholung einer Genehmigung abhängig machen. Sie kann sogar ein Verbot ohne Rücksicht darauf erlassen, ob diese Waren im Rahmen eines laufenden Vertrages noch geliefert oder erst Gegenstand eines noch abzuschließenden Außenhandelsvertrages werden sollen. Der Gesetzgeber bestimmt in § 2 Abs. 2 S. 2 AWG einengend nur, daß derartige neue Beschränkungen abgeschlossene Verträge nur berühren dürfen, wenn der angestrebte Zweck sonst erheblich gefährdet wäre.

Schwerwiegende Vertragseingriffe auf Grund der Möglichkeiten des Außenwirtschaftsgesetzes ergaben sich im Jahre 1962, als die Bundesregierung das viel diskutierte sogenannte Röhrenembargo erließ. Gestützt auf § 7 AWG in Verbindung mit § 27 erließ die Bundesregierung eine Rechtsverordnung[63], mit der sie die der Außenwirtschaftsverordnung (AWV) als Anlage beigefügte Ausfuhrliste dahin abänderte, daß diese in ihrem Teil I für die Zukunft Stahlröhren einer bestimmten Art und Qualität umfaßte, an deren Einfuhr vor allem die Sowjetunion für den Ausbau ihrer Erdölfernleitungen interessiert war. Gemäß § 5 AWV bedarf die Ausfuhr der in Teil I der Ausfuhrliste genannten Waren der Genehmigung. Bei den Röhren handelte es sich um Industrieerzeugnisse, über die deutsche Industriefirmen mit Behörden der Sowjetunion umfangreiche Lieferverträge abgeschlossen hatten. Da die Sowjetunion sich zur Abnahme einer größeren Menge von Röhren verpflichtet hatte, kann man sich unschwer vorstellen, daß sich die inländischen Firmen auf diese Exportverträge in ihren wirtschaftlichen Dispositionen eingestellt hatten, als das sogenannte Röhrenembargo in Kraft trat. Der Export der besagten Röhren in die Sowjetunion war mit Inkrafttreten der auf § 27 AWG gestützten Rechtsverordnung genehmigungsbedürftig. Diese Genehmigungen wurden aber für den Export in die Sowjetunion nicht er-

---

[63] Vierte Verordnung zur Änderung der Ausfuhrliste, Anlage zur Außenwirtschaftsverordnung vom 14. 12. 1962, BAnz. Nr. 238 S. 1.

teilt. Die auf diese Weise betroffenen Außenhandelsverträge konnten nicht weiter ausgeführt werden. Bei den inländischen Industriefirmen entstanden durch den Erlaß der erwähnten Rechtsverordnung große wirtschaftliche Schäden[64] einmal, weil sich z. B. für die schon produzierten, aber noch nicht exportierten Röhren keine neuen Abnehmer in kurzer Zeit finden ließen, zum anderen, weil die Produktionsanlagen auf die Herstellung dieser Röhren eingestellt worden waren. Möglicherweise hatten die Firmen auch wegen der bisher ausgelasteten Kapazitäten auf den Abschluß neuer Lieferverträge über andere Stahlerzeugnisse verzichtet. Eine Erfüllung der durch das sogenannte Röhrenembargo unterbrochenen Verträge kommt heute nicht mehr in Frage. Die Sowjetunion hat inzwischen längst einen neuen Lieferanten gefunden oder ist dazu übergegangen, die Röhren selbst herzustellen. Das Röhrenembargo aus dem Jahre 1962 ließ die Erfüllung der davon betroffenen Verträge im Sinne der §§ 275, 323 BGB dauernd unmöglich werden[65].

Es ist aber keineswegs immer der Fall, daß neu erlassene Ex- bzw. Importbeschränkungen gerade laufende Verträge treffen wollen, wie es durch das Röhrenembargo beabsichtigt war. Noch unter Geltung der alten Devisengesetze erging im Jahre 1958 ein sogenannter Runderlaß[66], durch den die allgemeine Einfuhrgenehmigung für feste Brennstoffe aufgehoben wurde. Betroffen war vor allem der Import billiger US-Kohle, da die Kohle aus Ländern der Montanunion auf diese Weise von der Einfuhr in die Bundesrepublik nicht ausgeschlossen werden konnte. In Absatz 3 des Runderlasses hieß es — entsprechend der Bekanntmachung[67] über Maßnahmen betreffend die Einfuhr von Kohle vom 3. September 1958 —, daß Einfuhrverträge, die „bis zum 3. September 1958 abgeschlossen, aber noch nicht oder nicht vollständig durchgeführt worden sind, . . . auch nach diesem Termin abgewickelt werden" konnten.

In laufende Außenhandelsverträge kann und wird weiterhin durch Zollgesetze eingegriffen. Durch eine Änderung der Zollsätze kann die Einfuhr der Ware in das Bundesgebiet derartig verteuert werden, daß ein Absatz oder Verbrauch unwirtschaftlich wird. Anzuführen bleibt ferner das Mittel der Steuererhöhung, soweit die Steuer an den Tatbestand der Verbringung der Ware über die Zollgrenze anknüpft.

---

[64] Vgl. auch den Hinweis auf die Schäden, verursacht durch die Einführung neuer Beschränkungen: *Jaenicke*, Gefährdungshaftung im öffentlichen Recht?, in Veröffentlichungen der Deutschen Staatsrechtslehrer, Heft 20, 1963, S. 134 (153).

[65] *Sieg-Fahning-Kölling*, a.a.O., § 2; *Palandt*, a.a.O., § 275 Anm. 4.

[66] Runderlaß Außenwirtschaft Nr. 43/58 vom 2. 9. 1958, BAnz. Nr. 168 S. 2.

[67] Bekanntmachung über Maßnahmen betr. die Einfuhr von Kohle vom 2. 9. 1958, BAnz. Nr. 168 S. 2.

4. Eingriffsermächtigungen im Rahmen der Sicherstellungsetze

Erhebliche Eingriffsmöglichkeiten in laufende Verträge eröffnen sich für die Verwaltung, wenn es zum Erlaß entsprechender Rechtsverordnungen in Anwendung der im Jahre 1965 in Kraft getretenen sogenannten Sicherstellungsgesetze[68] kommen sollte[69]. Von diesen Gesetzen ist vor allem das Wirtschaftssicherstellungsgesetz in seiner Art nicht neu. Es ist in Anlehnung an frühere, in der Geltung abgelaufene gesetzliche Regelungen entstanden, die auch zur Sicherstellung der innerstaatlichen Wirtschaft ergangen waren[70]. Das Wirtschaftssicherstellungsgesetz (WSG) ist bisher noch nicht angewendet worden, da keiner der vom Gesetz genannten Anlässe (Verteidigung, Versorgungskrise) eingetreten ist. Auf Grund dieses Gesetzes können Rechtsverordnungen erlassen werden, die die gewerbliche Wirtschaft einer weitgehenden Reglementierung unterwerfen (vgl. §§ 1, 5, 6, 7 WSG) und den wirtschaftlichen Handlungsbereich des einzelnen entsprechend einengen. So sind u. a. Vorschriften denkbar, die die gesamte Gewinnung und Herstellung von Waren der gewerblichen Wirtschaft einschränken oder den Unternehmer anweisen, was er zu produzieren hat. Der Verordnungsgeber kann ferner Bearbeitung, Verarbeitung, Verpackung, Kennzeichnung, Zuteilung, Lieferung, Bezug und Verwendung der erzeugten Waren einer gesetzlichen Regelung unterwerfen (vgl. den Wortlaut des § 1 WSG). So wurde seinerzeit unter der Geltung des ersten Sicherstellungsgesetzes im Jahre 1951 durch Verordnungen über Herstellung, Lieferung und Bezug von Eisen- und Stahlerzeugnissen der Bundeswirtschaftsminister ermächtigt anzuordnen, daß Aufträge über die genannten Produkte von den Herstellern nur in Höhe eines bestimmten Hundertsatzes der Lieferungen einer bestimmten Vergleichszeit erfüllt werden durften. Die Verordnung Eisen II/51 vom 15. Oktober 1951 sah diese Begrenzung der Lieferung allerdings nur für alle Neuaufträge

---

[68] Gesetz über die Sicherstellung von Leistungen auf dem Gebiet der gewerblichen Wirtschaft sowie des Geld- und Kapitalverkehrs, Wirtschaftssicherstellungsgesetz vom 24. 8. 1965, BGBl. I S. 920, in der Fassung vom 9. 7. 1968, BGBl. I S. 780, neu bekanntgemacht am 3. 10. 1968, BGBl. I S. 1069; Gesetz zur Sicherstellung des Verkehrs vom 24. 8. 1965, BGBl. I S. 927, in der Fassung vom 9. 7. 1968, BGBl. I S. 784, neu bekanntgemacht am 8. 10. 1968, BGBl. I S. 1082; Gesetz über die Sicherstellung der Versorgung mit Erzeugnissen der Ernährungs- und Landwirtschaft sowie der Forst- und Holzwirtschaft vom 24. 8. 1965, BGBl. I S. 938, in der Fassung vom 9. 7. 1968, BGBl. I S. 782, neu bekanntgemacht am 4. 10. 1968, BGBl. I S. 1075.

[69] Zur Frage der Verfassungsmäßigkeit dieser Gesetze wird im Rahmen dieser Arbeit nur insoweit Stellung genommen, als es sich um Bedenken handelt, die sich aus einem Eingriff in einen laufenden Vertrag auf Grund dieser Gesetze ergeben.

[70] Gesetz für Sicherungsmaßnahmen auf einzelnen Gebieten der gewerblichen Wirtschaft vom 9. 3. 1951, BGBl. I S. 163; Gesetz über die Sicherstellung von Leistungen auf dem Gebiet der gewerblichen Wirtschaft vom 24. 12. 1956, BGBl. I S. 1070; Gesetz gleichen Namens vom 22. 12. 1959, BGBl. I S. 785.

vor (§ 4 Abs. 1 der Verordnung)[71]. Fest abgeschlossene Verträge durften also wie vorgesehen erfüllt werden.

Beschränkungen nach dem Wirtschaftssicherstellungsgesetz 1965 können aber grundsätzlich ohne Rücksicht darauf erlassen werden, ob dadurch laufende Verträge in Mitleidenschaft gezogen werden oder nicht. Einem Liefergebot, das in einer von der Bundesregierung (§ 5 WSG) erlassenen Rechtsverordnung z. B. zugunsten von Krankenhäusern enthalten ist, muß von einem Unternehmer auch dann entsprochen werden, wenn es ihn dazu zwingt, von der Erfüllung eigener privater laufender Verträge abzusehen. Nach dem Wortlaut des Gesetzes besteht für den Verordnungsgeber kein Anlaß, etwaige Rechtsverordnungen dahin abzufassen, daß die Erfüllung laufender Verträge nicht beeinträchtigt wird. Der Verordnungsgeber kann nach der Anlage des Gesetzes alle Maßnahmen der Sicherstellung, die u. a. in § 1 WSG vorgesehen sind, ungeachtet etwaiger laufender Verträge treffen[72].

5. Auswirkungen des kommunalen Anschluß- und Benutzungszwanges auf laufende Verträge

Nach Vertragsschluß ergeben sich nicht nur dadurch Eingriffe und Einwirkungen in laufende Verträge, daß der staatliche Gesetzgeber oder der entsprechend ermächtigte Verordnungsgeber (Artikel 80 Abs. 1 GG) die bisherige Rechtslage zum Nachteil einer oder beider Vertragsparteien ändert, sondern auch der „kommunale Gesetzgeber" vermag derartige Folgen herbeizuführen. In Anlehnung an § 18 der früheren deutschen Gemeindeordnung enthält u. a. § 19 Hessische Gemeindeordnung (HGO)[73] die Bestimmung, daß eine Hessische Gemeinde „bei öffentlichem Bedürfnis durch Satzung für die Grundstücke ihres Gebietes den Anschluß an Wasserleitungen, Kanalisation, Müllabfuhr, Straßenreinigung und ähnliche der Volksgesundheit dienende Einrichtungen (Anschlußzwang) und

---

[71] Verordnung Eisen I/51 vom 21. 3. 1951, BAnz. Nr. 59 S. 2; Verordnung Eisen II/51 vom 15. 10. 1951, BAnz. Nr. 200 S. 1; Verordnung Eisen II/1/51 vom 7. 11. 1951, BWMBl. S. 374. Allgemein zur Anwendung des Wirtschaftssicherstellungsgesetzes aus dem Jahre 1951, *Huber* II, a.a.O., S. 269.

[72] Eingriffe in laufende Verträge ergeben sich nach dem WSG nicht nur unmittelbar durch entsprechende Rechtsverordnungen. Mittels der vom WSG vorgesehenen Rechtsverordnungen kann auch ein weitverzweigtes Genehmigungsverfahren für alle Vorgänge auf dem Gebiet der gewerblichen Wirtschaft eingeführt werden. Der Widerruf dieser Genehmigung kann zu Eingriffen in laufende Verträge führen, wie sie sich bei Anwendung des Außenwirtschaftsgesetzes ergeben.

[73] Hessische Gemeindeordnung in der Fassung vom 1. 7. 1960, GVOBl. S. 103, letzte Änderung vom 6. 5. 1964, GVOBl. S. 61; vgl. auch § 17 Gemeindeordnung für Schleswig-Holstein vom 24. 1. 1950, GVOBl. S. 25, in der Fassung vom 27. 2. 1950, letzte Änderung vom 21. 4. 1964, GVOBl. S. 39.

die Benutzung dieser Einrichtungen und der Schlachthöfe (Benutzungszwang) vorschreiben" kann. Solange die Gemeinde diese öffentlichen
Einrichtungen nicht zur Verfügung stellt, ist den Gemeindeangehörigen
freigestellt, sich um die Wasserversorgung, die Müllabfuhr usw. selbst zu
kümmern. Diese haben deshalb soweit möglich z. B. eigene Wassergewinnungsanlagen gebaut oder den Müll selbst beseitigt. In vielen Fällen
haben sich aber auch Unternehmer oder Nachbarn im Rahmen privater
Verträge gegenüber Gemeindeangehörigen verpflichtet, Wasser zu liefern
oder den Müll abzufahren.

Diese private Eigenhilfe der Gemeindeangehörigen war in der Vergangenheit häufig unzureichend, so daß sich in den einzelnen Gemeinden
ein öffentliches Bedürfnis zur Einführung des Anschluß- und Benutzungszwanges im Sinne von § 19 HGO ergab. Dieser Zwang besteht einmal darin[74], daß der einzelne Grundstückseigentümer diejenigen Vor-
richtungen schaffen oder die Anbringung dulden muß, die technisch notwendig sind, um z. B. das Trinkwasser für sein Grundstück von der
gemeindlichen Anstalt abnehmen zu können. Gleichzeitig ist er in Form
einer Kontrahierungspflicht genötigt, entsprechend seines Bedarfes das
Wasser auch tatsächlich von der Gemeinde zu beziehen. Die uneingeschränkte Durchführung des Anschluß- und Benutzungszwanges zwingt
ihn gleichzeitig, vom Aufbau eigener Wassergewinnungsanlagen abzusehen oder hindert ihn, einen privaten Wasserbelieferungsvertrag mit
einem Nachbarn oder Unternehmer abzuschließen[75]. In der Praxis hat
der Anschluß- und Benutzungszwang in der Vergangenheit auch dazu
geführt, daß die einzelne Gemeinde gegenüber den Gemeindeangehörigen
zusätzlich darauf bestand, bisher benutzte Wassergewinnungsanlagen
stillzulegen und private, finanziell oft recht günstige Wasserlieferungsverträge mit Dritten aufzugeben. Das gleiche Ergebnis zeigt sich, wenn
es um die Einrichtung einer gemeindlichen Müllabfuhr geht. Auch hier
drängen die Gemeinden darauf, z. B. eigene private Müllverbrennungs-
anlagen stillzulegen oder private Müllabfuhrverträge mit Unternehmern
zu kündigen, um den Müll in Zukunft ausschließlich an die gemeindliche
Müllabfuhr abliefern zu können. Im Gegensatz zu den bisherigen Beispielsfällen ergeben sich diese Eingriffe und Einwirkungen auf laufende
Verträge zumindest nicht unmittelbar[76] auf Grund einer staatlichen Gesetzgebung, sondern sind Folgen der den Gemeinden zustehenden autonomen Rechtsetzungsbefugnis.

---

[74] *Gönnenwein*, Gemeinderecht, 1963, § 88 S. 511 ff. (S. 514 ff.).
[75] *Gönnenwein*, a.a.O., § 88 S. 517.
[76] *Gönnenwein*, a.a.O., § 20 S. 143 ff.

6. Eingriffe des Gesetzgebers in laufende Verträge auf
dem Gebiete der richterlichen Vertragshilfe und der Aufwertung

Die nur beispielhaft gemeinte Darstellung der sich nach Vertragsabschluß ergebenden Eingriffe und Einwirkungen des Gesetzgebers (Satzungsgebers), unterstützt von der staatlichen Verwaltung als Verordnungsgeber soll noch ergänzt werden durch die Erwähnung des Vertragshilfegesetzes. Bei seinem Erlaß (26. März 1952)[77] ließ dieses Gesetz, dessen Zweck sich inzwischen weitgehend erledigt hat, den einzelnen vom Gesetzeszweck erfaßten Vertrag dem Inhalte nach an sich unberührt. Die Parteien konnten den einzelnen Vertrag nach wie vor erfüllen, wie es der Wortlaut des Vertrages verlangte. Handelte es sich dagegen im Sinne des Gesetzes um einen Vertrag und Verbindlichkeiten aus der Zeit vor dem 21. Juni 1948, konnte der Schuldner den Antrag stellen, im Wege der richterlichen Vertragshilfe die von ihm zu erbringenden Leistungen gestundet oder herabgesetzt zu erhalten (§ 1 des Gesetzes). Auf diesen Antrag hin erließ das Vertragshilfegericht durch einen mit Gründen versehenen Beschluß eine rechtsgestaltende Entscheidung (§ 15 Abs. 1). Die eigentliche Entscheidung der Frage, ob und inwieweit der Schuldner nach dem materiellen Recht überhaupt verpflichtet war, blieb dem streitigen Verfahren vorbehalten.

Das bürgerliche Vertragsrecht wird von dem Grundsatz der Vertragstreue beherrscht (pacta sunt servanda § 305 BGB). Ein einmal abgeschlossener Vertrag muß von den Parteien so erfüllt werden, wie es bei Vertragsschluß vereinbart wurde. Eine Änderung des Vertragsinhaltes bedarf des übereinstimmenden Willens von Gläubiger und Schuldner. Durch das Vertragshilfegesetz nimmt der Staat wie in vielen anderen Fällen das Recht in Anspruch, von sich aus, wenn auch hier auf Antrag einer Vertragsseite (Schuldner), gestaltend in einen laufenden Vertrag einzugreifen[78]. Wichtig ist aber, daß diese Vertragsgestaltung gegen den Willen des Gläubigers geschieht. Das Vertragshilfegesetz aus dem Jahre 1952 hat eine Reihe von Vorläufern. Schon im ersten Weltkrieg und in der Zeit danach erließ der Staat mehrere Gesetze, deren Hauptaufgabe es war, Gerichte und allgemeine Verwaltungsstellen zu berechtigen, laufende Vertragsverhältnisse den veränderten Umständen anzupassen[79]. Nach dem ersten Weltkrieg erlangte vor allem die Aufwertungsgesetzgebung besondere Bedeutung, durch die es auch mit Wirkung für laufende Verträge zu einer Neufestsetzung der gegenseitigen Leistungspflichten kam.

---

[77] BGBl. I S. 198.

[78] *Larenz*, Lehrbuch des Schuldrechts, I. Band, Allg. Teil, 9. Auflage 1968, § 20 III S. 251 ff.; *Larenz*, Geschäftsgrundlage und Vertragserfüllung, 3. Auflage 1963, S. 167 ff., S. 186 ff.

[79] *Saage*, Vertragshilfegesetz, 1952, S. 2 ff.

Diese Beispielsfälle müssen genügen. Sie sind daraufhin ausgesucht worden, daß sie geeignet sind, um an ihnen die Probleme aufzuzeigen, die sich regelmäßig ergeben, wenn der Staat als Gesetzgeber nachträglich auf laufende Verträge Einfluß nimmt. Eine vollständige Zusammenstellung aller denkbaren und zugleich schon praktisch gewordener nachträglicher mittelbarer oder unmittelbarer Interventionen des Gesetzgebers in laufende Verträge konnte und sollte nicht angestrebt werden.

V. Zivilrechtliche Folgen eines Eingriffes des Gesetzgebers in laufende Verträge unter besonderer Berücksichtigung der eingetretenen wirtschaftlichen Schäden

1. Zivilrechtliche Folgen einer völligen Vertragsunterbrechung im Rahmen des Außenwirtschaftsgesetzes und der Sicherstellungsgesetze

Bei den bisherigen, notwendigerweise auf Beispiele beschränkten Ausführungen stand vor allem die Frage im Vordergrund, auf welche verschiedene Art und Weise und unterschiedlichen Gebieten der Staat als Gesetzgeber, unterstützt von Verwaltung und Gerichten, in der Vergangenheit bis in die jüngste Gegenwart versucht hat, die von den Vertragsparteien bei Vertragsabschluß geplante und fest vereinbarte Erfüllung eines Vertrages entsprechend den staatlichen Zielen und Zwecken zu beeinflussen und notfalls gegen den Willen der Parteien zu steuern. Die sich für die gegenseitigen Beziehungen der Vertragsparteien ergebenden zivilrechtlichen und vor allem schadensmäßigen Folgen eines derartigen Eingriffs des Gesetzgebers wurden nur insoweit erwähnt, als es um die Beschreibung der unmittelbaren Wirkungsweise der einzelnen nachträglichen gesetzgeberischen Maßnahme auf den laufenden Vertrag ging. Bevor mit der Beantwortung der Frage nach der Zulässigkeit und den Grenzen des nachträglichen gesetzgeberischen Eingriffs in einen laufenden Vertrag und damit nach dessen Bestandsschutz begonnen werden soll, soll ergänzend noch auf einige zivilrechtliche und schadensmäßige Konsequenzen, wie sie sich für die Vertragsparteien nach der staatlichen Intervention darstellen, eingegangen werden. Das ist um so notwendiger, als sich die verfassungsmäßige Zulässigkeit der einzelnen Intervention vorwiegend auch danach bestimmt, welche Auswirkungen sie — ihre Zulässigkeit einmal unterstellt — auf die im laufenden Vertrag enthaltene Rechtsposition des einzelnen hat. Je geringer die Eingriffswirkung der einzelnen Maßnahme ist, desto weniger besteht Anlaß, die Frage nach ihrer verfassungsmäßigen Zulässigkeit zu stellen.

Die Feststellung unter anderem, daß ein laufender Vertrag infolge eines neu erlassenen Gesetzes unwirksam geworden ist, beantwortet schon deshalb nicht alle Fragen nach den zivilrechtlichen Folgen, weil die Vertragsparteien in Erwartung der fortwährenden Wirksamkeit des Vertrages inzwischen mit der Erfüllung des Vertrages begonnen haben können. Es leuchtet ein, daß ein derartig vom Gesetzgeber unterbrochenes Vertragsverhältnis nach einer Abwicklung verlangt. Bei Außenhandelsverträgen, um im Rahmen der bekannten Beispielsfälle zu bleiben, kann diese Situation der plötzlichen Unwirksamkeit eintreten, wenn der Verordnungsgeber gemäß § 27 in Verbindung mit § 2, 15 AWG die Fortsetzung eines Veredelungsvertrages verbietet, weil die Verarbeitungskapazitäten zur Deckung des lebenswichtigen Bedarfs im Inland benötigt werden[80]. Ergeht das Verbot mit ex nunc Wirkung, so stellt sich für den inländischen Verarbeiter die Frage, ob er für schon erbrachte Leistungen trotz der eingetretenen Unwirksamkeit des Vertrages noch das vereinbarte Entgelt verlangen kann. Der ausländische Vertragspartner will regelmäßig wissen, ob er die schon zur Verarbeitung angelieferten Waren zurückerhält. Geht man davon aus, daß auf den auf diese Weise betroffenen Außenhandelsvertrag deutsches Recht Anwendung findet, dann richtet sich die Abwicklung grundsätzlich nach den allgemeinen Regeln des Bürgerlichen Gesetzbuches. Der inländische Verarbeiter kann daher für die Vergangenheit noch die Zahlung der auf Grund des bisher wirksamen Vertrages fällig gewordenen Entgelte verlangen, der ausländische Auftraggeber kann die Rücklieferung der unverarbeiteten Waren (§ 812 BGB) und die Auslieferung der fertig verarbeiteten Waren fordern[81].

Da sich im Außenhandel die nachträglichen staatlichen Eingriffe und Einwirkungen in laufende Verträge weniger als eine direkte Beeinträchtigung des Verpflichtungsgeschäftes (z. B. durch dessen sofortige Unwirksamkeit) darstellen, sondern durch eine Behinderung der Erfüllung auszeichnen, finden regelmäßig die §§ 275, 323 BGB Anwendung[82]. Wird die Erfüllung des Außenhandelsvertrages infolge einer nach Vertragsabschluß erlassenen Rechtsverordnung (vgl. § 27 AWG) für unabsehbare Zeit unmöglich (Exportverbot), so werden beide Vertragsparteien von ihren gegenseitigen Leistungspflichten frei[83]. Der inländische Vertragspartner muß nicht die vom Exportverbot betroffenen Waren liefern, er verliert gleichzeitig aber auch seinen Anspruch auf die Vergütung (§ 323 BGB). Hat er diese aber schon in Form einer Vorauszahlung erhalten, so muß er sie nach den Vorschriften über die Herausgabe einer ungerechtfertigten Bereicherung zurückzahlen (§ 323 Abs. 3 in Verbindung mit § 812 BGB). Handelt es sich dagegen um ein befristetes[84] Exportverbot

---

[80] Zur Anwendung und Bedeutung des § 15 AWG vgl. *Sieg-Fahning-Kölling*, a.a.O., § 15 Vorbemerkung.

[81] *Langen*, a.a.O., Teil C § 15 Rdz. 5 ff.

[82] *Sieg-Fahning-Kölling*, a.a.O., § 2 Rdz. 6 a.

[83] Eingehender zu den zivilrechtlichen Folgen der eingetretenen Unmöglichkeit *Henze*, a.a.O., S. 20 ff.; im übrigen zur Auslegung des § 323 BGB und zum Eintritt der Unmöglichkeit: *Palandt*, a.a.O., § 275 Anm. 4 ff.

[84] *Henze*, a.a.O., S. 21.

oder ist mit dessen baldiger Wiederaufhebung zu rechnen, so daß nicht
von einer dauernden Unmöglichkeit der Lieferung z. B. von Spezial-
maschinen für den Ausbau eines ausländischen Unternehmens gesprochen werden kann, dann verwandelt sich der Außenhandelsvertrag nicht
in ein Abwicklungsverhältnis im Sinne des § 323 BGB. Beide Vertrags-
seiten bleiben am Vertrag gebunden. Etwaige Preisschwankungen[85], Ko-
stenerhöhungen für die eigene, noch zu erbringende Leistung muß jede
Vertragsseite selbst tragen. Etwas anderes kann sich nur ergeben, wenn
vom Wegfall der Geschäftsgrundlage für den betroffenen Vertrag ausgegangen werden kann. Davon kann aber regelmäßig noch nicht die
Rede sein, wenn ein Vertrag für eine Partei erheblich lästiger wird, als
sie sich bei Vertragsabschluß vorgestellt hat[86].

Zu dieser in den Grundzügen dargelegten Anwendung der §§ 275, 323,
812 BGB kommt es nicht nur bei Eingriffen in laufende Außenhandelsverträge, sondern wegen der allgemeinen Bedeutung der erwähnten Vorschriften grundsätzlich auch bei Beeinträchtigungen, die sich z. B. auf
Grund der sogenannten Sicherstellungsgesetze[87] für abgeschlossene Verträge ergeben können. Es ist schon früher darauf hingewiesen worden,
daß ein Lieferverbot im Sinne des § 1 des Wirtschaftssicherstellungsgesetzes einen Unternehmer hindern kann, die eigenen zuvor abgeschlossenen Verträge mit seinen alten Kunden zu erfüllen[88]. Auch für diese
Vertragsverhältnisse bestimmen sich die Rechtsfolgen nach den §§ 275,
323 BGB, wenn es durch ein Liefergebot zur dauernden Unmöglichkeit
der vertraglichen Leistung kommt.

Die Anwendung der Regelungen der §§ 275, 323 BGB infolge einer
nachträglichen Intervention des Gesetzgebers in einen laufenden Vertrag darf aber nicht vergessen lassen, daß diese Vorschriften nur einen
Ausgleich zwischen den Parteien bringen. Sie wollen und können nicht
verhindern, daß bei einer oder auch beiden Parteien infolge der Unmöglichkeit der Erbringung der vertraglich vorgesehenen Leistungen erhebliche Schäden eintreten. Das Bürgerliche Gesetzbuch ist bestrebt, im
Falle eines von den Parteien unverschuldeten[89] Eintritts der Unmöglich-

---

[85] Vgl. die Auf- und Abwertung der deutschen Währung, die Änderung einer
auf der Leistung liegenden Steuer oder eines Zolls.

[86] *Palandt*, a.a.O., § 242 Anm. 6 b; BGH 29. 1. 1957, BB 1957, S. 196.

[87] Vgl. oben S. 29 Anm. 68 des Textes.

[88] Vgl. auch die zivilrechtlichen Folgen der Einführung eines Anschluß-
und Benutzungszwanges auf laufende Verträge (Unmöglichkeit der Fortfüh-
rung dieser Vertragsbeziehungen), siehe ebenfalls oben S. 26 des Textes.

[89] Ein Verschulden bezüglich der Unmöglichkeit kann sich ergeben, wenn
eine Vertragspartei Anlaß für den Widerruf einer Genehmigung z. B. durch ein
arglistiges Verhalten (§ 30 Abs. 3 S. 2 AWG) gegeben hat. Ein Verschulden
scheidet aber regelmäßig aus, wenn die Eingriffe in laufende Verträge auf
Gesetzesänderungen zurückgehen.

keit einer oder beider im Austausch zueinander stehenden Vertragslei-
stungen einen „billigen" Ausgleich zu erreichen. Man kann es mit einer
Schadensteilung vergleichen, die den Schaden selbst noch nicht beseitigt.
Ein Einfuhr- bzw. Ausfuhrverbot kann ferner zur Folge haben, daß eine
der Vertragsparteien Produktionskapazitäten stillegen muß, die gerade
im Hinblick auf einen wider Erwarten durch staatliche Maßnahmen unterbrochenen Vertrag aufgebaut worden waren. Produkte, die bereits
hergestellt aber noch nicht ausgeliefert worden sind, sind unter Umständen an Dritte nicht zu verkaufen, entweder weil es sich um Spezialpro-
dukte handelt, oder weil diese potentiellen Käufer preiswertere Bezugs-
quellen haben und dort ihren Bedarf decken[90]. Die Kette dieser möglichen
Schadensfolgen ließe sich beliebig verlängern. Für all diese Schäden bringen die Bestimmungen der §§ 275, 323, 812 BGB keinen Ausgleich. Nach
Maßgabe des Bürgerlichen Gesetzbuches hat derjenige diese nur beispielhaft angeführten Schäden zu tragen, bei dem sie sich aus der konkreten Situation heraus ergeben.

2. Zivilrechtliche Folgen einer kraft Gesetzes
nachträglich eingetretenen inhaltlichen Vertragsänderung

Andersartige zivilrechtliche Folgen und Schadenswirkungen zeigen
sich z. B., wenn die nach Vertragsabschluß eingetretenen Rechtsänderungen zwar den Vertrag als solchen für die Zukunft fortbestehen lassen,
aber ihn unmittelbar, wenn auch nur teilweise dem Inhalte nach verändern, ohne ihn in ein eigentliches Abwicklungsverhältnis im Sinne der
§§ 275, 323 ff. BGB übergehen zu lassen. Eine Inhaltsveränderung laufender Verträge ergab sich auf Grund der Einführung des Bürgerlichen Gesetzbuches. Wenn auch dieses Gesetz laufende Verträge weitgehend unberührt ließ (vgl. Artikel 170, 171 EGBGB), so enthielt es doch eine Reihe
von zwingenden Normen[91], die nicht nur für zukünftige, sondern auch
für laufende Schuldverhältnisse verbindlich waren. Die z. B. § 247 BGB
entgegenstehenden Kündigungsbestimmungen in laufenden Verträgen
verloren mit Inkrafttreten des Bürgerlichen Gesetzbuches ihre Wirkung.
Ein privater Kapitalgeber, der sich durch den Abschluß eines langfristigen, nur erschwert kündbaren Darlehensvertrages eine über 6 %hinaus-
gehende Verzinsung gesichert zu haben glaubte, stand durch die Einführung des § 247 BGB vor der für ihn wirtschaftlich nachteiligen Entscheidung, seinem Schuldner im Rahmen einer neuen Vereinbarung einen 6 %
nicht überschreitenden Zinssatz zuzugestehen oder fortlaufend mit einer
§ 247 BGB entsprechenden Kündigung rechnen zu müssen. Die Einfüh-

---

[90] *Henze*, a.a.O., S. 28.
[91] *Soergel-Siebert*, a.a.O., Art. 170 Rdz. 2.

rung des § 247 BGB brachte auf der einen Seite für den Darlehensschuldner eine wirtschaftliche Besserstellung, auf der anderen Seite aber gleichzeitig für den Darlehensgläubiger eine wirtschaftliche Verschlechterung. Da das Bürgerliche Gesetzbuch aber im allgemeinen nur eine verhältnismäßig geringe Zahl zwingender Vorschriften für den Inhalt schuldrechtlicher Verträge enthält, ergaben sich derartige unmittelbare Veränderungen des Vertragsinhaltes laufender Verträge bei Einführung des Bürgerlichen Gesetzbuches nur recht selten (vgl. Art. 171 EGBGB). Soweit sie aber eintraten, richteten sich die betroffenen vertraglichen Rechte der einzelnen Vertragspartei nicht mehr nach den früheren vertraglichen Vereinbarungen, sondern waren unmittelbar aus den zwingenden Gesetzesbestimmungen abzuleiten. Eine zusätzliche, gesetzeskonforme Vereinbarung war von den Parteien nicht zu treffen. Die zwingenden Normen ersetzten die entgegenstehenden vertraglichen Vereinbarungen und traten an ihre Stelle[92].

3. Zivilrechtliche und wirtschaftliche Folgen eines nachträglichen Eingriffs des Gesetzgebers in Preisvereinbarungen

Eingriffe in den Vertragsinhalt eines laufenden Vertrages ergaben sich in der Vergangenheit — wie schon dargestellt wurde — vor allem auch auf dem Gebiet des Preisrechts und des Kündigungsrechts. Besonders Kauf- und Mietverträge wurden nach Vertragsabschluß häufig von Gesetzesänderungen erfaßt. Auf die zivilrechtlichen Folgen dieser nachträglichen Einflußnahme des Gesetzgebers bzw. der Verwaltung auf laufende Verträge ist zum Teil schon bei der Beschreibung der einzelnen eingreifenden Maßnahme hingewiesen worden. Eine generelle Beschreibung der zivilrechtlichen Folgen ist dadurch stark erschwert, weil sie sich notwendigerweise nach dem Inhalt des einzelnen intervenierenden Gesetzes richten. Gerade auf dem Gebiet des Mietrechts[93] hat es aber die unterschiedlichsten Gesetze gegeben, die entsprechend verschiedene Rechtsfolgen für einen laufenden Mietvertrag hervorriefen. Für das Mietrecht gewann frühzeitig besonders die sogenannte gesetzliche Miete[94] eine Bedeutung. Nach § 1 des Reichsmietengesetzes[95] erhielt der Mieter oder der Vermieter insoweit das Recht, sich einseitig von dem vertraglich verein-

---

[92] Die gleichen zivilrechtlichen Folgen (Ersetzung der vertraglichen Vereinbarung durch eine gesetzliche Regelung) zeigen sich, wenn der Gesetzgeber nachträglich die Kündigungsbestimmungen für laufende Verträge (Mieterschutz) verändert.

[93] *Wiesen,* a.a.O., S. 142 ff.

[94] *Wiesen,* a.a.O., S. 175 ff.

[95] Gesetz vom 24. 3. 1922, RGBl. I S. 273, aufgehoben durch § 41 S. 1 des Bundesmietengesetzes vom 27. 7. 1955, BGBl. I S. 458.

barten Vertrag zu lösen, um den Mietpreis für den laufenden Vertrag nach den Vorschriften des Gesetzes berechnen zu können. Kam zwischen den Parteien keine Einigung über die Höhe des gesetzlichen Preises zustande, so stellte das Mieteinigungsamt die Höhe des zukünftig im Rahmen des fortbestehenden Vertrages zu zahlenden Mietzinses fest (vgl. § 1 Abs. 3, § 2 Abs. 3 Reichsmietengesetz). Seit 1936 gewann das System der Festsetzung von Höchstpreisen zunehmend an Bedeutung. Es galt einmal für zukünftige Verträge, es erfaßte aber auch gegebenenfalls laufende Verträge (vgl. § 1 Abs. 1 Preisstopverordnung)[96]. Die Wirkung einer Höchstpreisfestsetzung auf einen laufenden Vertrag war lange Zeit sehr umstritten. Man war sich zwar einig, daß die Höchstpreisfestsetzung die Zahlung eines höheren als des festgesetzten Preises verhindern sollte, streitig war aber, welche zivilrechtlichen Wirkungen sich daraus für einen laufenden Vertrag ergaben. Man nahm z. B. an, die staatliche Preisfestsetzung lasse die entgegenstehende private Preisvereinbarung außer Kraft treten[97], so als ergehe nachträglich ein Verbot im Sinne des § 134 BGB. Abgesehen davon, daß der Wortlaut des § 134 BGB nicht für eine derartige Anwendbarkeit dieser Norm spricht, ist es auch fraglich, ob eine Höchstpreisfestsetzung ein derartiges Verbot mit der Folge der Nichtigkeit des obligatorischen Vertrages anstrebt. Das mit einer Höchstpreisfestsetzung angestrebte Ziel, die Zahlung höherer Preise zu verhindern, wird auch dadurch erreicht, daß man in der Höchstpreisfestsetzung nur ein Verbot dahin sieht, einen höheren als den staatlicherseits für angemessen gehaltenen Preis zu leisten. Die Höchstpreisfestsetzung stellt sich dann insoweit als ein Leistungshindernis dar, daß im Sinne des § 275 BGB zur teilweisen Unmöglichkeit der Leistung führt[98], soweit sie dem festgesetzten Preis widerspricht. Das Verpflichtungsgeschäft bleibt dann als solches vorab unberührt. Fällt das Höchstpreisgebot später bei Fortdauer des auf diese Weise betroffenen Vertrages fort, so ist der Geldschuldner wieder zur vollen Zahlung des ursprünglichen, vertraglich vereinbarten Preises verpflichtet[99]. Die Höchstpreisfestsetzung, die Wirkung für laufende Verträge hat, zwingt den Preisgläubiger zu einem Verzicht auf Forderungen, die er ohne das staatliche Eingreifen bei ungestörter Fortsetzung des laufenden Vertragsverhältnisses gegenüber seinem Schuldner hätte geltend machen und zur Not gerichtlich hätte durchsetzen können. Unter Umständen hat er diese Forderungen schon vor der Intervention des Gesetzgebers und der ihm folgenden Verwaltung in

---

[96] Vgl. die Verordnung über das Verbot von Preiserhöhungen vom 26. 11. 1936, RGBl. I S. 955; *Huber* II, a.a.O., § 87 S. 300 ff.

[97] *Huber* II, a.a.O., § 87 S. 308.

[98] Fall der sogenannten rechtlichen Unmöglichkeit, die auch unter § 275 BGB fällt, *Palandt,* a.a.O., § 275 Anm. 1 a.

[99] *Rinck,* a.a.O., § 6 S. 82 ff. Rdz. 285 ff.; *Wiesen,* a.a.O., S. 185 ff.; *Bettermann,* Grundfragen, a.a.O., S. 41; *Roquette,* Mietrecht, 4. Auflage 1954, S. 274.

voller Höhe an eine Bank abgetreten (§ 389 BGB). Diese Abtretung erweist sich insoweit nunmehr als vergeblich, da von ihm Forderungen abgetreten worden sind, die zwar nach dem Wortlaut des Vertrages hätten vollwirksam und einklagbar zur Entstehung kommen müssen, deren Erfüllung aber teilweise unmöglich geworden ist (§ 275 BGB).

Wird der Höchstpreis mit Wirkung z. B. für laufende Mietverträge heraufgesetzt, ohne daß der Vertrag schon eine dem neuen Höchstpreis entsprechende Vereinbarung enthält, begründet das für den Vermieter in aller Regel das Recht, von dem Mieter in Zukunft einen höheren Preis verlangen zu dürfen. Dem Vermieter wird gleichzeitig erlaubt, einen höheren als den bisher vereinbarten und durch die Höchstpreisfestsetzung begrenzten Preis zu zahlen. Bevor der Vermieter aber den höheren Preis gegenüber dem Mieter durchsetzen kann, bedarf es noch zwischen den Parteien einer entsprechenden Vereinbarung[100]. Weigert sich der Mieter, diese Vereinbarung abzuschließen, dann hat der Vermieter z. B. nach § 18 Abs. 1, 3 des ersten Bundesmietengesetzes[101] das Recht, durch einseitige näher begründete Erklärung den erhöhten Mietpreis zum Vertragsinhalt zu machen. Der Mieter kann sich diesen Rechtsfolgen nur durch Kündigung des Vertrages (§ 20 Abs. 1 des ersten Bundesmietengesetzes) entziehen. Während die zuvor geschilderte Festsetzung eines Höchstpreises einen wirtschaftlichen Nachteil für den Vermieter darstellt, für den ihm der Staat von Gesetzes wegen keinen Ausgleich gewährt, wirkt sich die Heraufsetzung des Höchstpreises zum Nachteil des Mieters aus, für den dieser auch keinen Ersatz erwarten kann, zumindest nicht nach den einschlägigen Gesetzen.

4. Zivilrechtliche Folgen einer nachträglichen Auflage für einen laufenden Vertrag

Die zivilrechtliche Wirkungsweise eines staatlichen Eingriffs auf ein zwischen den Vertragsparteien bestehendes Vertragsverhältnis stellt sich wiederum anders dar, wenn die Verwaltung z. B. auf Grund einer gemäß § 27 AWG neu erlassenen Rechtsordnung das Recht erhält, einer bisher schon erteilten Genehmigung u. a. eine Auflage nachträglich beizufügen[102]. Man kann darin den Widerruf der ursprünglichen Genehmigung

---

[100] *Rinck*, a.a.O., § 6 S. 82 ff. Rdz. 285 ff.; *Wiesen*, a.a.O., S. 187 ff.; *Bettermann*, Grundfragen, a.a.O., S. 43 ff.; *Roquette*, a.a.O., S. 284 ff.; BGH 3. 3. 1954, Bd. 13 S. 17 (23).

[101] Vgl. Reichsmietengesetz vom 24. 3. 1922, RGBl. I S. 243; Gesetz über Maßnahmen auf dem Gebiete des Mietpreisrechts, 1. Bundesmietengesetz vom 27. 7. 1955, BGBl. I S. 458.

[102] *Henze*, a.a.O., S. 97; allgemein zur Zulässigkeit einer Auflage nach dem AWG: *Henze*, a.a.O., S. 90 ff.

und den Erlaß eines neuen mit der Auflage verbundenen Verwaltungsaktes sehen[103]. Das ist im Ergebnis aus der Sicht des Bürgers her aber
nur eine Frage der juristischen Konstruktion. Nicht aber insoweit, wenn
es um die Wirkung der Auflage auf den Inhalt eines laufenden Vertrages
geht. Eine Auflage ist eine Nebenbestimmung eines Verwaltungsaktes,
die von dem Betroffenen ein bestimmtes Tun, Dulden oder Unterlassen
verlangt[104]. Eine nachträgliche Auflage im Sinne des § 30 Abs. 1 AWG
kann z. B. zum Inhalt haben, die aus- oder einzuführende Ware nur durch
eine deutsche Reederei verschiffen zu lassen[105]. Hat sich der deutsche Außenhandelskaufmann gegenüber dem ausländischen Vertragspartner
verpflichtet, die zu liefernden Waren mit Schiffen aus dessen Heimat-
land zu transportieren, dann steht er nach Erlaß der erwähnten Auflage
vor der Alternative, entweder im Einvernehmen mit seinem Vertragspartner eine Ersetzung dieser Verpflichtung zu erreichen oder den Vertrag unter Verletzung der Auflage abzuwickeln. Mit der letzten Möglichkeit geht er aber gleichzeitig das Risiko ein, daß die Export- bzw. Import-
genehmigung gemäß § 30 Abs. 3 Satz 1 AWG wegen Nichtbefolgung der
Auflage endgültig widerrufen wird[106]. Will er dieses Risiko des Widerrufs
der Genehmigung nicht eingehen, dann muß er gegenüber seinem Vertragspartner versuchen, von der Verpflichtung, ausländische Schiffe zu
benutzen, frei zu kommen, um gleichzeitig das vertragliche Recht zu erhalten, die Ware mit einer deutschen Reederei zu verschiffen. Dieses
Recht erhält der inländische Vertragspartner gegenüber der ausländischen Vertragspartei erst auf Grund einer besonderen Vereinbarung, die
zwischen beiden abgeschlossen wird. Die Auflage verlangt zwar von
ihrem Adressaten in bezug auf einen laufenden Vertrag ein bestimmtes Tun, Dulden oder Unterlassen, sie wird aber nicht Inhalt des Vertrages mit der Folge, daß der Betroffene einen unmittelbaren Anspruch
gegenüber seinem Vertragspartner erhält. Gelingt es dem inländischen
Unternehmer nicht, gemäß der Auflage die aus- bzw. einzuführende
Ware mit Zustimmung seines ausländischen Geschäftspartners auf deutsche Schiffe verladen zu dürfen, wird recht bald die Genehmigung, zu der
die Auflage nachträglich als Nebenbestimmung hinzugetreten ist, gemäß
§ 30 Abs. 3 Satz 1 AWG widerrufen werden. Das hat zur Folge, daß mit
der dann eintretenden Unmöglichkeit der Erfüllung des laufenden Vertrages die §§ 275, 323 BGB Anwendung finden. Jede Partei trägt damit

---

[103] *Wolff* I, a.a.O., § 49 II d, S. 327.
[104] *Wolff* I, a.a.O., § 49 I, S. 325; *Sieg-Fahning-Kölling*, a.a.O., § 30 Rdz. 5.
[105] Das Beispiel findet sich bei *Henze*, a.a.O., S. 91.
[106] Zur Selbständigkeit der Genehmigung gegenüber der Auflage vgl. *Wolff*
I, a.a.O., § 49 I S. 325: „Sie (die Auflage) ist nicht integrierender Bestandteil
eines Verwaltungsaktes sondern selbst ein Verwaltungsakt, der allerdings hinsichtlich seines Bestandes abhängt von demjenigen Verwaltungsakt, zu dem die
Auflage ergangen ist . . .“

grundsätzlich wieder allein die Schäden, die bei ihr aus der Situation heraus entstehen. Etwas anderes gilt nur dann, wenn beide Vertragsparteien nach dem Inhalt des Vertrages als verpflichtet angesehen werden können, an der Abänderung des Vertrages gemäß den Anforderungen der Auflage mitzuwirken[107]. Ist der Widerruf der Genehmigung gemäß § 30 Abs. 3 Satz 1 AWG dadurch das Ergebnis des vertragswidrigen Verhaltens einer Partei, findet nicht § 323 BGB Anwendung, sondern die Rechtsfolgen bestimmen sich dann gemäß § 324 BGB[108].

So wie es sich in Anbetracht der fast unüberschaubar gewordenen Vielgestaltigkeit der vom Staat entfalteten Interventionstätigkeit als notwendig erwiesen hat, die einführende Darstellung von Eingriffen des Gesetzgebers in laufende Verträge auf einige Beispielsfälle zu beschränken, muß es jetzt genügen, daß nur einige wenige markante zivilrechtliche und schadensmäßige Folgen dieser beispielhaft erwähnten Eingriffstätigkeit aufgezeigt werden. Alle denkbaren zivilrechtlichen und schadensmäßigen Konsequenzen lassen sich allenfalls an einem Einzelfall nachzeichnen.

---

[107] *Palandt*, a.a.O., § 275 Anm. 9 a.
[108] *Palandt*, a.a.O., § 275 Anm. 6, § 324 Anm. 2.

B. Notwendigkeit und Möglichkeit eines verfassungsrechtlichen Schutzes der laufenden Verträge gegenüber nachträglichen Rechtsänderungen

I. Der Vertrag als geschützte Rechtsposition im Sinne des Artikel 14 GG

1. Eingriffe des Gesetzgebers in laufende Verträge als Frage der Inhaltsbestimmung und Schrankenziehung oder Enteignung von verfassungsrechtlich geschütztem Eigentum

Im Vordergrund der bisherigen Ausführungen stand der Versuch, anhand von Beispielsfällen zu zeigen, in welchem Umfang der Staat als Gesetzgeber oder als Verwaltung in der Vergangenheit das Recht in Anspruch genommen hat, in bestehende Verträge einzugreifen, um sie unwirksam (§ 106 GWB) werden zu lassen, sie einer inhaltlichen Änderung (vgl. das Preis- und Kündigungsrecht) zu unterwerfen oder ihre Erfüllung ganz oder teilweise (vgl. § 2 AWG, Export- bzw. Importverbote) zu verhindern. Die Beispielsfälle ließen ferner deutlich werden, auf welch verschiedene Art und Weise der Gesetzgeber und ihm folgend die Verwaltung nach Vertragsabschluß auf einen wirksam entstandenen Vertrag Einfluß nehmen und dadurch erreichen, daß der einzelne Vertrag eine den öffentlichen Interessen gemäße Abwicklung erfährt. Die bisherige Darstellung war dabei insoweit unkritisch, als sie sich weitgehend auf eine Beschreibung der Rechtslage beschränkt, wie sie vom Gesetzgeber und der Verwaltung bestimmt und geformt wurde. Keine Beachtung fanden bisher Schranken und Grenzen, die sich für den Gesetzgeber und erst recht für die Verwaltung möglicherweise aus dem Grundgesetz ergeben und sie hindern, trotz vertretbarer öffentlicher Interessen einen laufenden Vertrag nach Vertragsabschluß in einer von den Parteien geplanten Abwicklung zu beeinträchtigen. Der Schutz durch die Verfassung ist vor allem deshalb wichtig, weil der Gesetzgeber in der heutigen Zeit nur allzu bereit, vielleicht sogar auch verpflichtet ist, durch schnell wirkende Maßnahmegesetze eine bisherige Rechtslage abzuändern, wenn er andernfalls nicht mehr als gewährleistet ansieht, daß die Interessen der Allgemeinheit gegenüber den Zielen und Wünschen privater Vertragsparteien gewahrt bleiben.

Untersucht man das Grundgesetz mit dem Ziel, feste Schranken und Grenzen für nachträgliche staatliche Eingriffe in laufende Verträge aufzuweisen, zeigt sich, daß das für selbstverständlich angesehene Recht des einzelnen, Verträge abzuschließen und auszuführen, an keiner Stelle der Verfassung ausdrücklich erwähnt ist. Während die Weimarer Verfassung in Art. 152 die Vertragsfreiheit nach Maßgabe der Gesetze gewährleistete, findet sich im Grundgesetz eine derartige Bestimmung nicht. Dieses Ergebnis einer Durchsicht und eines Vergleiches der Texte der Bonner und der Weimarer Verfassung läßt zwei Schlüsse zu. Einmal ist denkbar, daß ein laufender Vertrag zwar nicht ausdrücklich, sondern mittelbar als notwendiger Bestandteil anderer verfassungsrechtlich gewährleisteter Rechtsgüter geschützt wird. Zum anderen bietet sich die Schlußfolgerung an, daß das Fehlen einer Art. 152 WRV entsprechenden Bestimmung im Grundgesetz der Ausdruck einer bewußten Entscheidung dahin ist, die Vertragsfreiheit und damit auch den laufenden Vertrag dem Schutz der Verfassung zu entziehen. Infolge der vermögensrechtlichen Auswirkungen der vielfältigen nachträglichen Eingriffe des Staates in laufende Verträge liegt es nahe zu fragen, ob für die besondere staatliche Interventionstätigkeit gegenüber laufenden Verträgen aus Art. 14 GG Schranken und Grenzen erwachsen. Dieser Artikel ermächtigt den Gesetzgeber ausdrücklich, Inhalt und Schranken des Eigentums durch Gesetze zu bestimmen. Er verpflichtet ihn aber auch, gegebenenfalls eine Entschädigung bereitzustellen, wenn der beim einzelnen Bürger eintretende Vermögensschaden eine Enteignung darstellt. Der Begriff des Eigentums in Art. 14 GG umfaßt nicht nur die sogenannten dinglichen Rechte im Sinne des Bürgerlichen Gesetzbuches. Bundesverfassungsgericht[1], Bundesgerichtshof[2] und Ländergerichte[3] gehen heute in ihrer Rechtsprechung, unterstützt von der Lehre[4] wie selbstverständlich davon aus, daß auch schuldrechtliche Beziehungen, z. B. Rechte aus laufenden Verträgen verfassungsrechtlich geschütztes Eigentum darstellen können und damit den Schutz des Art. 14 GG genießen. Das unmittelbare Ergebnis dieser Auslegung des in Art. 14 GG enthaltenen Eigentumsbegriffes muß sein, daß sich in den Fällen, in denen staatliche Eingriffe in laufende Verträge erfolgen, der Tatbestand der Enteignung erfüllen kann. Gegebenenfalls können eine oder beide Vertragsparteien eine Entschädigung verlangen.

---

[1] BVerfG 1. 7. 1964, Bd. 18 S. 121 (131); 17. 11. 1959, Bd. 10 S. 221 (228); 12. 11. 1958, Bd. 8 S. 274 (330); *Ipsen*, Das Bundesverfassungsgericht und das Privateigentum, AöR 1966, Bd. 91 S. 86 ff.

[2] BGH 10. 6. 1952, Bd. 6 S. 270 ff.; 28. 3. 1955, Bd. 17 S. 96 (104); 18. 9. 1959, Bd. 31 S. 1 ff. (2); BAG 12. 2. 1959, NJW 1959, S. 1243 (1246).

[3] OVG Hamburg 16. 10. 1950, MDR 1950, S. 760 (761); DOG 13. 4. 1950, NJW 1950, S. 540 (541); OVG Lüneburg 22. 6. 1956, OVGE Bd. 11 S. 451 (453); OVG Münster 8. 10. 1958, OVGE Bd. 14 S. 81 (89).

[4] *Forsthoff*, a.a.O., § 17 S. 306 ff., S. 314 ff.; *Hamann*, Das Grundgesetz, Kommentar, 2. Auflage 1960, Art. 14 B 1 S. 160 ff.; *v. Mangoldt-Klein*, Das Bonner Grundgesetz, 2. Auflage 1957, Art. 14 III S. 423 ff.; *Wolff* I, a.a.O., § 62 III S. 378.

Bei der Formulierung des § 2 Abs. 2 Satz 3 AWG in den Ausschußbe-
ratungen des Bundestages[5] wurde trotzdem ausdrücklich eine Entschädigungsregelung für Vermögensschäden abgelehnt, obwohl diese Regelung
des Außenwirtschaftsgesetzes vorsieht, daß Beschränkungen in Form von
Rechtsverordnungen abgeschlossene, d. h. laufende Verträge berühren
dürfen. Diese Beschränkungen können zu einer völligen Unterbrechung
der Vertragserfüllung führen und erhebliche Vermögensschäden verursachen. Geht man von der heute überwiegend vertretenen Auffassung
aus, daß auch obligatorische Rechtspositionen geschütztes „Eigentum"
im Sinne des Art. 14 GG sind, so dürfte man sich mit dieser uneinge-
schränkten Ablehnung einer Entschädigungsregelung in § 2 Abs. 2 Satz 3
AWG, wie sie der Bundestagsausschuß und schließlich der Bundestag gut-
heißen, nicht einverstanden erklären. In seinem Kommentar zum § 2
AWG setzt Langen[6] wie selbstverständlich voraus, daß die durch den Abschluß eines Außenhandelsvertrages entstandenen schuldrechtlichen Beziehungen zwischen den Parteien vollwertige Eigentumsrechte im Sinne
von Art. 14 GG sind. Mit keinem Wort geht er darauf ein, ob und unter
welchen Voraussetzungen diese Annahme in dieser Allgemeinheit richtig ist. Langen sieht das einzige Problem darin, Beschränkungen gemäß
§ 2 AWG, die sich auf abgeschlossene Verträge auswirken, dahin zu untersuchen, ob sie eine Inhaltsbestimmung oder Schrankenziehung (Sozialbindung) gemäß Art. 14 Abs. 1, 2 GG bedeuten oder ob sie eine entschädigungspflichtige Enteignung darstellen[7].

Für den Bereich des Mietrechts vertrat in der Vergangenheit Bettermann[8] die Ansicht, daß staatlich angeordnete Preissenkungen im Rahmen laufender Mietverträge Enteignungen darstellen, weil sie zu einem
Verlust vertraglich erworbener Ansprüche führen. Er ist der Meinung,
daß entschädigungspflichtige Enteignungen vorliegen, „soweit und solange vom Boden des öffentlichen Rechts her der Staat in private Schuldverhältnisse zu Lasten einer der Parteien dieses Schuldverhältnisses
rechtsvernichtend oder rechtsmindernd eingreift". Auch Huber[9] kommt,
wenn auch gegenüber Bettermann mit Einschränkungen, zu einem ähn-
lichen Ergebnis, wenn er schreibt, daß eine Preisherabsetzung nur eine
bloße Eigentumsbindung, keine Enteignung darstellt, solange sich die
Abweichung von dem vereinbarten Preis in so engen Grenzen hält, daß
von einem substanzmindernden Eingriff nicht gesprochen werden kann.
Es ist fast überflüssig zu betonen, daß Bettermann und Huber keinen

---

[5] *Langen*, a.a.O., Teil C § 2 Rdz. 8.

[6] *Langen*, a.a.O., Teil C § 2 Rdz. 12.

[7] *Langen*, a.a.O., Teil C § 2 Rdz. 14; ferner *Henze*, a.a.O., S. 42; *Sieg-Fahning-
Kölling*, a.a.O., § 2 Rdz. 6 c.

[8] *Bettermann*, Grundfragen, S. 35, 39.

[9] *Huber* II, a.a.O., S. 32, 309.

Zweifel haben, daß Rechtspositionen aus schuldrechtlichen Beziehungen „Eigentum" im Sinne des Art. 14 GG darstellen.

Rechtsprechung und Lehre glauben heute wegen Art. 14 GG grundsätzlich davon ausgehen zu müssen, daß der Staat in schuldrechtliche Beziehungen und damit in laufende Verträge nur insoweit ohne Entschädigung eingreifen darf, als es sich um eine Bestimmung des Inhalts und der Schranken dieser vermögenswerten Rechte handelt (Art. 14 Abs. 1 Satz 2 GG). Da das Grundgesetz keine Aussage darüber enthält, wann eine derartige entschädigungslose Sozialbindung des Eigentums und wann eine Enteignung erfolgt, haben sich in der Vergangenheit die vieldiskutierten Enteignungstheorien[10] herausgebildet, die dieses Abgrenzungsproblem zu lösen versuchen. Zu diesen Theorien kann und muß aber erst dann Stellung genommen werden, wenn zuvor bestimmt worden ist, wann und inwieweit schuldrechtliche Beziehungen (laufende Verträge) den Vertragsparteien Rechtspositionen gewähren, die ebenfalls den verfassungsrechtlichen Schutz des „Eigentums" im Sinne des Art. 14 GG genießen. Erst nach Beantwortung dieser Frage wird es erheblich, ob es sich bei den einzelnen staatlichen Interventionen in laufende Verträge um eine Sozialbindung, Schrankenziehung oder Enteignung im Sinne des Art. 14 GG handelt.

2. Die Entwicklung des erweiterten verfassungsrechtlichen Eigentumsbegriffes unter der Geltung der Weimarer Verfassung in ihrer besonderen Bedeutung für schuldrechtliche Beziehungen

a) Die Begründung der Literatur

Versucht man mit Hilfe der Rechtsprechung und der Literatur die Frage zu beantworten, wann und in welchem Umfang Rechtspositionen aus schuldrechtlichen Beziehungen verfassungsrechtlich geschütztes „Eigentum" darstellen, so macht man eine überraschende Feststellung. Nicht nur die heutige Rechtsprechung und Lehre gehen regelmäßig ohne Begründung davon aus, daß schuldrechtliche Beziehungen verfassungsrechtlich geschütztes „Eigentum" sein können, sondern auch zur Zeit der Geltung der Weimarer Verfassung und ihres Art. 153 verzichtete man weitgehend auf eine Begründung und Erklärung. Eine Begründung und Klarstellung ist aber notwendig, da beide Verfassungen es unterlassen zu sagen, was sie unter Eigentum verstehen.

---

[10] Vgl. die sogenannte Einzelaktstheorie des BGH 10. 6. 1952, Bd. 6 S. 270 ff.; die sogenannte Schweretheorie des BVerwG 27. 6. 1957, Bd. 5 S. 145 ff.; die sogenannte Zumutbarkeitstheorie von *Stödter:* Über den Enteignungsbegriff, DÖV 1953, S. 97 ff., 137 ff.; die sogenannte Schutzwürdigkeitstheorie von *Jellinek,* Verwaltungsrecht, Neudruck, 1966, S. 413.

Einen entscheidenden Anstoß zur Erweiterung des Eigentumsbegriffes im Sinne des damaligen Art. 153 WRV gab eine Abhandlung von Martin Wolff[11] aus dem Jahre 1923.

Während man vor dem ersten Weltkrieg unter Eigentum auf dem Gebiet des Enteignungsrechts in Übereinstimmung mit dem allgemeinen bürgerlichen Recht nur Sacheigentum verstand, machte sich schon bald nach Einführung der Weimarer Verfassung das Bestreben erkennbar, diesen dinglichen Eigentumsbegriff für das Enteignungsrecht aufzugeben. So schrieb Wolff[12] schon 1923, man sei sich zu „Recht darüber einig, daß (durch Art. 153 WRV) nicht nur das Eigentum im Sinne des heutigen bürgerlichen Rechts, sondern jedes private Vermögensrecht (Forderung, Aktie, dingliches Recht, Urheberrecht) hiermit gewährleistet werden soll . . . Zu den gewährleisteten Vermögensrechten gehört zwar nicht das Vermögen selbst . . . , wohl aber ein Recht an einem Erwerbsgeschäft (an einem Unternehmen) . . . Die ‚Gewährleistung' des Eigentums in Art. 153 Abs. 1 bedeutet einen Schutz der bestehenden und der neu entstehenden *konkreten* Privatrechte jedes einzelnen Rechtssubjekts . . ." Eine Begründung, wann und warum auch Forderungen Eigentum im Sinne des Art. 153 WRV waren, gab Wolff in seiner ganzen Abhandlung „Reichsverfassung und Eigentum" nicht. Aber nicht nur Wolff beschränkte sich insoweit auf eine unbegründete Feststellung. Auch führende Kommentare zur Weimarer Verfassung versuchten nicht zu bestimmen, wann Forderungen bzw. sonstige Rechtspositionen aus schuldrechtlichen Beziehungen verfassungsrechtlich geschütztes Eigentum darstellen. So schrieb im Jahre 1933 Anschütz[13] in seinem Kommentar kurz und recht lapidar: „Eigentum im Sinne des Art. 153 ist nicht nur das Eigentum im engeren Sinne des bürgerlichen Rechts, sondern jedes private Vermögensrecht (Forderung, Aktie, dingliches Recht, Urheberrecht)." Seine Begründung für seine Meinung beschränkte sich auf einen Hinweis auf die von Wolff vertretene Ansicht, die angeblich herrschende Meinung und die Rechtsprechung. Auch die Kommentare von Giese und Poetzsch-Heffter[14] brachten keine Begründung für ihren gegenüber dem bürgerlichen Recht erweiterten Eigentumsbegriff.

---

[11] *Martin Wolff*, Reichsverfassung und Eigentum in Festgabe für Wilhelm Kahl 1923, S. 1 ff.

[12] *Martin Wolff*, a.a.O., S. 3, ferner S. 5.

[13] *Anschütz*, Die Verfassung des Deutschen Reichs, 14. Auflage 1933, Art. 153 Anm. 2 S. 704.

[14] *Giese*, Die Verfassung des Deutschen Reichs, 8. Auflage 1931, Art. 153 Anm. 1 S. 315; *Poetzsch-Heffter*, Handkommentar der Reichsverfassung, 3. Auflage 1928, Art. 153 Anm. 2 a S. 482.

b) Die Rechtsprechung des Reichsgerichts

Aber nicht nur die Literatur ersparte sich die Aufgabe nachzuweisen, weshalb und unter welchen Voraussetzungen unter Eigentum im Sinne des Art. 153 WRV nicht nur das dingliche Eigentum, sondern jedes vermögenswerte Recht des einzelnen zu verstehen ist. So entschied das Reichsgericht im Jahre 1921[15], also noch vor der bekannten Schrift des Zivilrechtlers Martin Wolff, daß der Entzug der sogenannten lippischen Rente, angeordnet durch Lippisches Landesgesetz vom 29. September 1920, eine Enteignung darstellte. „Dieser landesgesetzliche Schritt bedeutete die Enteignung eines wohlerworbenen Privatrechts, die sich nicht in dem von der Reichsverfassung mit vorherrschender und zwingender Kraft geordneten Richtlinie hielt." Kein Wort wurde darüber gesagt, daß Art. 153 WRV auch den Schutz dieser nicht dinglichen Rechte übernehmen sollte. Weniger pauschal war die Begründung in einem Urteil aus dem Jahre 1924[16]. In dieser Entscheidung ging es um die Frage, ob eine bisher gewährte Kohlenrente kraft Gesetzes entzogen oder herabgesetzt werden konnte. Das Gericht nahm dahin Stellung[17], daß „die Enteignung im technischen, auch im Art. 153 Abs. 2 Reichsverfassung vorausgesetzten Sinne nicht auf subjektive Privatrechte bestimmter Art, insbesondere nicht auf das Eigentum oder auf Rechtsverhältnisse an Grundstücken überhaupt beschränkt ist, sondern alle subjektiven Privatrechte einschließlich der Forderungsrechte umfaßt. Es ist kein innerer Grund dafür erkennbar, daß die Gesetzgebung der Gegenwart verfassungsmäßigen Schutz gegen Eingriffe in die subjektiven Rechte des einzelnen nur in jenem beschränkten Umfang sollte gewähren wollen, nicht aber auch gegen Eingriffe in sonstige Rechte, die nach ihrem wirtschaftlichem Werte wie nach der Art des Eingriffs ebenso des Schutzes bedürftig sein können". Diese Urteilsgründe lassen leicht erkennen, daß es sich bei ihnen in Wirklichkeit um rechtspolitische Zielsetzungen — die im übrigen gut vertretbar sind — handelt, nicht aber um Ergebnisse einer strengen Auslegung des vorgegebenen Verfassungstextes, vor allem des Art. 153 WRV. Schon bald nach dieser Entscheidung erhielt das Reichsgericht[18] Gelegenheit, über einen staatlichen Eingriff in ein laufendes Vertragsverhältnis entscheiden zu müssen. Ein Mieter wurde durch die Wohnungsgesetzgebung der zwanziger Jahre daran gehindert, seine verschiedenen Wohnungen wie bisher möbliert unterzuvermieten. Er wurde gezwungen, die von ihm möblierten Wohnungen von den Möbeln zu räumen. Ihm ent-

---

[15] RG 18. 11. 1921, Bd. 103 S. 200 ff.

[16] RG 13. 12. 1924, Bd. 109 S. 310 ff.: Diese Entscheidung stellt gleichzeitig klar, daß eine Enteignung nicht nur durch Verwaltungsakt, sondern auch unmittelbar durch Gesetz erfolgen kann.

[17] RG 13. 12. 1924, Bd. 109 S. 310 (319).

[18] RG 3. 7. 1925, Bd. 111 S. 224 ff.

standen dadurch Unkosten. Das Gericht sprach ihm eine Enteignungsentschädigung zu mit der Begründung[19], der Art. 153 WRV sei nicht auf
das Eigentum und die Rechtsverhältnisse an Grundstücken beschränkt,
sondern umfasse „vielmehr auch alle subjektiven Privatrechte einschließlich der Forderungsrechte". Auch in den späteren Entscheidungen des
Reichsgerichts, in denen es um die Frage der Enteignung von Forderungsrechten oder allgemein um die Beeinträchtigung schuldrechtlicher Beziehungen geht, findet sich keine eingehende Begründung, weshalb unter
Eigentum im Sinne des Art. 153 WRV mehr als das bürgerlich rechtliche
Eigentum zu verstehen ist[20].

c) Die Gegenmeinung von Köttgen, Schelcher und C. Schmitt

Diese wenig inhaltsreichen Begründungen des Reichsgerichts veranlaßten während der Weimarer Zeit namhafte Autoren, gegen die Rechtsprechung und ihre Anhänger in der Wissenschaft Stellung zu nehmen.
Besonders entschieden wandte sich Köttgen[21] gegen die von Martin
Wolff[22] aufgestellte Behauptung, das Eigentum im Sinne des Art. 153
WRV umfasse mehr als das Eigentum des Bürgerlichen Gesetzbuches,
nachdem sich das Reichsgericht Wolff ausdrücklich angeschlossen hatte[23].
Für Köttgen war es seinerzeit nicht zweifelhaft, daß sich Art. 153 WRV
allein auf das Eigentum bezog, wie es das Bürgerliche Gesetzbuch verstand. Er verlangte, daß eine Interpretation des Art. 153 WRV mit Hilfe
„rein logischer Operationen"[24] erfolgte „unter Vermeidung aller derjenigen Methoden, die ihre Deduktionen auf irgendwelchen, außerhalb
des eigentlichen Gesetzes liegenden Momenten aufbauen...". Wenn auch
Wolff nicht aussprach, weshalb er für den Anwendungsbereich des Art.
153 WRV unter Eigentum nicht nur dingliche Eigentumsrechte verstehen
wollte, so darf man doch annehmen, daß er dem einzelnen Bürger auf
diese Weise gegenüber der seit dem ersten Weltkrieg sich zunehmend

---

[19] RG 3. 7. 1925, Bd. 111 S. 224 (227).

[20] Vgl. RG 4. 11. 1925, Bd. 111 S. 320 ff. zur Aufwertungsgesetzgebung S. 327/
328 „... das Wort Eigentum im Absatz 1 Satz 1 von Art. 153 WRV ist im weite-
sten Sinne auszulegen, so daß darunter auch Rechte aller Art, insbesondere
auch Forderungsrechte fallen..." RG 21. 5. 1928, Bd. 121 S. 166 ff. S. 168
„... Da auch die Entziehung bloß subjektiver Privatrechte nach der feststehenden Rechtsprechung des Reichsgerichts eine Enteignung darstellt..."
Siehe ferner allgemein zur Rechtsprechung des Reichsgerichts zum Begriff des
Eigentums: *Weber*, Eigentum und Enteignung, in *Neumann-Nipperdey-Scheuner*, Die Grundrechte, Zweiter Band 1954, S. 331 (338 ff.).

[21] *Köttgen*, Grundprobleme des Wasserrechts, in Beiträge zur Wasserwirtschaft 1928, S. 1 ff., 77.

[22] *M. Wolff*, a.a.O., S. 1 ff.

[23] RG 4. 11. 1925, Bd. 111 S. 320 ff. (327).

[24] *Köttgen*, Grundprobleme, S. 79.

verstärkenden staatlichen Eingriffstätigkeit einen ausreichenden Schutz seiner vermögenswerten Interessen verschaffen wollte. Klar wurde dieses rechtspolitische Ziel vom Reichsgericht in seiner Entscheidung vom 13. Dezember 1924[25] ausgesprochen. Mit keinem Wort hielt sich das Gericht durch die Überlegung auf, ob der Verfassungsgeber dem Art. 153 WRV einen derartig weiten Schutzbereich zugunsten des Bürgers beimessen wollte. Lehnte man mit Köttgen eine teleologische[26] Rechtsauslegung ab, so fand sich in der Tat nur sehr schwer ein Gesichtspunkt, der dafür sprach, daß unter Eigentum im Sinne des Art. 153 WRV mehr als das dingliche Eigentum des Bürgerlichen Gesetzbuches verstanden werden sollte. Nicht nur Köttgen, sondern auch Schelcher[27] bemängelte die nur unzureichend begründete Auffassung des Reichsgerichts und der dem Gericht zustimmenden Autoren, wenn sie von einem sogenannten erweiterten Eigentumsbegriff ausgingen, der es ermöglichte, auch Forderungsrechte dem Schutz des Art. 153 WRV zu unterstellen. Für Schelcher lag das Wesen des Eigentums in seinem dinglichen Charakter. Er verstand unter Eigentum alle dinglich wirkenden Rechte, die der einzelne gegen jedermann hatte und auch behaupten konnte. Zu diesen Rechten wollte er auch Pacht- und Mietrechte[28] zählen. Wichtige Gegenargumente gegen die Erweiterung des verfassungsrechtlichen Eigentumsbegriffes trug auch Carl Schmitt[29] in einem Aufsatz aus dem Jahre 1929 vor. Er wollte für Art. 153 WRV unter anderem an dem Merkmal der gegenständlichen Überführung des entzogenen Rechtes aus dem Vermögen des Enteigneten in das Vermögen des Begünstigten festhalten und den Eigentumsbegriff gemäß der Rechtslage bestimmen, wie sie sich 1919 bei Inkrafttreten der Verfassung darstellte.

---

[25] RG Bd. 109 S. 319.

[26] *Köttgen*, Grundprobleme, S. 79.

[27] *Schelcher*, Art. 153, Die Rechte und Pflichten aus dem Eigentum, in Die Grundrechte und Grundpflichten der Reichsverfassung, 1930, Dritter Band, S. 196 (199 ff.).

[28] *Krückmann*, Enteignung, Einziehung, Kontrahierungszwang, Änderung der Rechtseinrichtung, Rückwirkung und die Rechtsprechung des Reichsgerichts, 1930, S. 3 ff. (6); *Schelcher*, Eigentum und Enteignung nach der Reichsverfassung, in Fischer's Zeitschrift für Verwaltungsrecht, Bd. 60 S. 137 ff. (143); *Schelcher*, Rechte und Pflichten, S. 205.

[29] *Hofacker*, Grundrechte und Grundpflichten der Deutschen, 1926, S. 34 ff.; *Schmitt*, Die Auflösung des Enteignungsbegriffs, in JW 1929, S. 495 ff.; vgl. insgesamt zur Erweiterung des Eigentumsbegriffes durch die Rechtsprechung des Reichsgerichts: *Weber*, a.a.O., S. 338 ff.

3. Der erweiterte Eigentumsbegriff als
„gesicherte" Ausgangsposition zur Interpretation des Art. 14 GG

a) Die bewußte Übernahme des erweiterten Eigentumsbegriffes
der Weimarer Zeit bei Schaffung des Grundgesetzes

Mögen die Argumente, die Köttgen[30], Schelcher, Carl Schmitt[31] und andere gegen die Erweiterung des Eigentumsbegriffs unter der Geltung der Weimarer Verfassung ausführten, auch noch so überzeugend sein[32], so sind sie heute überholt, da das Grundgesetz in seinem Art. 14 von dem erweiterten Eigentumsbegriff, wie er sich in der Rechtsprechung des Reichsgerichts herausgebildet hatte, ausgeht. Art. 14 GG schließt sich eng an den Wortlaut des Art. 153 WRV an. Es kann wenig dagegen gesagt werden, wenn unter anderem Weber[33] diese Tatsache dahin auslegt, daß die Schöpfer des Grundgesetzes von der herrschend gewordenen Handhabung der Eigentumsgarantie und der Enteignungsklausel der Weimarer Zeit ausgingen, als sie den Art. 14 GG formulierten[34]. Wenn diese in der Praxis der Weimarer Zeit (Reichsgericht, Staatsgerichtshof) herrschend gewordene Auslegung des in Art. 153 WRV enthaltenen Eigentumsbegriffes[35] hätte mißbilligt werden sollen, dann hätte das durch eine redaktionelle Neuschöpfung des Art. 14 GG erreicht werden müssen. Auch in den Verhandlungen des Parlamentarischen Rates über Art. 14 GG wurde keine Distanzierung gegenüber der seinerzeit herrschend gewesenen Auslegung des Art. 153 WRV erkennbar. So wenig man für Art. 153 WRV annehmen konnte, daß die Schöpfer der Weimarer Verfassung unter Eigentum etwas anderes verstanden haben als das dingliche Eigentum im Sinne des Bürgerlichen Gesetzbuches, so sicher darf man heute sein, daß der Begriff des Eigentums im Rahmen des Art. 14

---

[30] Zur heutigen Auffassung von *Köttgen* vgl. seine Ausführungen in Gemeindliche Daseinsvorsorge und gewerbliche Unternehmerinitiative, 1961, S. 1 ff. (48 ff.).

[31] Zur heutigen Auffassung von *Schmitt* vgl. seine Anmerkung zu seinem Aufsatz, a.a.O., in Verfassungsrechtliche Aufsätze aus den Jahren 1924 bis 1954, 1958, S. 118 ff.

[32] *Dürig*, in Der Staat und die vermögenswerten Berechtigungen seiner Bürger, Staat und Bürger, Festschrift für Willibalt Apelt, 1958, S. 13 ff. (35).

[33] *Weber*, a.a.O., S. 346 ff.; vgl. ferner die Darstellung von *Matz* im Jahrbuch für öffentliches Recht, N. F. Bd. 1 S. 144 ff.; *Mangoldt*, Das Bonner Grundgesetz, 1953, Art. 14 S. 98 ff.; im übrigen die Literaturangaben bei *Weber*, a.a.O., S. 346 Fußnote 26; ferner *Apelt*, Geschichte der Weimarer Verfassung, 2. Auflage 1964, S. 339 ff.

[34] *Krüger*, Verfassungsänderung und Verfassungsauslegung, DÖV 1961, S. 721 (726). Krüger sieht den Begriff der Enteignung ebenfalls durch die Praxis der Rechtsprechung der Weimarer Zeit als vorbestimmt an.

[35] Das Reichsgericht hatte als Eigentum im Sinne des Art. 153 WRV anerkannt: den eingerichteten und ausgeübten Gewerbebetrieb, 10. 1. 1933, Bd. 139 S. 177 ff., 11. 3. 1927, Bd. 116 S. 268 ff.

GG mehr umfaßt als das dingliche Eigentum an Sachen. Insoweit gibt es kein „Zurück zum klassischen Enteignungsbegriff"[36] und damit zu einem für das Verfassungsrecht und das Bürgerliche Recht gleichermaßen verbindlichen Eigentumsbegriff[37].

b) Die Rechtsposition als Objekt der Enteignung

Trotz dieses zugunsten eines erweiterten Eigentumsbegriffes entschiedenen Auslegungsstreites und der damit eröffneten Möglichkeit, auch Rechtspositionen aus schuldrechtlichen Beziehungen einschließlich konkreter Forderungsrechte dem Schutz des Art. 14 GG zu unterstellen, ist damit noch nicht gesagt, wann und in welchem Umfang derartige „nichtdingliche" Rechtspositionen Eigentum im Sinne des Art. 14 GG sind. Aber gerade diese Frage ist auch heute noch schwer zu beantworten, da es bisher nicht gelungen ist, den Begriff des Eigentums, wie es für Art. 14 GG verstanden werden soll, in allseitigem Einverständnis von Rechtsprechung und Lehre abstrakt zu bestimmen.

Zur Lösung dieser Streitfrage schlägt Janssen[38] vor, als Objekt der Enteignung und der Aufopferung das Vermögen des einzelnen anzusehen. Seiner Meinung nach braucht als Folge der Erweiterung des ursprünglich rein dinglich gemeinten Eigentumsbegriffes sowohl zur Begründung einer Enteignung als auch einer Aufopferung keine Rechtsverletzung mehr vorzuliegen. Sobald die staatliche Interventionstätigkeit, wie sie heute im Rahmen des Sozialstaates verstärkt auftritt, dem einzelnen Bürger einen Vermögensschaden zufügt, soll eine erste Voraussetzung für einen Entschädigungsanspruch wegen Enteignung oder Aufopferung erfüllt sein. Wenn auch der Bundesgerichtshof[39], auf dessen Rechtspre-

---

[36] *Dürig:* Zurück zum klassischen Enteignungsbegriff, in JZ 1954, S. 4 ff., S. 9: „Es gibt keine Rückkehr mehr zu einem nur auf Sachen beschränkten Enteignungsbegriff..."

[37] *Forsthoff,* a.a.O., § 17 S. 309; *Hamann,* Kommentar, Art. 14 B S. 160 ff.; *Hesse,* Grundzüge des Verfassungsrechts in der Bundesrepublik Deutschland, 1967, S. 168; *Mangoldt-Klein,* a.a.O., Art. 14 Anm. III S. 423 ff.; *Weber,* a.a.O., S. 346; *Wolff* I, a.a.O., § 62 III S. 426 ff.; BGH 10. 6. 1952, Bd. 6 S. 270 (278); 28. 3. 1955, Bd. 17 S. 96 (104).

[38] *Janssen,* Der Anspruch auf Entschädigung bei Aufopferung und Enteignung, 1961, S. 76.

[39] BGH 22. 12. 1952, Bd. 8 S. 273, 274; 28. 1. 1957, Bd. 23 S. 157 (161); 22. 5. 1958, MDR 1958, S. 587 ff.; 2. 7. 1959, NJW 1959, S. 1916 ff.; ferner *Scheuner,* Die staatliche Intervention im Bereich der Wirtschaft, Rechtsformen und Rechtsschutz, in Veröffentlichungen der Deutschen Staatsrechtslehrer, Heft 11, 1954, S. 63, 64; *Schack,* Empfiehlt es sich, die verschiedenen Pflichten des Staates zur Entschädigungsleistung aus der Wahrnehmung von Hoheitsrechten nach Grund, Inhalt und Geltendmachung gesetzlich neu zu regeln?, in Verhandlungen des 41. Deutschen Juristentages 1955, Bd. I, 1. Halbbd. S. 36; *Bachof,* Begriff und Wesen des sozialen Rechtsstaates, in Veröffentlichungen der Deutschen Staats-

chung sich Janssen vor allem zur Rechtfertigung seiner Ansicht beruft, wirtschaftliche Vorteile (z. B. Kundschaftsverlust, Umsatzrückgang, Umzugskosten, Mietausfall) für entschädigungspflichtig erklärt, so darf nicht übersehen werden, daß dieses Gericht in so gut wie allen Entscheidungen, soweit sie sich mit der Enteignung oder Aufopferung beschäftigen, zuvor herausstellte, daß sich diese vermögenswerten Nachteile aus der hoheitlichen Beeinträchtigung einer geschützten Rechtsposition (Grundstücke, Gewerbebetrieb) ergaben. Auch das frühere Reichsgericht[40], das Bundesverfassungsgericht[41] und die Lehre[42] halten daran fest, daß eine Entschädigung aus dem Gesichtspunkt der Enteignung (Aufopferung) nur gewährt werden kann, wenn nachgewiesen wird, daß sich die vermögenswerte Opferlage aus der Beeinträchtigung einer Rechtsposition ergeben hat. An dieser Auffassung hat sich trotz aller Bestrebungen, den Anwendungsbereich des Art. 14 GG (teilweise auch zu Lasten des Aufopferungsgedankens) möglichst weit zugunsten des durch staatliche Eingriffe in seinem Vermögen geschädigten einzelnen Bürgers auszudehnen, nichts geändert[43]. Ausgangspunkt einer Frage, ob eine Enteignung mit der Pflicht zur Entschädigung gegeben ist, darf daher nicht die Feststellung sein, ein hoheitlicher Eingriff oder eine gleichzusetzende sonstige staatliche Einwirkung auf das Vermögen des einzelnen habe zu einem besonderen Opfer geführt, da eine solche Opferlage immer sehr schnell nachzuweisen sein wird. Sie ergibt sich heute sehr häufig, wenn der Gesetzgeber oder ihm folgend die Verwaltung „Gebrauchsformen beschränkt, Nutzungsarten ausschließt oder — etwa durch Währungsmanipulationen, Aufhebung von steuerlichen Vorteilen und dergleichen — den Vermögensstatus tangiert, Wirtschaftschancen beeinträchtigt und günstige Dispositionsmöglichkeiten verhindert[44].

Janssen verwechselt die Schadensfolgen mit dem Rechtsbegriff. Dabei handelt es sich keineswegs um eine Identität. Mit der Ablehnung der Ansicht von Janssen ist aber noch nicht die Frage beantwortet, wann ein

---

rechtslehrer, Heft 12 S. 78; *Dürig*, a.a.O., S. 4 ff., 6, Fußnote 12; ders., Grundfragen des öffentlich-rechtlichen Entschädigungssystems, JZ 1955, S. 521 ff.; *Jaenicke*, a.a.O., S. 158 ff.

[40] RG 28. 10. 1929, Bd. 126 S. 93 (96); 8. 10. 1935, Bd. 149 S. 35 (36).

[41] BVerfG 21. 7. 1955, Bd. 4 S. 241.

[42] *Hamann*, Kommentar, Art. 14 GG Anm. B 1 S. 160; *Forsthoff*, a.a.O., § 17 S. 314; *Wolff* I, a.a.O., § 61 II S. 420 ff.; § 62 III S. 426 ff.; *Wagner*, Eingriff und unmittelbare Einwirkung im öffentlich-rechtlichen Entschädigungsrecht, NJW 1966, S. 569 ff.; *Selmer*, Der Aufopferungsanspruch auf vermögensrechtlichem Gebiet, 1965, S. 56 ff.; *Weimar*, „Zufalls" Schädigungen durch die öffentliche Hand, DÖV 1963, S. 607.

[43] *Kreft*, Grenzfragen des Enteignungsrechts, in Festgabe für Bruno Heusinger, 1968, S. 167 ff. (171).

[44] *Jesch* in einer Anmerkung zum Bay. VGH 17. 3. 1961, DÖV 1962, S. 426, 428 ff. (431).

derartiges Recht vorliegt, dessen Beeinträchtigung einen Entschädigungsanspruch wegen Aufopferung und vor allem wegen Enteignung begründet. Mit der Forderung, Enteignungsentschädigung nur dann zuzusprechen, wenn ein hoheitlicher Eingriff in eine geschützte Rechtsposition
vorliegt, ist noch nicht entschieden, nach welchen Kriterien der Kreis
dieser geschützten Rechtspositionen abzugrenzen ist. Geschützte Rechtspositionen gibt es viele[45]. Ob sie damit aber „Eigentum" im Sinne des
Art. 14 GG sind, ist damit aber noch nicht nachgewiesen. Man hilft sich
in Rechtsprechung und Lehre damit, zur Bestimmung der geschützten
Rechtspositionen Beispielsfälle zu bilden, bei denen man von Fall zu Fall
entscheidet, ob man sie als Eigentum im Sinne des Art. 14 GG ansieht
oder nicht. Wie weit der Streit um den Inhalt des verfassungsrechtlich geschützten Eigentums trotz der Gewißheit, daß es sich nicht nur um eine
günstige Vermögenslage, sondern um eine Rechtsposition handeln muß,
von einer Entscheidung entfernt ist, zeigt sich beispielsweise daran, daß
das Bundesverfassungsgericht[46] im Gegensatz zum Bundesgerichtshof[47]
und Bundesverwaltungsgericht[48] im Anfang seiner Rechtsprechung zögerte, eine vorwiegend durch das öffentliche Recht gewährte und inhaltlich bestimmte Rechtsposition, wie es der Gewerbebetrieb eines Bezirksschornsteinfegers ist, als Eigentum im Sinne des Art. 14 GG anzusehen.
Im Jahre 1955 äußerte sich das Bundesverfassungsgericht[49] dahin, „daß
Art. 14 GG weder auf alle subjektiven öffentlichen Rechte noch auch
nur auf alle vermögenswerten subjektiven öffentlichen Rechte zu erstrecken" sei. Maßgebend sollte allein sein, ob im Einzelfall ein subjektives öffentliches Recht dem Inhaber eine Rechtsposition verschaffte, die
derjenigen eines Eigentümers entsprach. Die durch das subjektive öffentliche Recht geschaffene Rechtsposition muß nach Meinung des Verfassungsgerichts „so stark sein, daß es nach dem rechtsstaatlichen Gehalt des Grundgesetzes als ausgeschlossen erscheint, daß der Staat sie
ersatzlos entziehen kann"[50]. Wann eine derartig geschützte und als
Eigentum zu betrachtende Rechtsposition generell gegeben sein soll,
sagte das Gericht abschließend und allgemein verbindlich nicht. Aber

---

[45] *Wagner*, Der Haftungsrahmen in der Lehre vom Sonderopfer, in Festschrift für Hermann Jahrreis, 1964, S. 441 ff. (460).
[46] BVerfG 30. 4. 1952, Bd. 1 S. 264 ff. (275 ff.); *Ipsen*, Das Bundesverfassungsgericht und das Privateigentum, AöR Bd. 91 S. 86 ff.
[47] Vgl. BGH 10. 6. 1952, Bd. 6 S. 270 ff. (278); 7. 10. 1954, Bd. 15 S. 17 (20).
[48] BVerwG 3. 5. 1956, Bd. 3 S. 254 (256).
[49] BVerfG 21. 7. 1955, Bd. 4 S. 219 (240, 241).
[50] BVerfG 7. 5. 1963, Bd. 16 S. 94 (112); 3. 3. 1965, Bd. 18 S. 392 (397). Allgemein
zur Frage, ob vermögenswerte Rechte öffentlichen Rechts Eigentum im Sinne
von Art. 14 GG sind, vgl. *Forsthoff*, a.a.O., § 17 S. 314 zusammen mit den dortigen Literaturangaben in Fußnote 3; *Kimminich*, in Bonner Kommentar, Zweitbearbeitung Art. 14, Dezember 1964, Rdz. 14.

auch der Bundesgerichtshof[51] und das Bundesverwaltungsgericht[52] mußten bisher darauf verzichten, in abstrakter Form generell zu bestimmen,
welche Rechtspositionen unter welchen Voraussetzungen Eigentum im
Sinne des Art. 14 GG sind, um auf diese Weise eine gesicherte Ausgangs-
basis zu gewinnen für die weitere Frage, welche gegen das Eigentum gerichteten staatlichen Maßnahmen eine Enteignung darstellen und welche
nur der entschädigungslosen Inhaltsbestimmung und Schrankenziehung
dienen (Art. 14 Abs. 1 Satz 2 GG). Da der Enteignungsbegriff keine selbständige Größe, sondern in notwendiger Korrelation[53] zum Eigentumsbegriff steht, kann in der Auslegung des Art. 14 GG erst dann ein echter
Fortschritt erzielt werden, wenn zuvor abschließend darüber Klarheit ge-
wonnen worden ist, welche „Rechtspositionen" als Eigentum im Sinne des
Art. 14 GG angesehen werden können.

c) Der laufende Vertrag als selbständige Rechtsposition im Rahmen des Art. 14 GG

Gegenüber nachträglichen Rechtsänderungen bestimmen sich Inhalt
und Umfang eines Schutzes für laufende Verträge nur dann nach Art. 14
GG, soweit es sich bei den daraus ergebenden schuldrechtlichen Beziehungen um Rechtspositionen handelt, die denen eines Eigentümers entsprechen. Weder im Grundgesetz noch in den allgemeinen Gesetzen wird
der Begriff einer Rechtsposition, wie er im Enteignungsrecht von Rechtsprechung und Lehre verwandt wird, erwähnt oder gar erläutert. Das
Grundgesetz (Art. 2 Abs. 1, 2 „Recht auf die freie Entfaltung der Persönlichkeit; Recht auf Leben und körperliche Unversehrtheit", Art. 5 „Recht
der freien Meinungsäußerung") und die allgemeine Rechtsordnung (§ 194
BGB, § 42 Abs. 2 VwGO) stellen vielmehr „nur" auf das Recht des einzelnen ab. Nach Art. 19 Abs. 4 Satz 1 GG wird der Rechtsweg zu den Gerichten gewährleistet, wenn jemand durch die öffentliche Gewalt in seinen Rechten verletzt wird. Im verwaltungsgerichtlichen Anfechtungs-
prozeß kann der Kläger gemäß § 42 Abs. 2 VwGO geltend machen, daß
der ergangene Verwaltungsakt ihn in seiner positiven *oder* negativen
Rechtsstellung (Abwehrfunktion) beeinträchtigt, die ihm das Grundgesetz, Verwaltungsgesetze oder bürgerlich-rechtliche Normen einräumen[54].
Besinnt man sich in Anbetracht dieses weiten Sinngehaltes des Begrif-

---

[51] BGH 10. 6. 1952, Bd. 6 S. 270 (278).

[52] BVerwG 3. 5. 1956, Bd. 3 S. 254 (256).

[53] *Bachof*, Die Rechtsprechung des Bundesverwaltungsgerichts, JZ 1966, S.
224; *Scheuner*, Die Abgrenzung der Enteignung, DÖV 1954, S. 587 (588);
Schmitt, a.a.O., S. 119.

[54] *Wolff* I, a.a.O., § 43 S. 263; *Maunz-Dürig*, Grundgesetz, Kommentar, Bd. 1,
Stand 1968, Art. 19 IV Rdz. 34.

fes „Recht" auf den Charakter des Eigentums als einer „Rechtsposition" gemäß Art. 14 GG, dann zeigt sich, daß die Rechtsposition dort den Gegensatz bildet zu nur faktisch gegebenen Aussichten, Möglichkeiten und wirtschaftlichen Vorteilen und Erwartungen, auf die der Bürger weder gegenüber dem Staat noch gegenüber seinen Mitbürgern einen einklagbaren Anspruch hat[55]. Erst wenn ein materielles Gesetz aufgrund eines bestimmten Tatbestandes eine „Berechtigung" zuspricht, wird die Grenze zum Recht oder zur Rechtsposition überschritten, deren Bestand und Ausübung regelmäßig durch die Gerichte gesichert werden (Art. 19 Abs. 4 Satz 1 GG). So hat der Eigentümer eines Grundstückes das Recht, mit dem Grundstück nach Belieben zu verfahren und andere von der Einwirkung auszuschließen, soweit nicht das Gesetz oder „Rechte" Dritter entgegenstehen. Der Rechtsposition des Eigentums im Sinne des Art. 14 GG ist nicht nur eine Abwehrfunktion beigegeben; sie gewährt dem einzelnen beispielsweise gegenüber dem Staat einen einklagbaren Anspruch auf Erteilung einer Bauerlaubnis im Rahmen der geltenden Bauordnungen.

Untersucht man nunmehr die wesentlichen Elemente eines laufenden Vertrages, so zeigen sich die typischen Merkmale einer Rechtsposition, da die einzelne Vertragspartei die ihr zustehende Leistung von der gegenüberstehenden Vertragspartei verlangen und im Weigerungsfalle mit Hilfe des Gerichts einklagen kann. Voraussetzung ist nur, daß die tatbestandsmäßigen Voraussetzungen gemäß dem Bürgerlichen Gesetzbuch und anderen einschlägigen Gesetzen gegeben sind. Bei einem Kaufvertrag wird beispielsweise der Verkäufer einer Sache verpflichtet, dem Käufer die Sache zu übergeben und das Eigentum an der Sache zu verschaffen. Während der Käufer vor Abschluß des Vertrages für die Dauer der Verhandlungen nur eine tatsächliche Chance auf den Erhalt der gewünschten Sache hatte, ist er nach erfolgreichem Vertragsabschluß berechtigt, die Übergabe und Übereignung zu verlangen. Die früheren Erwartungen aus der Zeit der Vertragsverhandlungen haben sich mit dem wirksamen Abschluß des Vertrages in eine Rechtsposition verwandelt, aus der sich die erwähnten Leistungsansprüche ergeben. Gleichzeitig hat sich im Rahmen desselben Kaufvertrages für den Warenschuldner die frühere, bereits faktisch gegebene Aussicht, für die Ware einen Kaufpreis zu erzielen, in einen entsprechenden, einklagbaren Anspruch umgewandelt. Der Kaufvertrag bildet somit für die Vertragsparteien die gemeinsam begründete Basis, von der sie die wechselseitigen Ansprüche im Sinne von entgegengerichteten Rechtspositionen ableiten, deren vermögenswerter Charakter nicht besonders betont zu werden braucht. Die Vertragsparteien können ihre Leistungsansprüche gegenüber dem Vertragspartner selbst geltend machen. Sie können den Vermögenswert der Lei-

---

[55] *Wolff* I, a.a.O., § 43 S. 264, 268; § 61 S. 420 ff., 427.

stungsansprüche aber auch dadurch nützen, indem sie diese Ansprüche gegen ein Entgelt an einen Dritten abtreten.

Da unser geltendes Vertragsrecht dem einzelnen Bürger grundsätzlich die freie Entscheidung über den Inhalt eines Vertrages zugesteht, gibt es in der Wirklichkeit eine breite Vielfalt von Verträgen mit den verschiedensten inhaltlichen Ausgestaltungen. Allen Verträgen ist aber gemeinsam, daß sie eine Grundlage bilden für eine oder mehrere Berechtigungen einer oder beider Parteien. Nachdem Rechtsprechung und Lehre in Anerkennung der verfassungsrechtlichen Entwicklung und Umwandlung des ursprünglich rein dinglich zu verstehenden Begriffes „Eigentum" im Sinne des früheren Art. 153 WRV als Eigentum jede vermögenswerte Rechtsposition ansehen, ist es so gut wie eine selbstverständliche Erkenntnis, daß die sich aus laufenden Verträgen ergebenden obligatorischen Ansprüche Eigentum im Sinne des Art. 14 GG darstellen und deshalb nur gegen Entschädigung enteignet werden dürfen. Eigentum im Sinne des Art. 14 GG sind damit Ansprüche aus einem wirksam zustande gekommenen Kaufvertrag über Waren des täglichen Gebrauchs, ebenso wie Forderungen aus einem Mietvertrag, aus einer Kartellvereinbarung oder einem Außenhandelsvertrag.

Die sich aus laufenden Verträgen ergebenden Ansprüche stellen als Eigentum selbständige Rechtspositionen dar, obwohl sie häufig in enger Verbindung mit dem Bestand eines eingerichteten und ausgeübten Gewerbebetriebes stehen. Die Verträge verlieren dadurch nicht ihren Charakter als eine eigenständige Grundlage vermögenswerter Rechtspositionen, die Objekt einer Enteignungsmaßnahme sein können. Während sich das Wesen eines laufenden Vertrages verhältnismäßig leicht aus den Bestimmungen des Bürgerlichen Gesetzbuches und dem Wortlaut der Vereinbarung der Parteien ermitteln läßt, ergeben sich bis in die jüngste Gegenwart immer wieder Streitfragen dahin, was den rechtserheblichen Kern des Rechtes am eingerichteten und ausgeübten Gewerbebetrieb ausmacht.

Bei diesem Recht handelt es sich wie beim laufenden Vertrag um eine Rechtsposition, die sich erst infolge der Erweiterung des Eigentumsbegriffes dem unmittelbaren Schutz der Verfassung (Art. 153 WRV, 14 GG) unterstellt sieht. Für die nähere Bestimmung des Rechtes am eingerichteten und ausgeübten Gewerbebetrieb als Rechtsposition im Sinne des Art. 14 GG kann man zwar weitgehend auf die langjährige und bewährte Auslegung zu § 823 Abs. 1 BGB zurückgreifen, da ein Gewerbebetrieb als ein sonstiges Recht in einer Vielzahl von gerichtlichen Entscheidungen anerkannt ist. Trotzdem werden aber Wesen und Kern eines eingerichteten und ausgeübten Gewerbebetriebes im Gegensatz zum Inhalt eines laufenden Vertrages unscharf bleiben, weil der rechtliche Gehalt des

Gewerbebetriebes von Rechtsprechung und Lehre mit Hilfe des wenig aussagekräftigen Begriffes „eines sonstigen Rechtes" in § 823 Abs. 2 BGB bestimmt werden muß[56]. Für den Schutzbereich des eingerichteten und ausgeübten Gewerbebetriebes ist im Hinblick auf Art. 14 GG ausdrücklich vom Bundesgerichtshof[57] entschieden worden, daß der Kundenstamm eines Unternehmens, aber auch die tatsächliche Möglichkeit, Zugang zur Verkehrsstraße im Rahmen des Gemeingebrauchs zu behalten, Bestandteil dieses Rechts sind. Gleichzeitig sprach man geschäftlichen Chancen oder Interessen den Anspruch auf Schutz durch Art. 14 GG ab mit der Folge, daß deren Beeinträchtigung weder eine Inhaltsbestimmung noch eine Enteignung darstellen[58]. Der Grund ist, daß man den Kundenstamm und den Zugang zur Verkehrsstraße unlösbar mit dem Wert und dem Bestand eines Gewerbebetriebes verbunden ansieht. Allerdings ist die Möglichkeit, Verträge abzuschließen und auszuführen, ebenfalls lebenswichtig für einen Gewerbebetrieb.

Aber auch der Privatmann außerhalb eines Gewerbebetriebes schließt Verträge, um seine Interessen zu verfolgen. Vom Wesen eines laufenden Vertrages her ergeben sich grundsätzlich keinerlei Unterschiede dahin, ob Vertragspartner Gewerbebetriebe oder ausschließlich Privatleute sind. Die Durchführung eines laufenden Vertrages ist für beide Gruppen vermögensmäßig von gleicher Bedeutung. Wenn ein bestimmter Vertragstyp, auf dessen Abschluß und Abwicklung ein Gewerbebetrieb ausschließlich begründet ist, Gegenstand staatlicher Interventionsmaßnahmen ist, kann sich aus der Nützlichkeit des Vertrages für den Gewerbebetrieb nicht die Folge ergeben, daß allein deshalb die grundsätzlich gegebene Eigenständigkeit des Vertrages im Recht am eingerichteten und ausgeübten Gewerbebetrieb aufgeht. Allenfalls mag neben der entschädigungspflichtigen Beeinträchtigung des laufenden Vertrages zusätzlich der Gewerbebetrieb als Rechtsposition in der Substanz berührt werden, so daß dessen Inhaber ein gesonderter Entschädigungsanspruch gemäß Art. 14 Abs. 3 GG zusteht. Die Frage nach dem Bestandschutz für laufende Verträge durch Art. 14 GG gegenüber nachträglichen Rechtsänderungen ist abgesondert von dem Streit um Wesen und Kern des eingerichteten und ausgeübten Gewerbebetriebes zu beantworten.

---

[56] *Palandt*, a.a.O., § 823 Anm. 6 g; *Ehlermann*, a.a.O., S. 82 ff.; *Dürig*, Festschrift, S. 14 Fußnote 3.
31. 1. 1966, Bd. 45 S. 83 (87).
[57] BGH 28. 1. 1957, Bd. 23 S. 157 (163); 30. 4. 1964, LM GG Art. 14 (f) Nr. 24:
[58] BGH 31. 1. 1966, NJW 1966, S. 877 ff. (Knäckebrotfall); 31. 1. 1966, NJW 1966, S. 112 A ff. (Krabbenfischerfall).

4. Die Bewertung der nachträglichen Eingriffe des Gesetzgebers in laufende Verträge durch die Rechtsprechung

a) Die Rechtsprechung des Reichsgerichts unter der Geltung des Art. 153 WRV

aa) Einzelentscheidungen des Reichsgerichts zu Eingriffen in laufende Verträge

Unterstellt man auf generelle Art und Weise jeden laufenden Vertrag mit den sich aus ihm ergebenden Berechtigungen und notfalls einklagbaren Forderungen auf Erfüllung der versprochenen Leistungen dem Schutz des Art. 14 GG, so scheint man nicht umhin zu können, jede staatliche Maßnahme, die einen laufenden Vertrag berührt und beeinträchtigt, daraufhin zu überprüfen, ob sie der entschädigungslosen Schrankenziehung und Inhaltsbestimmung dieses speziellen Eigentums dient, oder ob sie eine entschädigungspflichtige Enteignung darstellt[59]. Jedes neue Gesetz und jede Gesetzesänderung, die Geltung für bestehende Schuldverhältnisse beanspruchen (vgl. Art. 170, 171 EGBGB, § 106 GWB, §§ 2, 27 AWG) wären demnach entweder Maßnahmen, die der Eigentumsbindung dienen oder eine Enteignung bewirken, eine Alternativstellung, zu der die heutige Eigentumsproblematik im Zusammenhang mit Art. 14 GG sehr stark neigt und die eine dritte Möglichkeit auszuschließen scheint[60]. In der Tat konnte sich die Rechtsprechung in der Vergangenheit diesem Zwang der geschilderten Problematik nicht entziehen und sah sich veranlaßt, zur Bedeutung der Anerkennung der schuldrechtlichen Beziehungen, Forderungen und damit der einzelnen Verträge als Rechtspositionen im Sinne des Art. 14 GG gegenüber verschiedenen staatlichen Eingriffen, deren Ursache vor allem in einer nachträglichen Gesetzesänderung lag, Stellung zu nehmen. Nachdem sich das Reichsgericht zu der Auffassung bekannt hatte, daß Art. 153 WRV unter Eigentum nicht nur das dingliche Eigentum des Bürgerlichen Gesetzbuches, sondern auch andere vermögenswerte Rechte, insbesondere auch Forderungen verstand[61],

---

[59] Vgl. die Ansichten von *Langen*, *Bettermann* und *Huber* auf S. 44 des Textes; ferner *Ehlermann*, a.a.O., S. 80; *Selmer*, a.a.O., S. 75 ff., 91 ff., 99 Fußnote 430; *Ditges*, Probleme des neuen Außenwirtschaftsrechts, NJW 1961, S. 1849 ff.; *Erler*, Die Rechtsstellung der Exportgläubiger gegenüber der zentralen Verrechnungsstelle bei internationalen Clearingabkommen, in Zeitschrift für ausländisches und öffentliches Recht und Völkerrecht 1953, Bd. 15 S. 1 (26 ff.); *Fuß*, Rechtsverhältnisse und Verbindlichkeiten einer für verfassungswidrig erklärten Partei, JZ 1959, S. 741 ff.; *Reißmüller*, in einer Anmerkung zum Urteil des BGH 18. 9. 1959, JZ 1960, S. 122 ff.; *Henze*, a.a.O., S. 46 ff.; BVerfG 12. 11. 1958, Bd. 8 S. 274 (330); BGH 10. 6. 1952, Bd. 6 S. 270 (291).

[60] *Roth*, Die öffentlichen Abgaben und die Eigentumsgarantie im Bonner Grundgesetz, 1958, S. 28; *Schulte*, Enteignung und privatrechtliche Aufopferung, DVBl. 1965, S. 386; *Lerche*, a.a.O., S. 268.

[61] RG 18. 11. 1921, Bd. 103 S. 200 ff. (Aufhebung der sog. Lippischen Rente durch Landesgesetz).

dauerte es nicht allzulange, daß das Gericht[62] auch eine Enteignungsentschädigung ausdrücklich mit der Begründung zusprach, der nur vertraglich Berechtigte (Mieter) müsse so entschädigt werden, wie der Eigentümer einer Sache. Es handelte sich um folgenden Sachverhalt: Die Verwaltung sah sich im Jahre 1923 veranlaßt, einem Wohnungseigentümer,
der bisher gewerbsmäßig möblierte Räume vermietete, Mieter für unmöblierte Wohnungen zuzuweisen. Die gleiche Maßnahme wurde gegenüber einem Wohnungsmieter getroffen, der in einem anderen Haus möblierte Wohnungen untervermietete. Eigentümer wie auch Mieter waren
daher gezwungen, die Möbel aus den von der Verwaltung in Anspruch
genommenen Räumen herauszuschaffen, um den behördlichen Anordnungen nachkommen zu können, unmöblierte Wohnungen zur Verfügung
zu stellen. Nachdem sie den behördlichen Befehlen nachgekommen waren,
verlangten sie beide eine Entschädigung. Ihren Schaden berechneten sie
nach dem Unterschiede zwischen dem gesetzlichen Mietzins für eine
möblierte Wohnung und dem für eine unmöblierte Wohnung. Außerdem
beanspruchten sie eine Erstattung der Kosten für das Hinausschaffen und
Lagern der Möbel. Das Reichsgericht entschied in beiden Fällen zugunsten der Kläger. Dabei wies es zugunsten des Mieters ausdrücklich darauf
hin, daß Art. 153 Abs. 2 WRV nicht auf das Eigentum und die Rechtsverhältnisse an Grundstücken beschränkt sei, sondern auch alle subjektiven
Privatrechte, einschließlich der Forderungsrechte umfasse. „Auch der
Mieter (sei) im Falle einer Enteignung für die ihm erwachsenden Nachteile zu entschädigen[63]." Die Entscheidung wäre aber nur sehr unvoll-
ständig wiedergegeben, wenn nicht noch darauf hingewiesen würde, daß
die Maßnahmen der Verwaltung gesetzwidrig waren. Die Rechtswidrigkeit ergab sich daraus, daß das von der Verwaltung herangezogene Gesetz[64] die Zuweisung von Wohnungssuchenden nur dann erlaubte, wenn
es sich um unbewohnte Räume handelte. Davon konnte aber bei möblierten Wohnungen keine Rede sein[65]. Die Kläger verzichteten allerdings auf
die Anfechtung der behördlichen Maßnahmen und forderten stattdessen
eine Entschädigung. Weiter bleibt noch zu erwähnen, daß das von der
Verwaltung unrichtigerweise herangezogene Gesetz in seinem § 9 ausdrücklich eine Entschädigung für Eingriffe in Privatrechte vorsah.

Im Zusammenhang mit der Gesetzgebung zur Aufwertung[66] hatte das
Reichsgericht[67] zu entscheiden, ob die durch Gesetz schematisierte Auf-

---

[62] RG 3. 7. 1925, Bd. 111 S. 224 (227).
[63] RG 3. 7. 1925, Bd. 111 S. 224 (227).
[64] Bekanntmachung über Maßnahmen gegen Wohnungsmangel vom 23. 9.
1918, RGBl. S. 1143, geändert durch Art. 2 des Gesetzes vom 11. 5. 1920, RGBl.
S. 949.
[65] RG 3. 7. 1925, Bd. 111 S. 222/226.
[66] Gesetz vom 16. 7. 1925, RGBl. I S. 917.
[67] RG 4. 11. 1925, Bd. 111 S. 320 ff.

wertung von Forderungen, die ihren ursprünglichen Wert infolge der Inflation verloren hatten, als Enteignung anzusehen war. Das Aufwertungsgesetz fand unter anderem auf Darlehensforderungen Anwendung, die vor dem 14. Februar 1924 begründet worden waren. Das Gericht rechtfertigte das Aufwertungsgesetz und die damit verbundenen Eingriffe in Forderungsrechte aus einem noch nicht voll abgewickelten Darlehensvertrag im wesentlichen mit folgender Begründung: „Die Geldentwertung und der Wirtschaftsverfall in der Nachkriegszeit hatten zu einer völligen Erschütterung aller wirtschaftlichen Verhältnisse geführt ... Bei dieser Sachlage[68] läßt sich die Annahme vertreten, daß es sich bei der Regelung durch das Gesetz vom 16. Juli 1925 nicht um eine Entziehung wohlbegründeter Rechte, sondern um eine Festsetzung und Begrenzung des Inhalts der durch die Geldentwertung und den Wirtschaftsverfall in ihren Grundlagen völlig erschütterten Rechtsverhältnisse im Sinne des Art. 153 Abs. 1 Satz 2 WRV gehandelt hat ...[69]." Gegenüber dem Einwand[70], es handele sich um die Entziehung von Gläubigerrechten, verwies das Reichsgericht seinerzeit auf die Möglichkeit, in Übereinstimmung mit Art. 153 Abs. 2 Satz 2 WRV durch Reichsgesetz die Entschädigung auszuschließen, ein Argument, das unter Geltung des Art. 14 GG nicht mehr verwendbar ist. Wenn das Urteil des Reichsgerichts eine sehr spezielle Problematik zu behandeln scheint[71] (Inflation, Währungsverlust), so dürfen trotzdem nicht die allgemeinen Gesichtspunkte übersehen werden, die es trotzdem enthält. Das Urteil läßt die Ansicht deutlich werden, daß auch nach Vertragsabschluß der Inhalt eines Vertrages nicht der Einflußnahme des Gesetzgebers entzogen ist. Auch nach Vertragsabschluß kann also nach Meinung des Reichsgerichts der Inhalt eines Vertrages und damit der aus ihm fließenden Forderungen durch generelle Normen abgeändert werden, ohne daß eine Enteignung gegeben sein muß.

Im Jahre 1924 erfolgte in Preußen eine Änderung des bisher geltenden Stiftungsrechts[72]. Nach dem neuen Gesetz konnten Stiftungen durch Beschluß ihrer Vorstände mit Genehmigung der staatlichen Aufsichtsbehörde aufgehoben oder in ihren Zwecken geändert werden, wenn es wegen wesentlicher Änderungen der Verhältnisse angezeigt erschien. Ein derartiger Beschluß, der vom Kuratorium einer aus dem Jahre 1824 stammenden Stiftung erfaßt wurde, nahm einer Klägerin das ihr entstandene stiftungsmäßige Wohnungsrecht. „Da auch die Entziehung bloß sub-

---

[68] Diese Ausführungen lassen schon deutlich die Anfänge der später vom Gericht vertretenen Einzelaktstheorie erkennen.

[69] RG 4. 11. 1925, Bd. 111 S. 324, 325.

[70] RG 4. 11. 1925, Bd. 111 S. 326.

[71] Vgl. andererseits das Vertragshilfegesetz vom 26. 3. 1952, BGBl. I S. 198, das Eingriffe in Verträge durch die Gerichte ermöglichte (S. 32 des Textes).

[72] Gesetz vom 10. 7. 1924, Preußische Gesetzessammlung S. 575.

jektiver Privatrechte nach der feststehenden Rechtsprechung des Reichsgerichts eine Enteignung darstellt", sah das Reichsgericht[73] eine Enteignung im Sinne des Art. 153 Abs. 2 WRV als gegeben an. Um diese Entscheidung heute richtig würdigen zu können, bleibt zu beachten, daß es der Rechtsprechung des Reichsgerichts im Jahre 1928 noch nicht gelungen war, die Notwendigkeit zu erkennen, zwischen Enteignung und Inhaltsbestimmung bzw. Schrankenziehung (Art. 153 Abs. 1 Satz 2 WRV) zu unterscheiden[74]. Nachdem das Gericht die Möglichkeit anerkannt hatte, unmittelbar durch Gesetz[75] eine Enteignung vorzunehmen, lag die Gefahr nahe, nunmehr jeden Eingriff und jede Einwirkung des Gesetzgebers auf ein vermögenswertes Recht als Enteignung zu bezeichnen und gesondert zu entscheiden, ob diese als Enteignung bezeichnete staatliche Intervention einen Entschädigungsanspruch auslöste. Diese Entwicklung der Rechtsprechung wurde begünstigt, weil eine Enteignung unter der Geltung der Weimarer Verfassung nicht notwendigerweise mit einer Entschädigungspflicht des Staates verbunden war. Die Entschädigung konnte durch Reichsgesetz ausgeschlossen werden (Art. 153 Abs. 2 S. 2 WRV). Vor diesem Hintergrund wird auch die Entscheidung des Reichsgerichts zur Frage der Entziehung des stiftungsmäßigen Wohnungsrechts verständlich. Obwohl das Gericht den Tatbestand einer Enteignung als gegeben ansah, lehnte es im Endergebnis eine Entschädigungspflicht des Staates ab mit der Begründung[76], der Landesgesetzgeber sei nach § 85 BGB als ermächtigt anzusehen, auch ohne Entschädigung Stiftungen aufzuheben oder in Änderung ihrer Zwecke den bisher Berechtigten ihr Recht zu entziehen. Da es heute verfassungsrechtlich (vgl. Art. 14 Abs. 3 Satz 2 GG) nicht möglich ist, zwischen dem Tatbestand der Enteignung und der Pflicht zur Entschädigung zu trennen, ist die Entscheidung des Reichsgerichts mit ihrer Feststellung, in der Entziehung des subjektiven stiftungsmäßigen Wohnungsrechts eine Enteignung zu sehen, nur noch unter Vorbehalten verwertbar[77]. Es darf vielmehr davon ausgegangen werden, daß das Reichsgericht nicht von Enteignung gesprochen hätte, wenn es sich damit entschädigungsrechtlich — wie es sich heute für Art. 14 Abs. 3 Satz 2 GG ergibt — festgelegt gesehen hätte. Diese Annahme ist

---

[73] RG 21. 5. 1928, Bd. 121 S. 166 ff. (168).

[74] *Weber*, a.a.O., S. 341.

[75] RG 18. 11. 1921, Bd. 103 S. 200 ff.; 4. 11. 1925, Bd. 111 S. 320 ff.

[76] RG 21. 5. 1928, Bd. 121 S. 168, 169.

[77] Wegen der heute zwingenden Verbindung zwischen Enteignung und Entschädigung würde die Begründung des Reichsgerichts im Rahmen des Abbaues der bisherigen Mieterschutzgesetzgebung zu einer Vielzahl von Entschädigungsansprüchen führen; so könnte man unter Umständen von einer Enteignung sprechen, wenn der Vermieter das Recht erhält, einen bisher für ihn unkündbaren Mietvertrag aufzulösen mit der Folge, daß der Mieter sein Wohnrecht verliert.

berechtigt, wenn man an die spätere Entwicklung der Rechtsprechung des Reichsgerichts[78] denkt, die schließlich zwischen einer entschädigungslosen Schrankenziehung und Inhaltsbestimmung (Art. 153 Abs. 1 Satz 2 WRV) und einer entschädigungspflichtigen Enteignung unterschied, sofern die Entschädigung nicht als durch Reichsgesetz ausgeschlossen angesehen wurde.

Durch Reichsgesetz[79] wurde im Jahre 1929 die Aussetzung von Rechtsstreitigkeiten über ältere staatliche Renten angeordnet, die ihre Grundlagen unter anderem in Verträgen zwischen den Begünstigten und dem preußischen Staat fanden. Das Reichsgericht[80] untersuchte, ob dieses „Sperrgesetz" den Art. 153 WRV verletzte, zumal nach seiner Ansicht in der dauernden Entziehung des Klagerechts eine Wegnahme oder Aufhebung der Forderungsrechte zu sehen ist. Das Gesetz brachte für bestimmte Rechtsstreitigkeiten eine Unterbrechung bis zum Inkrafttreten einer reichsgesetzlichen Regelung der staatlichen Renten. Nach Meinung des Gerichts[81] erhält aber auch eine zeitweilige Beeinträchtigung des Rechtsschutzes durch die Aussetzung des Verfahrens „nicht dadurch den Charakter einer Enteignung, daß sie zur Vorbereitung einer Regelung der Ansprüche dient, die möglicherweise die Aufhebung eines Teils der Ansprüche mit sich bringen wird". Das Reichsgericht schloß auch für den Fall einer geplanten gesetzlichen Aufhebung der Rechte eine Enteignung aus, „weil diese nur die durch Sondereingriffe erfolgende Entziehung oder Beschränkung von Vermögensrechten umfaßt, nicht dagegen die allgemeine Regelung ihres Inhalts . . . Eine Enteignung durch Gesetz im Sinne des Art. 153 WRV liegt aber . . . nur dann vor, wenn das Gesetz einen Einzeleingriff in bestehende Rechte vornimmt, nicht dagegen dann, wenn es ihren Inhalt allgemein neu regelt . . . Erforderlich ist lediglich . . ., daß die Regelung durch eine allgemeine gültige Vorschrift, nicht durch ein Sondergesetz für einzelne bestimmte Rechtsverhältnisse erfolgt". Mit dieser Entscheidung trennte sich das Gericht klar von seiner früheren pauschalen Auffassung, daß die Entziehung subjektiver Privatrechte immer eine Enteignung darstelle[82].

---

[78] So unterschied das Reichsgericht später die Inhaltsbestimmung und Schrankenziehung von der Enteignung (Art. 153 WRV) danach, ob es sich um ein generelles Gesetz handelte, „das allgemein den Inhalt und die Schranken von Rechten und rechtlichen Befugnissen bestimmt und damit zwar auch in bestehende Berechtigungen eingreift, aber zugleich das betreffende Rechtsgebiet als Ganzes für die Zukunft regelt und Schranken für neu zu erwerbende Rechte aufstellt". RG 27. 5. 1930, Bd. 129 S. 146 (149).

[79] Reichsgesetz vom 6. 7. 1929, RGBl. I S. 131.

[80] RG 3. 12. 1929, Bd. 128 S. 165 ff.

[81] RG 3. 12. 1929, Bd. 128 S. 171.

[82] Vgl. ferner RG 21. 5. 1928, Bd. 121 S. 166.

Abschließend soll noch eine weitere Entscheidung des Reichsgerichts[83] erwähnt werden. Das Reichsgericht hatte sich bereits damals dazu zu äußern, in welchem Umfang die Einführung einer städtischen Müllabfuhr durch Ortsrecht vertragliche Ansprüche der Hauseigentümer gegenüber Abfuhrunternehmen hinfällig werden läßt. Mit der Begründung, das Ortsgesetz regele allgemein den Inhalt und den Umfang von Rechten und Befugnissen, nämlich des Eigentums an den betroffenen Hausgrundstücken für die Zukunft, schloß es seinerzeit den Tatbestand der Enteignung unter anderem auch im Hinblick auf die beeinträchtigten und faktisch beendeten Vertragsbeziehungen aus.

bb) Zusammenfassung der reichsgerichtlichen Grundsätze zur Enteignung von laufenden Verträgen

Betrachtet man abschließend die oben ausführlich wiedergegebenen einzelnen Entscheidungen des Reichsgerichts, so ergibt sich folgendes Bild: Obwohl das Reichsgericht schon bald nach Inkrafttreten der Weimarer Verfassung aus vorwiegend rechtspolitischen Gründen zugunsten des verstärkt in seinem Vermögen gefährdeten Bürgers die Meinung vertrat, auch schuldrechtliche Beziehungen und Forderungen seien Eigentum im Sinne des Art. 153 WRV und ferner der Auffassung folgte, Enteignungen seien nicht nur durch hoheitlichen Einzelakt, sondern auch unmittelbar durch Gesetz möglich, gestand es dem Staat als Gesetzgeber nach wie vor das Recht zu, durch ein generelles Gesetz diese von dem sogenannten erweiterten Eigentumsbegriff umfaßten privatrechtlichen Rechtspositionen des einzelnen zu beschränken, ja zu entziehen, zu vernichten oder sonst dem rechtlichen Untergang auszusetzen, ohne sich gleichzeitig immer zu einer Entschädigung zu verpflichten. Dabei unterschied das Reichsgericht nicht danach, ob diese mehr oder weniger weitgehenden Beeinträchtigungen der als verfassungsrechtliches Eigentum anerkannten schuldrechtlichen Beziehungen und Forderungen unmittelbar mit Inkrafttreten des neu erlassenen generellen Gesetzes eintraten oder auf die Tatsache zurückzuführen waren, daß ein am Schuldverhältnis beteiligter Dritter die Gelegenheit erhielt, auf den allgemeinen rechtlichen Fortbestand dieser zuvor grundsätzlich als Eigentum anerkannten Rechtspositionen Einfluß zu nehmen. Wenn das Reichsgericht in seiner Rechtsprechung gelegentlich den Grundsatz vertreten hat, die Entziehung bloß subjektiver Privatrechte stelle eine Enteignung dar, so muß beachtet werden, daß sich das Gericht nicht bereit gefunden hat, diesen Grundsatz isoliert als Kriterium zur Bestimmung des Tatbestandes der entschädigungspflichtigen Enteignung zu benutzen. Schon aus den wenigen, oben

---

[83] RG 20. 6. 1931, Bd. 133 S. 124 ff.

wiedergegebenen Entscheidungen läßt sich vielmehr entnehmen, daß sich für das Reichsgericht der Tatbestand der entschädigungspflichtigen Enteignung „durch Gesetz" nur dann erfüllte, wenn es sich dabei um ein Sondergesetz für einzelne bestimmte Rechtsverhältnisse handelte, nicht dagegen, wenn es sich um die Folgen der Einführung eines allgemeinen Gesetzes handelte. Besonders wichtig für das Thema der Arbeit und gleichzeitig bezeichnend für die Rechtsprechung des Reichsgerichts zur Frage der enteignenden Eingriffe in sogenannte nichtdingliche Rechtspositionen ist, daß in dem — soweit ersichtlich — einzigen Fall, in dem das Gericht den Staat wegen eines enteignenden Eingriffs in einen laufenden Vertrag schließlich zu einer Entschädigung verurteilte, die Beeinträchtigung dieser als Eigentum anerkannten Rechtsposition die Folge eines einzelnen rechtswidrigen Verwaltungshandelns war.

b) Die Rechtsprechung der Nachkriegsgerichte zur Frage des enteignenden Eingriffs in laufende Verträge

aa) Die Rechtsprechung der Nachkriegsgerichte bis zur Errichtung des Bundesgerichtshofes

Nach dem Kriege wurde die Rechtsprechung des Reichsgerichts, soweit es um die Auslegung des in Art. 153 WRV enthaltenen Eigentumsbegriffes ging, von den Ländergerichten und später auch von den Bundesgerichten fortgesetzt. Man ging weiter von dem sogenannten erweiterten Eigentumsbegriff aus, der auch schuldrechtliche Beziehungen und damit nichtdingliche Rechtspositionen umfaßte. Auch für die Frage, welche hoheitliche Maßnahme sich als Enteignung und welche sich als Inhaltsbestimmung bzw. Schrankenziehung des in Art. 153 WRV geschützten besonderen verfassungsrechtlichen Eigentums darstellte, griff man zumindest anfangs weitgehend auf Kriterien zurück, die das Reichsgericht in seiner Rechtsprechung entwickelt hatte. Durch Gesetz vom 28. November 1946[84] wurde für Hamburg die Verabredung der Leistung, aber auch die rein tatsächliche Leistung eines Baukostenzuschusses verboten. Das Verbot erging mit rückwirkender Kraft für die Zeit vom 3. Mai 1945 und erfaßte auf diese Weise eine derartige Vereinbarung vom 20. Oktober 1946. Nachdem der seinerzeit zuständige Oberste Gerichtshof[85] die Anordnung der Rückwirkung für zulässig erklärt hatte, prüfte er die Frage, ob die durch das Gesetz angeordnete rückwirkende Nichtigkeit der inzwischen bestehenden Vereinbarung eine Enteignung darstellte, weil den aus der

---

[84] Hamburgisches Gesetz- und Verordnungsblatt 1946, S. 119.
[85] OGH 1. 7. 1948, Bd. 1 S. 87 (96, 97) = SJZ 1949, Sp. 407 = MDR 1948, S. 411 ff.

Vereinbarung Berechtigten ihre Rechte entzogen wurden[86]. Aus diesem
Anlaß betonte der Gerichtshof in den Gründen, daß eine Enteignung
einen Einzeleingriff in Rechte bestimmter Personen oder eines bestimmten begrenzten Personenkreises voraussetze. Da das Hamburgische Gesetz nicht nur eine einzelne Vereinbarung für nichtig erklärte, sondern
eine generelle Regelung enthielt, kam das Gericht zu dem Ergebnis, daß
keine Enteignung vorliege. Der Gerichtshof ging damit seinerzeit deutlich
erkennbar von der Rechtsprechung des früheren Reichsgerichts aus, einmal für die Auslegung des in Art. 153 WRV enthaltenen Begriffs des
Eigentums, zum anderen für die Frage, welche staatlichen Maßnahmen
den Tatbestand der Enteignung erfüllten. Wegen dieses Ausgangspunktes
war für das Gericht nicht entscheidend, ob ein Rechtsverlust durch die
rückwirkende gesetzliche Neuregelung eintrat — denn der war ohne
Zweifel gegeben —, sondern erheblich war nur, ob es sich um eine generelle Regelung handelte oder nicht. Das Hamburgische Gesetz vom 28. November 1946 hatte diesen geforderten generellen Charakter. Eine weitere
Stellungnahme zur Frage der enteignenden Eingriffe in schuldrechtliche
Beziehungen findet sich in einem Urteil des Hamburger Oberverwaltungsgerichts[87] vom 16. Oktober 1950. Gemäß § 3 des Hamburger Betriebsraumgesetzes (BRG) vom 9. September 1949[88] bestand seinerzeit die
Möglichkeit, den Austausch gewerblicher Räume gegen Ersatzraum anzuordnen. Eine derartige Anordnung und ihre Durchführung sollte damit
in einen laufenden Mietvertrag eingreifen dürfen ohne Rücksicht darauf,
ob der einzelne Vertrag vor oder nach Erlaß des Betriebsraumgesetzes
abgeschlossen worden war. Das hatte die weitere Folge, daß der betroffene Vertrag durch eine einseitige hoheitliche Maßnahme seine vorzeitige
Beendigung fand. Ausgehend von der Auffassung des Reichsgerichts[89]
bezüglich des erweiterten Eigentumsbegriffes und in Anlehnung an dessen Einzeleingriffslehre führte das Oberverwaltungsgericht aus: „Von
diesem Standpunkt aus könnte nicht davon gesprochen werden, daß nach
§ 3 BRG j e d e r Besitzer von gewerblichem Raum Einschränkungen hinsichtlich der Benutzung desselben unterworfen werden sollte. Diese Bestimmung beabsichtigt und ermöglicht keine allgemeine Bewirtschaftung
von Gewerberaum. Ein Zwangstausch von Gewerberaum nach § 3 BRG
würde sich vielmehr nach der Rechtsprechung zu Art. 153 WRV als typischer enteignender Einzeleingriff darstellen." Es ist fraglich, ob das Oberverwaltungsgericht die Rechtsprechung des Reichsgerichts richtig interpretierte. Das Betriebsraumgesetz brachte einmal eine generelle Bin-

---

[86] OGH 1. 7. 1948, Bd. 1 S. 98 ff.
[87] Hamb. OVG 16. 10. 1950, MDR 1950, S. 760.
[88] Hamb. GVBl. 1949, S. 213.
[89] Das OVG verweist unter anderem auf das Reichsgericht 13. 12. 1924, Bd.
109 S. 311 (319); 3. 7. 1925, Bd. 111 S. 224 (227).

dung für alle Hauseigentümer, aber auch für diejenigen, die Mieter derartiger vom Gesetz bezeichneter gewerblicher Räume waren. Deren Mietverträge erfuhren dadurch eine generelle Beschränkung, daß die Verwaltung in die Lage versetzt wurde, auf die Fortdauer dieser Mietverhältnisse durch eine Verwaltungsanordnung einzuwirken. Das sollte allerdings nur dann geschehen, wenn gleichzeitig entsprechender Ersatzraum anderweitig zur Verfügung gestellt wurde. Es liegt nahe, in dieser Verwaltungsanordnung vom Boden der Einzelaktstheorie aus den die Enteignung nach Meinung des Reichsgerichts charakterisierenden Einzeleingriff zu sehen. In Wirklichkeit handelte es sich aber dabei um eine Verwirklichung des bereits in einem generellen Gesetz enthaltenen Ziels einer Einschränkung der Herrschaftsbefugnis, hier der Vertragsparteien, über die Dauer des Mietvertrages zu entscheiden. „Nur aus rechtstechnischen Gründen ist hierbei die Einschränkung der Herrschaftsbefugnis in verschiedene Teilakte zerlegt, von denen der erste Teilakt in der gesetzlichen Regelung, die weiteren Teilakte in Verwaltungsmaßnahmen auf Grund einer die Verwaltung bindenden Rechtsanwendung zu finden sind ...[90]." Die Ausführungen des Oberverwaltungsgerichts zur Frage, ob ein enteignender Einzeleingriff vorlag, erscheinen in einem anderen Licht, wenn man berücksichtigt, daß die fragliche Verwaltungsanordnung seinerzeit erging, ohne daß gleichzeitig Ersatzraum zur Verfügung gestellt wurde. Das war aber nach dem Betriebsraumgesetz notwendige Voraussetzung, um rechtmäßig einen laufenden, bisher voll wirksamen Mietvertrag zwischen zwei Privatleuten vorzeitig zur Beendigung zu bringen[91]. Auch das Deutsche Obergericht[92] mußte während seiner Tätigkeit zu der Frage Stellung nehmen, inwieweit seitens des Staates in Verträge eingegriffen werden darf, ohne gleichzeitig den Tatbestand einer entschädigungspflichtigen Enteignung zu erfüllen. Das Gericht hatte darüber zu entscheiden, ob es dem Staat gestattet war, nachträglich für einen Kaufvertrag über Schlachtvieh eine Erhöhung der bisher geltenden Fest- und Mindestpreise anzuordnen (§ 2 Preisgesetz)[93]. Dieses Gericht ging seinerzeit für seine Rechtsprechung grundsätzlich davon aus, daß laufende schuldrechtliche Verträge rückwirkend umgestaltet werden dürfen. Nach seiner Ansicht war darin kein unzulässiger Eingriff in die Vertragsfrei-

---

[90] BGH 10. 6. 1952, Bd. 6 S. 270 (284, 285).

[91] Vgl. das Urteil des Reichsgerichts vom 3. 7. 1925, Bd. 111 S. 224 ff., das ebenfalls über einen rechtswidrigen Eingriff in einen laufenden Mietvertrag zu entscheiden hatte.

[92] DOG 5. 7. 1950, S. 66 (69) in Entscheidungen des Deutschen Obergerichts für das Vereinigte Wirtschaftsgebiet; siehe ferner die frühere Entscheidung vom 13. 4. 1950, NJW 1950, S. 540 ff.

[93] Eine Besonderheit des Falles bestand allerdings darin, daß der ursprünglich, vor Erlaß der neuen Preisvorschrift vereinbarte Preis bereits gezahlt gewesen sein konnte. Das Gericht verzichtete deshalb auf eine endgültige Entscheidung und wies an die Tatsacheninstanz zurück.

heit und auch noch keine Enteignung zu sehen[94]. Aus Art. 14 GG entnahm das Gericht seinerzeit, daß der Gesetzgeber im Rahmen seiner Zuständigkeit auch schon bestehende Rechte durch allgemeine Vorschriften ändern darf ohne Rücksicht darauf, ob es sich dabei um absolute Rechte oder schuldrechtliche Ansprüche handelt[95]. Dem Gesetzgeber soll es aber nach Meinung des früheren Deutschen Obergerichts verwehrt sein, bestehende Rechte einer bestimmten Art generell zu beseitigen oder sie unter formaler Aufrechterhaltung in ihrem rechtlichen Kern zu vernichten. Beschränkungen, die mit dem Wesen des betroffenen Rechts nicht mehr vereinbart werden können, sollen demgemäß Enteignungen sein, selbst wenn sie durch generelle gesetzliche Vorschriften angeordnet werden[96]. Aus dem Zusammenhang der Entscheidungsgründe muß entnommen werden, daß das Deutsche Obergericht diese von ihm entwickelten differenzierenden Maßstäbe ferner auf alle hoheitlichen Regelungen angewendet wissen wollte, die eine vollständige Unterbrechung oder wesentliche Behinderung einer noch ausstehenden Abwicklung eines laufenden Vertrages in Betracht zogen. Eine Bestätigung für diese Annahme ergibt sich daraus, daß das Gericht sich in seinen Ausführungen seinerzeit ausdrücklich gegen die vom früheren Reichsgericht entwickelte Einzelaktstheorie wandte mit der Begründung, sie erfülle nicht die Forderung nach sozialer Gerechtigkeit, weil sie an formalen Unterscheidungsmerkmalen festhalte[97]. Nach Meinung des Obergerichts läßt diese Theorie schwerwiegende Rechtseinbußen zu, wenn sie in generelle Bestimmungen gekleidet sind[98]. Das Gericht überprüfte demgemäß unter anderem generelle preisrechtliche Anordnungen danach, ob die damit verbundenen Änderungen der bisherigen Vertragsansprüche mit dem Wesen des betroffenen Vertrages vereinbar waren oder nicht.

---

[94] DOG 5. 7. 1950, Einziger Bd. S. 72; *Weber* in AöR Bd. 77 S. 77 ff. sieht eine Rückwirkung insoweit als gegeben an, als sich die Preisanordnung auf alle noch nicht abgewickelten Verträge bezieht (S. 85). Es ist aber fraglich, ob das richtig ist. Die in der Entscheidung genannte Preisanordnung bezieht sich auf die Tatsache, daß bei der Versteigerung der Felle des Schlachtviehs ein überdurchschnittlicher Preis erzielt wird. An dieses Ereignis knüpft der Gesetzgeber die neue Folge, einen bestimmten Anteil an den früheren Verkäufer des Tieres bzw. des Felles zu zahlen; vgl. dazu *Klein-Barbey*, a.a.O., S. 44; ferner *Weber*, a.a.O., S. 377 mit Hinweis auf Bay. VerfGH 10. 11. 1952, VerwRspr. Bd. 5 S. 517 (521), der einen Fall echter Rückwirkung zu entscheiden hatte.

[95] DOG 5. 7. 1950, Einziger Bd. S. 73; vgl. die spätere Entscheidung des BVerfG 12. 11. 1958, Bd. 8 S. 276 (330): „... Preisrechtliche Vorschriften enthalten in aller Regel zulässige Eigentumsbindungen ... Das gilt auch dann, wenn sie sich auf bereits abgeschlossene Verträge auswirken ..."

[96] *Huber* II, a.a.O., S. 31, 309.

[97] DOG 5. 7. 1950, Einziger Bd. S. 73, 74.

[98] Das DOG verweist dabei ausdrücklich auf die bereits erwähnte Entscheidung des RG vom 3. 12. 1929, Bd. 128 S. 165 ff., in der es um die Zulässigkeit der Aussetzung von Rechtsstreitigkeiten über ältere staatliche Renten (Sperrgesetz) ging, vgl. S. 62 des Textes.

Der Unterschied zwischen der Entscheidung des Obersten Gerichtshofes vom 1. Juli 1948[99] und der des Deutschen Obergerichts vom 5. Juli 1950 ist sehr deutlich. Während der Oberste Gerichtshof in der Tatsache der Vernichtung bisher bestehender Rechtsverhältnisse in Form gültiger Schuldverhältnisse an sich nicht schon den Tatbestand der Enteignung erblickte, ging das Deutsche Obergericht für seine Entscheidung davon aus, daß eine Enteignung nur solange nicht gegeben ist, als nur eine Änderung der fortbestehenden Vertragsansprüche erfolgt, aber keine Vernichtung: Eine generelle Preisanordnung war daher für das frühere Obergericht keine Enteignung, als sie „nur das dem Wesen[100] des Kaufvertrages entsprechende Gleichgewicht zwischen den gegenseitigen Leistungen" herstellte. Eine generelle Anordnung der Unwirksamkeit und ein Verbot der Erfüllung eines laufenden Vertrages mußten sich demnach für das Deutsche Obergericht als mit dem Wesen eines gültigen und auf die Erfüllung wartenden Vertrages unvereinbar und als entschädigungspflichtige Enteignung darstellen[101].

bb) Die Rechtsprechung des Bundesgerichtshofes

Der Bundesgerichtshof[102] hatte im Jahre 1952 nicht nur Gelegenheit zur grundsätzlichen Stellungnahme in der Frage, was unter dem Begriff des Eigentums im Sinne des Art. 14 GG zu verstehen ist und wann eine gesetzliche Regelung eine Enteignung darstellt bzw. nur den Inhalt und die Schranken der einzelnen Eigentumsposition bestimmt[103], sondern er mußte gleichzeitig für einen konkreten Einzelfall entscheiden, ob eine staatlicherseits verursachte Beeinträchtigung eines wirksamen Mietvertrages eine Enteignung herbeiführte. Eine Vertragsbeeinträchtigung[104] hatte sich dadurch ergeben, daß die Verwaltung eine Wohnung einem zweiten Wohnungssuchenden zuteilte, obwohl über sie vorher ein wirk-

---

[99] OGH 1. 7. 1948, Bd. 1 S. 87.

[100] DOG 21. 6. 1950, S. 231 ff.; Diese Entscheidung behandelt unter anderem die Frage, ob Prämienerhöhungen für laufende Versicherungsverträge angeordnet werden dürfen. "... Für Dauerrechtsverhältnisse findet die Anordnung der Geltung der neuen Rechtssätze für laufende Verträge ihre besondere Rechtfertigung in dem rechtspolitischen Gedanken, daß ohne sie Rechtsänderungen zu einem unübersehbaren Nebeneinander verschiedener Rechtsordnungen führen würden (S. 238) ... Der Eingriff in laufende Versicherungsverträge durch generelle preisrechtliche Anordnungen kann hiernach zwar eine Enteignung im Sinne des Art. 153 Abs. 2 sein, aber nur dann, wenn die Änderung der Vertragsansprüche mit dem Wesen des Versicherungsvertrages nicht mehr vereinbar ist ..." (S. 240).

[101] Vgl. demgegenüber die Regelung des § 106 GWB.

[102] BGH 10. 6. 1952, Bd. 6 S. 270 ff.

[103] BGH, a.a.O., S. 278 ff.

[104] BGH, a.a.O., S. 273.

samer Mietvertrag im Einverständnis mit der Verwaltung zwischen dem
Eigentümer und dem ersten Mieter abgeschlossen worden war. Infolge
dieser Zuweisung und Neuvergabe der Wohnung konnte der erste Mieter
später seinen Mietvertrag nicht antreten und mußte seine frühere Wohnung beibehalten, so daß für ihn höhere Unkosten entstanden. Nachdem
der Bundesgerichtshof[105] zuvor den Gedanken des enteignungsgleichen
Eingriffs im Anschluß an eine Entscheidung des Reichsgerichts[106] für
Fälle von unrechtmäßigen Eingriffen der Staatsgewalt in die Rechtssphäre eines einzelnen neu entwickelt hatte, übernahm er diese Maßstäbe auch für die rechtliche Beurteilung der oben beschriebenen Vertragseingriffe. Der Verwaltung stand für die erneute Vergabe der Wohnung an einen zweiten Wohnungssuchenden keine Rechtsgrundlage zur
Seite[107]. Der Bundesgerichtshof führte dementsprechend aus: „Entscheidend ist vielmehr allein, daß er (der Eingriff) einerseits unrechtmäßig
ist und daher wegen Fehlens einer Zulässigkeitsvoraussetzung keine Enteignung im Sinne des Art. 153 Weimarer Verfassung und des Art. 14 GG
darstellt, und daß er andererseits für den Betroffenen tatsächlich eine
enteignungsgleiche Wirkung auslöst und daher für den Fall seiner Recht-
mäßigkeit eine Enteignung sein würde[108]."

Eine weitere Stellungnahme zur Frage, wann der Gesetzgeber durch
eine Gesetzesänderung in einen laufenden Vertrag eingreifen darf, findet
sich in einer Entscheidung des Bundesgerichtshofes aus dem Jahre 1953[109].
Durch eine Verordnung des Bundesministers für Wirtschaft vom 9. August 1950[110] wurde der Einheitstarif für Kraftfahrzeugversicherungen
dahin geändert, daß die Mehrzahl der Prämien erhöht wurde. Dieser
Einheitstarif fand kraft ausdrücklicher Anordnung auch auf laufende
Verträge Anwendung (§ 4 der Verordnung). Die Versicherer durften somit
auch im Rahmen eines laufenden Vertrages höhere Prämien verlangen.
Streit entstand nun darüber, ob von den Versicherten eine Nachzahlung
für den über den 22. August 1950 (Tag der Verkündung der Verordnung)
hinausgehenden Teil der Perioden in Höhe des Unterschieds zwischen den
früheren und den durch die Verordnung erhöhten Prämiensätzen zu leisten war. Der Bundesgerichtshof[111] sah das Versicherungsverhältnis als
ein Dauerschuldverhältnis an, aus dem sich einzelne Forderungen auf
Prämienzahlungen für bestimmte Zeiträume ergaben. Diese Forderungen

---

[105] BGH, a.a.O., S. 290.
[106] RG 11. 4. 1933, Bd. 140 S. 276 (283).
[107] BGH, a.a.O., S. 291 ff.
[108] Zum Begriff des enteignungsgleichen Eingriffs: BGH 25. 4. 1960, Bd. 32
S. 208 (210 ff.).
[109] BGH 11. 11. 1953, Bd. 10 S. 391.
[110] BAnz. vom 22. 8. 1950, Nr. 160 S. 1.
[111] BGH 11. 11. 1953, Bd. 10 S. 396 ff.

erlöschten nach Ansicht des Gerichts mit der Zahlung der einzelnen Prämien (§ 362 BGB). Der Versicherte wurde von seiner Schuld befreit. Eine Nachzahlungspflicht auf die schon erloschenen Forderungen stellte sich für den Bundesgerichtshof als eine Rückwirkung dar, für die sich nach Meinung des Gerichts im Gesetz keine deutliche Anordnung ergab. Das Gericht ging damit davon aus, daß die Verordnung insoweit für laufende Verträge verbindlich war, als sie eine Erhöhung von Prämienforderungen zuließ, die wegen der ausstehenden Bezahlung noch nicht erloschen waren. Der Gesichtspunkt der entschädigungspflichtigen Enteignung fand in der Entscheidung nur insoweit eine Beachtung, als das Gericht auf das Urteil des Deutschen Obergerichts vom 21. Juni 1950 verwies[112], in der es um die gleiche Frage ging. Das Deutsche Obergericht hatte seinerzeit eine Nachforderung ausgeschlossen, weil es darin eine Enteignung sah. Der Bundesgerichtshof ließ mit diesem Hinweis erkennbar werden, daß er bei einem derartigen Sachverhalt den Tatbestand der Enteignung als nicht gegeben ansieht. Staatliche Einwirkungen auf laufende Verträge in der Form, daß z. B. Versicherungsunternehmer auf Grund einer eingetretenen Gesetzesänderung das Recht auf Prämienerhöhung für laufende Verträge erhalten, stellen sich für den Bundesgerichtshof demgemäß als ohne weiteres zulässig dar[113].

Abgesehen von einem Urteil aus dem Jahre 1955[114], das über die Einwirkungen von vorbereitenden Bauplänen auf einen laufenden Mietvertrag zu entscheiden hatte, hatte der Bundesgerichtshof erst wieder im Jahre 1959[115] Anlaß, sich eingehend mit der Frage zu beschäftigen, inwieweit laufende Verträge Eigentum im Sinne des Art. 14 GG sind und vor allem damit, in welchem Umfang eine Entschädigung wegen Enteignung zu zahlen ist, wenn der Staat nachträglich eine Ursache für eine vor-

---

[112] Einziger Bd. S. 231 ff.

[113] BGH 3. 3. 1954, Bd. 13 S. 17 ff.: Das Gericht lehnte die Möglichkeit ab, durch Bescheid den Mietpreis eines laufenden Mietvertrages mit unmittelbarer vertragsgestaltender Wirkung zu verändern (S. 24 ff.). BVerfG 12. 11. 1958, Bd. 8 S. 276 (330); BVerf 17. 11. 1959, Bd. 10 S. 221 (228): „... Der Gesetzgeber wäre auch heute nicht gehindert, den Verpächtern das Recht zu geben, das ständige Wohnen auf Kleingarten-Pachtgelände zu verbieten ..." BVerfG 1. 7. 1964, Bd. 8 S. 121 (131): „... Der Mieterschutz ist keine selbständige Rechtsposition, die als solche durch Art. 14 GG geschützt sein könnte, sondern eine Verstärkung der vertraglichen Rechte des Mieters. Ob diese — besonders etwa unter dem Gesichtspunkt des Besitzschutzes — als Eigentum im Sinne des Art. 14 GG angesehen werden können, kann dahingestellt bleiben. Nach Art. 14 Abs. 1 Satz 2 GG wäre der Gesetzgeber jedenfalls befugt, Inhalt und Schranken dieses Rechts zu bestimmen. Dabei tritt das Recht des Mieters in Konflikt mit dem seinerseits durch Art. 14 GG geschützten Eigentum des Vermieters; gerade in einem solchen Fall ist die Abgrenzung der beiderseitigen Befugnisse Sache des Gesetzgebers ..."

[114] BGH 28. 3. 1955, Bd. 17 S. 96 ff.

[115] BGH 18. 9. 1959, Bd. 31 S. 1 ff.

zeitige Vertragsbeendigung setzt. Dem Urteil lag folgender Sachverhalt
zugrunde: Eine Angestellte war seit dem 1. Mai 1954 bei der Kreisleitung
der KPD beschäftigt gewesen, als die Partei am 17. August 1956 durch das
Urteil des Bundesverfassungsgerichts[116] gemäß § 46 Bundesverfassungs-
gerichtsgesetz für verfassungswidrig erklärt und aufgelöst wurde. Das
Parteivermögen wurde zugunsten der Bundesrepublik eingezogen. Die
Angestellte beanspruchte nunmehr von der Bundesrepublik ihr Gehalt
ab August bis zum 31. Dezember 1956, weil erst dann eine Kündigung
hätte erfolgen können. Außerdem verlangte sie noch eine Abgeltung für
noch nicht gewährten Jahresurlaub. Der Bundesgerichtshof[117] prüfte diese
Ansprüche unter dem Gesichtspunkt der Enteignung. Ohne sich bei der
Frage aufzuhalten, ob und inwieweit es sich bei diesen Ansprüchen um
vermögenswerte Rechte im Sinne des Art. 14 GG handelte, schloß der
Bundesgerichtshof eine Enteignungsentschädigung in erster Linie deshalb aus, weil nur derjenige einen Entschädigungsanspruch aus Enteignung oder enteignungsgleichem Eingriff habe, gegen dessen Eigentum
der Verwaltungsakt gerichtet gewesen sei[118]. Dieser Grundgedanke treffe
auch für ein Urteil des Bundesverfassungsgerichts zu, weil es sich insoweit nicht um eine begriffliche Verschiedenheit handele. In zweiter Linie
schloß der Bundesgerichtshof einen Entschädigungsanspruch aus, weil es
die Ansprüche der Angestellten mit einem Makel behaftet ansah[119].
Dieser Makel sollte sich deshalb ergeben, weil sich die Angestellte von
einer verfassungswidrigen Partei habe beschäftigen lassen. Ihre Rechtsposition war nach Meinung des Gerichts mit derjenigen vergleichbar, die
sich für einen Gläubiger ergibt, der sich mit einem vom Vermögensverfall
bedrohten Schuldner einläßt, um ihn zu unterstützen. So wenig wie diesem Gläubiger gegebenenfalls vom Staat eine Entschädigung gezahlt
werde, so wenig habe auch die Angestellte einen Anspruch auf Entschädigung ihrer durch das KPD-Verbot verlustig gegangenen Forderungen[120].

Es ist schon am Anfang der Ausführungen bei der Aufzählung von ausgewählten Beispielsfällen, die die breite Möglichkeit nachträglicher Ein-

---

[116] BVerfG 17. 8. 1956, Bd. 5 S. 86 ff.

[117] BGH 18. 9. 1959, Bd. 31 S. 2 ff.

[118] BGH 4. 2. 1957, Bd. 23 S. 235 ff.

[119] BGH 18. 9. 1959, Bd. 31 S. 3 ff.

[120] Vgl. OLG Köln 22. 7. 1957, Der Betrieb 1957, S. 916: Das Gericht erhebt Bedenken gegen die Ansicht, eine Angestellte der KPD habe deswegen keine Ansprüche wegen Enteignung, weil der Vermögensverlust nur eine *mittelbare*
Folge des Parteiverbotes sei. Das Gericht lehnt schließlich ein Sonderopfer als
nicht gegeben ab. Vgl. ferner die Anmerkung von *Fuß* zu BAG 12. 2. 1959, JZ
1959, S. 767 auf S. 741 ff.: „Daß die Entziehung eines Rechts immer ein Sonderopfer im Sinne der enteignungsrechtlichen Rechtsprechung des BGH darstellt,
liegt auf der Hand." Siehe demgegenüber *Henrichs* zu BAG vom 12. 2. 1959,
NJW 1959 S. 1243, der die Auffassung des BGH billigt, daß die Enteignung oder
der enteignungsgleiche Eingriff eine gezielte Maßnahme voraussetzen.

griffe in laufende Verträge erkennen lassen sollten, darauf hingewiesen worden, daß es nicht nur der Staat mit seiner Gesetzgebung und Verwaltung ist, der den einzelnen dadurch in seinen wirtschaftlichen Erwartungen beeinträchtigt, sondern daß es auch der kommunale Satzungsgeber ist, der auf laufende Verträge und damit auf schuldrechtliche Beziehungen im Sinne des Art. 14 GG einwirkt[121]. Nach der Rechtsprechung des Reichsgerichts[122] und der jetzigen Verwaltungsgerichte[123] einschließlich des Bundesverwaltungsgerichts[124] stellt die Einführung einer kommunalen Wasserleitung, Kanalisation und Müllabfuhr mit Anschluß- und Benutzungszwang eine Enteignung grundsätzlich nicht dar. Der Anschluß- und Benutzungszwang soll demnach für das betroffene Grundstückseigentum lediglich eine Inhaltsbestimmung bedeuten, die entschädigungslos hinzunehmen ist (Art. 14 Abs. 1 Satz 2 GG). Das soll nach allgemeiner Meinung auch dann gelten, wenn der Grundstückseigentümer z. B. dadurch gezwungen wird, eine eigene, möglicherweise bei der Anschaffung sehr kostspielige Wassergewinnungsanlage oder eine Einrichtung zur Abwässer- und Abfallverwertung stillzulegen. Diese Rechtsprechung wurde vom III. Senat des Bundesgerichtshofes[125] ausdrücklich anerkannt und dahin verstanden, daß auch dann kein entschädigungspflichtiger Enteignungstatbestand gegeben sein soll, wenn der betroffene Grundstückseigentümer durch die den Anschluß- und Benutzungszwang z. B. für die Müllabfuhr einführende kommunale Satzung gezwungen wird, einen mit einem privaten Müllabfuhrunternehmen abgeschlossenen preisgünstigen Abfuhrvertrag aufzugeben. Es handelte sich für den Bundesgerichtshof auch bei diesem Sachverhalt um einen Fall der Sozialbindung des Eigentümers, weil der Anschluß- und Benutzungszwang[126] „alle Grundstückseigentümer der betreffenden Gemeinde, also eine mit anderen Grundeigentümern nicht gleichzusetzende besondere Eigentümergruppe, gleichmäßig trifft oder belastet, selbst wenn im Einzelfall ein Grundstückseigentümer wegen des damit verbundenen Abschneidens der bisher gegebenen tatsächlichen Möglichkeiten, private eigene Anlagen oder eine getroffene besondere Ausgestaltung der eigenen Lage auf diesem Gebiet ... zu nutzen, tatsächlich nachteiliger als andere Grundstückseigentümer betroffen wird. Denn es ist unerheblich, daß die aus der Sozialbindung des Eigentümers sich ergebenden Pflichten zu tatsächlich

---

[121] Siehe S. 30 des Textes.

[122] RG 20. 6. 1931, Bd. 133 S. 124 ff.

[123] OVG Münster 5. 11. 1958, Bd. 14 S. 170 ff.; Bay. VGH 13. 11. 1953, VGH n. F. Bd. 7 S. 12 ff.; 17. 12. 1954, Bd. 8 S. 15 ff.

[124] BVerwG 25. 2. 1960, DVBl. 1960, S. 396 ff.

[125] BGH 30. 9. 1963, Bd. 40 S. 355 ff. für § 17 der Gemeindeordnung für Schleswig-Holstein.

[126] BGH 30. 9. 1963, Bd. 40 S. 355 (361).

ungleichen Belastungen führen, weil es sich insoweit nicht um Ungleichheiten im Rechtssinne handelt und der Gedanke der von vornherein insoweit bestehenden ‚Pflichtigkeit'[127] des Eigentums auch insoweit durchgreift ..." So wenig nach Ansicht des Bundesgerichtshofes der Verlust eines preisgünstigen Abfuhrvertrages für den Grundstückseigentümer eine Enteignung darstellt, so wenig soll sich der Tatbestand der entschädigungspflichtigen Enteignung dann erfüllen, wenn ein privater Müllabfuhrunternehmer durch den Verlust seiner Abfuhrverträge mit den Gemeindeangehörigen, die jetzt einem Anschluß- und Benutzungszwang an die gemeindliche Müllabfuhr unterliegen, zur Einstellung seines Gewerbebetriebes gezwungen wird[128]. Der Bundesgerichtshof sah keinen Anlaß, eine Enteignung deshalb anzunehmen, weil auf diese Weise ein eingerichteter und ausgeübter Gewerbebetrieb (Verlust des Kundenstammes), der auch nach Ansicht des Gerichts ein enteignungsfähiges vermögenswertes Recht im Sinne des Art. 14 GG ist, vernichtet wurde. Nach Meinung des Gerichts haftet[129] „dem gesamten Gebiet der Müllabfuhr von der Sache her ganz allgemein eine ‚Pflichtigkeit' dahin an, daß das Eigentum im Interesse der Volksgesundheit nur solange unbeschränkt genützt werden darf, bis die Gemeinde dieses Sachgebiet als öffentliche Aufgabe durch Einführung gemeindlicher Müllabfuhr mit Anschlußzwang in eigene Verantwortung übernimmt". Der Gedanke der Pflichtigkeit des Grundstückseigentümers muß nach der Vorstellung des Gerichts auch auf die Unmöglichkeit der weiteren Ausübung der Müllabfuhr übertragen werden mit der Folge, daß der Unternehmer nur eine Chance wahrnimmt, die in bezug auf den Kundenstamm lediglich solange Bestand hat, bis die Gemeinde befugterweise im öffentlichen Interesse eine eigene Müllabfuhr mit Benutzungszwang einführt.

Obwohl auch der Bundesgerichtshof der Auffassung ist, daß schuldrechtliche Beziehungen eine eigenständige Rechtsposition im Sinne des Art. 14 GG begründen und damit Gegenstand einer Enteignung sein können, erscheinen die durch den Anschluß- und Benutzungszwang betroffenen privaten Abfuhrverträge gleichsam nur als ein Anhängsel anderer als Eigentum anerkannter Rechtspositionen. Der Bundesgerichtshof erwähnte sie mehr oder weniger nebenbei im Zusammenhang mit der Frage, inwieweit die Grundstückseigentümer durch den Anschluß- und Benutzungszwang als enteignet angesehen werden dürfen, ferner dann,

---

[127] Zum Begriff der Pflichtigkeit vgl. BGH 4. 2. 1957, Bd. 23 S. 235 ff.

[128] Bay. VGH 17. 3. 1961, VGH n. F. Bd. 14 S. 24 ff. = DÖV 1962, S. 426 ff. mit einer Anmerkung von *Jesch*, S. 428 ff. Diese Entscheidung des Bay. VGH behandelte den Fall, daß das Unternehmen eines Gemeindeangehörigen, der bisher privat andere Gemeindeangehörige mit Wasser belieferte, stillgelegt wurde.

[129] BGH 30. 9. 1963, Bd. 40 S. 355 (365).

als er dazu Stellung nahm, ob der Unternehmer durch die Beeinträchtigungen seines Gewerbebetriebes (Kundenstamm) Adressat einer hoheitlichen Enteignungsmaßnahme geworden war. Die schuldrechtlichen Beziehungen gewannen an keiner Stelle der Urteilsgründe eine selbständige Bedeutung als eigenständige Rechtsposition im Sinne des Art. 14 GG.

Der Grund ist einmal darin zu sehen, daß der vernichtete Gewerbebetrieb in Hinblick auf eine mögliche Entschädigung vermögensmäßig für Unternehmer ein größeres Gewicht als der einzelne Vertrag hatte. Sofern die Unterbrechung des Gewerbebetriebes unabhängig von etwaigen laufenden Verträgen als eine Enteignung hätte angesehen werden müssen, wäre es für das Gericht unnötig gewesen, auch die Eingriffe in die als Rechtsposition selbständigen laufenden Verträge im Hinblick auf Art. 14 GG zu untersuchen. Entschädigungsrechtlich hätte sich im Ergebnis infolge besonderer Berücksichtigung der Verträge nichts geändert. Nachdem der Bundesgerichtshof aber eine Enteignung für den Unternehmer als Ausgleich für den Verlust des eingerichteten und ausgeübten Gewerbebetriebes aus dem Gesichtspunkt der Pflichtigkeit des Eigentums ablehnte, konnte das Gericht wegen der Vernichtung der laufenden Verträge nur dann noch einen Entschädigungsanspruch zusprechen, wenn es sie als außerhalb der erwähnten besonderen Pflichtigkeit stehend angesehen hätte. Dazu eröffnete die Art der Urteilsbegründung aber keinerlei Möglichkeit. Nach Meinung des Gerichts haftet dem gesamten Gebiet der Müllabfuhr von der Sache her eine Pflichtigkeit an, das Eigentum und damit auch laufende Verträge nur solange unbeschränkt zu nützen, bis die Gemeinde dieses Sachgebiet in eigene Verantwortung übernimmt. Die Vernachlässigung der laufenden Verträge kann deshalb wegen dieser weitreichenden Begründung auf keinen Fall als Votum dahin verstanden werden, die Rechtspositionen aus laufenden Verträgen seien unter Verlust ihres Wertes als selbständig verfassungsrechtlich geschütztes Eigentum im Recht am eingerichteten und ausgeübten Gewerbebetrieb eingebettet und deshalb nicht geeignet, gesondert Gegenstand einer Enteignungsmaßnahme zu sein.

Nicht wegen Vernachlässigung der für diese Arbeit besonders wichtigen schuldrechtlichen Beziehungen fand die Entscheidung des Bundesgerichtshofes in der Literatur Beachtung, sondern allein deswegen, weil sie zur Bestimmung des Tatbestandes der Enteignung erneut auf den Gedanken der Pflichtigkeit[130] zurückgriff. In Anwendung dieser schon früher entwickelten „Pflichtigkeitstheorie" glaubte sich das Gericht in der Lage zu sehen, eine Enteignung selbst dann ausschließen zu können, wenn es zur Vernichtung einer als Eigentum anerkannten Rechtsposition gekom-

---

[130] BGH 4. 2. 1957, Bd. 23 S. 235 ff.; *Bender*, Sozialbindung des Eigentums und Enteignung, NJW 1965, S. 1297 ff. (1300).

men war. Dieses Ergebnis legt in der Tat den Schluß nahe, daß der Grundsatz[131], die Vollentziehung von Eigentum sei regelmäßig eine Enteignung
im Sinne des Art. 14 Abs. 3 Satz 2 GG, für den Bundesgerichtshof im Bereich der sogenannten Pflichtigkeitstheorie keine Rolle spielt. Trotz Vernichtung der Substanz eines eingerichteten und ausgeübten Gewerbebetriebes hatte sich für den Bundesgerichtshof nicht der Tatbestand einer
entschädigungspflichtigen Enteignung erfüllt[132]. Bei Berücksichtigung
dieser vom Bundesgerichtshof gewählten Ausgangspunkte für die Bewertung der Folgen der Einführung eines Anschluß- und Benutzungszwanges
z. B. für das Gebiet der Müllabfuhr könnte es überraschen, daß das Gericht gleichzeitig ausdrücklich ein Urteil des Oberverwaltungsgerichts
Münster billigt[133], in dem dieses allein schon in dem Verlust eines subjektiven privaten Rechts[134], das einem von der ortsstatuarischen Einführung einer kommunalen Wasserleitung betroffenen Grundstückseigentümer aufgrund eines privatrechtlichen Vertrages mit der Gemeinde zustand, und das durch den Anschluß- und Benutzungszwang „gegenstandslos geworden war, eine Enteignung gesehen hatte. Dem Oberverwaltungsgericht hatte folgender Sachverhalt zur Entscheidung vorgelegen:
Der Vater des Klägers hatte mit der beklagten Stadt im Jahre 1907 einen
Vertrag geschlossen, in welchem dieser auf das Eigentum an seiner selbst
errichteten Wasserleitung zugunsten der Stadt verzichtete und sich verpflichtete, seine Grundstücke an die städtische Wasserleitung anzuschlie-
ßen. Die Stadt verpflichtete sich, das Wasser zu einem Betrage von 12,—
RM jährlich zu liefern. Im Jahre 1953 beschloß der Rat der Stadt eine
Satzung über den Anschluß an die öffentliche Wasserleitung. Nach der
damit verbundenen Gebührenordnung mußte der Kläger in Zukunft
150,— DM zahlen. Nachdem das Gericht die Gültigkeit des Vertrages bis
zum Zeitpunkt des Inkrafttretens der Gebührenordnung bejaht hatte, sah
es ihn seit dieser Zeit als „gegenstandslos" an, weil die Benutzung der
Wasserleitung auf privatrechtlicher Grundlage seit dieser Zeit nicht mehr
Gegenstand eines Vertrages sein konnte. Ausgehend davon, daß das dem
Kläger auf Grund seines Vertrages zustehende private Recht zu den
durch den Art. 14 GG geschützten Rechten gehört, stellte sich schließlich
für das Gericht der vollständige Verlust dieses Rechts in angeblicher
Übereinstimmung mit allen Enteignungstheorien als eine Enteignung dar.

---

[131] BGH 16. 10. 1961, MDR 1962, S. 116; 5. 7. 1965, NJW 1965, S. 1907 (1908):
„... Die vollständige Entziehung oder Vernichtung einer Sache oder eines sonstigen geschützten Rechtsgutes sowie alle Eingriffe, die wirtschaftlich betrachtet einer Vernichtung oder Entziehung gleichstehen, verpflichten regelmäßig nach Enteignungsgrundsätzen zur Entschädigung ..."
[132] Siehe dagegen *Selmer*, a.a.O., S. 81 Fußnote 346 a; *Badura*, Eigentumsgarantie und Benutzungszwang, DÖV 1964, S. 539 ff.
[133] OVG Münster 8. 10. 1958, OVG Bd. 14 S. 81 ff.
[134] OVG Münster 8. 10. 1958, OVG Bd. 14 S. 81 (89, 90).

Nach Ansicht des Bundesgerichtshofes war dieses Entscheidungsergebnis deswegen berechtigt, weil es sich um eine „besondere Rechtsbeziehung" zwischen Bürger und Gemeinde handelte[135]. Weshalb ein derartiger nach wie vor zivilrechtlicher Vertrag gegenüber den Auswirkungen des Anschluß- und Benutzungszwanges auf andere Verträge einen besonderen Bestandsschutz durch Art. 14 GG erfahren muß, erläuterte der Bundesgerichtshof dagegen nicht. Der Vertrag könnte deshalb eine andere Bewertung verlangt haben, weil die Gemeinde als Gegenleistung u. a. für die ihr übereignete Wasserleitung den Vertrag mit dem Bürger abgeschlossen hatte. Der bisherige Eigentümer und Selbstversorger hatte sich zu diesem Schritt sicherlich nur im Vertrauen auf den dauernden Fortbestand des Wasserlieferungsvertrages entschlossen.

Überraschend ist, daß der III. Senat des Bundesgerichtshofes neben dem Urteil des Oberverwaltungsgerichts Münster eine Entscheidung des V. Senates vom 14. Februar 1962[136] unerwähnt ließ, obwohl diese sich ebenfalls mit den Folgen der Einführung des Anschluß- und Benutzungszwanges für die weitere Fortsetzung eines Vertrages, der zwischen Gemeinde und Bürger abgeschlossen war, beschäftigte. Allerdings lehnte der V. Senat seinerzeit die Entscheidung des Oberverwaltungsgerichts Münster ab und sah den Tatbestand der Enteignung als nicht erfüllt an. Der V. Senat des Bundesgerichtshofes entschied im Jahre 1962 darüber, ob eine Gemeinde aus einem Vertrag, der vor der Einführung des Anschluß- und Benutzungszwanges dem Berechtigten kostenlosen Wasserbezug versprochen hatte, weiterhin verpflichtet blieb. Die Gemeinde hatte den Vertrag abgeschlossen, weil ihr andererseits vom Grundstückseigentümer gestattet wurde, auf dessen Grundstück im Rahmen einer persönlichen Dienstbarkeit Wasserleitungen anzulegen, dauernd zu unterhalten und zu benutzen. Die Ähnlichkeiten zwischen den Sachverhalten des Oberverwaltungsgerichts Münster und des V. Senats des Bundesgerichtshofes sind klar erkennbar. Der V. Senat des Bundesgerichtshofes verschloß sich zwar nicht den Veränderungen, die sich für den Vertrag zwischen Gemeinde und Bürger aus der Einführung des Anschluß- und Benutzungszwanges ergaben; im Gegensatz zum Oberverwaltungsgericht Münster ging der V. Senat des Bundesgerichtshofes aber von dem Fortbestand des Vertrages aus und sah die Gemeinde weiterhin als verpflichtet an (§ 157 BGB), „den Kläger als Entgelt für die von ihm gewährte Leistung von der Gebührenschuld zu befreien und ihm gleichwohl erhobene Gebühren zu erstatten".

---

[135] BGH 30. 9. 1963, Bd. 40 S. 355 (360).
[136] BGH 14. 2. 1962, DVBl. 1962, S. 485 ff. mit zustimmender Anmerkung von *Bettermann*, a.a.O., S. 486 ff.

c) Zusammenfassung der Ergebnisse der Nachkriegsrechtsprechung

aa) Entscheidungen, die einer Vertragspartei wegen Enteignung eine Entschädigung zusprechen

Blickt man auf die ausführlich wiedergegebenen Nachkriegsentscheidungen, soweit sie einen Einblick geben auf den Umfang, in dem die Rechtsprechung laufende Verträge gegenüber hoheitlichen Maßnahmen durch Art. 14 GG (Art. 153 WRV) geschützt ansah, so ergibt sich ein erstes überraschendes Ergebnis. Nur in drei Entscheidungen, in denen sich entsprechende Beeinträchtigungen laufender Verträge nachweisen ließen, sprachen die Gerichte dem klagenden Bürger eine Entschädigung zu mit der Begründung, die hoheitliche Maßnahme habe den Tatbestand einer entschädigungspflichtigen Enteignung im Sinne des Art. 14 Abs. 3 GG bzw. des Art. 153 Abs. 2 WRV erfüllt. Dabei handelte es sich einmal um die Entscheidung des Hamburger Oberverwaltungsgerichts aus dem Jahre 1950[137], das im Rahmen der Anwendung des Hamburger Betriebsraumgesetzes über die Zulässigkeit des Austauschs ordnungsgemäß vermieteter Räume gegen Ersatzraum zu befinden hatte. Des weiteren sah der Bundesgerichtshof im Jahre 1952[138] den Tatbestand einer entschädigungspflichtigen Enteignung als gegeben, als die Verwaltung eine Wohnung, über die bereits ein wirksamer Mietvertrag abgeschlossen worden war, trotzdem erneut einem zweiten Wohnungssuchenden zuwies. Den letzten Fall bildete die Entscheidung des Oberverwaltungsgerichts Münster[139], in dem dieses über die Auswirkungen eines neu eingeführten Anschluß- und Benutzungszwanges auf einen zwischen Gemeinde und Gemeindeangehörigen abgeschlossenen privatrechtlichen Wasserlieferungsvertrages zu urteilen hatte. In allen drei Fällen gingen die Gerichte — mehr oder weniger deutlich ausgesprochen — davon aus, daß die den Staat zur Entschädigung verpflichtende einzelne hoheitliche Maßnahme die weitere Verwirklichung eines gültigen Vertrages verhinderte oder verhindert hatte. Von diesen erwähnten Entscheidungen zeigten aber zwei (OVG Hamburg, BGH) insofern eine Besonderheit, als es sich dabei um gesetzwidrige Akte[140] der Verwaltung handelte, die zu Beeinträchtigungen der seitens des Bürgers mit Hilfe eines Vertrages rechtmäßig erworbenen Rechtspositionen und damit zur Vermögensschädigung führten. So hatte die Verwaltung bei der Anwendung des Betriebsraumgeset-

---

[137] Hambg. OVG 16. 10. 1950, MDR 1950, S. 760.

[138] BGH 10. 6. 1952, Bd. 6 S. 270 ff.

[139] OVG Münster 8. 10. 1958, Bd. 14 S. 81 ff.

[140] Beachte die Rechtsprechung und Lehre zur Entschädigung bei enteignungsgleichem Eingriff: BGH 10. 6. 1952, Bd. 6 S. 270 ff. (290); BGH 12. 4. 1954, Bd. 13 S. 88 ff.; *Hamann*, Kommentar, Art. 14 B 7 S. 168; *Forsthoff*, a.a.O., § 17 S. 326.

zes nicht beachtet, daß sie in einen laufenden Mietvertrag über einen von ihr benötigten Mietraum nur hätte eingreifen dürfen, wenn sie gleichzeitig einen Ersatzraum zur Verfügung stellte[141]; der Bundesgerichtshof mußte feststellen, daß eine Wohnungsbehörde zu Unrecht eine Wohnung nacheinander zwei Mietern zuwies, obwohl sie die Wohnung zuvor einem einzelnen allein zugeteilt und dieser einen wirksamen Vertrag abgeschlossen hatte mit der weiteren Folge, daß der zweite Mieter dem ersten Mieter mit dem Einzug zuvor kam und dessen Mietvertrag unausführbar machte[142]. Wegen der durch die Rechtswidrigkeit gegebenen besonderen Sachverhaltskonstellation sollen diese beiden Entscheidungen bei den weiteren Untersuchungen vorerst in den Hintergrund treten, bevor nicht die allgemeine Frage beantwortet worden ist, welchen Schutz vertragliche Beziehungen allgemein gegenüber nachträglichen Eingriffen genießen, die ihre Ursache in Gesetzesänderungen und den darauf beruhenden Verwaltungsmaßnahmen haben.

Somit bleibt allein die Entscheidung des Oberverwaltungsgerichts Münster[143] übrig, in der einem Bürger eine Entschädigung zugesprochen wurde mit der ausdrücklichen Begründung, der Erlaß der Satzung habe zum Verlust einer als Eigentum anerkannten Rechtsposition, nämlich der auf Grund eines Vertrages zustehenden Rechte geführt. Mit dem Hinweis, der Verlust eines vertraglichen Rechts erfülle nach allen Enteignungstheorien den Tatbestand der Enteignung, sah das Gericht den Anspruch gegen die Gemeinde auf Zahlung einer Entschädigung gemäß Art. 14 Abs. 3 GG als begründet an. Da in der Rechtsprechung und in der Literatur in der Tat die Ansicht vertreten wird, die Vernichtung, Entziehung von Eigentum erfülle grundsätzlich immer den Tatbestand der Enteignung[144], überzeugt das Urteil in seiner Begründung auch insoweit, zumindest auf den ersten Blick hin[145].

---

[141] Hambg. OVG 16. 10. 1950, MDR 1950, S. 760.

[142] BGH 10. 6. 1952, Bd. 6 S. 270 ff.

[143] OVG Münster 8. 10. 1958, OVG Bd. 14 S. 81 ff.

[144] BGH 16. 10. 1961, MDR 1962, S. 116; BGH 5. 7. 1965, NJW 1965, S. 1907; ferner *Selmer*, a.a.O., S. 81 Fußnote 346a. Nach allen sog. Enteignungstheorien ist der völlige Entzug eines vermögenswerten Rechts im Sinne des Art. 14 GG grundsätzlich eine Enteignung, vgl. *Dürig*, JZ 1954, S. 4 ff.; *Greiner*, Wiederbelebung des klassischen Enteignungsbegriffs, DÖV 1954, S. 583 ff.; *Wolff* I, a.a.O., § 62 III S. 428; *Forsthoff*, a.a.O., § 17 S. 313; *Roth*, a.a.O., S. 34.

[145] Dabei kann hier außer Betracht bleiben, ob die weiteren Schlußfolgerungen, die das Gericht trotz der festgestellten Enteignung für die Vereinbarkeit der Satzung mit den Anforderungen der in Art. 14 Abs. 3 GG enthaltenen Junctimklausel zieht, letzten Endes überzeugend und vertretbar sind; vgl. dazu *Selmer*, a.a.O., S. 91 ff.

bb) Entscheidungen, die Vertragsparteien trotz eingetretener Vernichtung eines laufenden Vertrages keine Entschädigung zusprechen

Aber gerade dieser Grundsatz, daß die Entziehung, Vernichtung von Eigentum regelmäßig den Tatbestand einer entschädigungspflichtigen Enteignung begründet, läßt eine Reihe von Fragen auftauchen, zumal wenn man an die Gruppe von Nachkriegsentscheidungen denkt, in denen eine Enteignungsentschädigung nicht zugesprochen wurde, obwohl der wirksame Erlaß eines Gesetzes (Satzung) gegen den Willen der Rechtsinhaber zum Untergang und zur Vernichtung des Kerns einer als verfassungsmäßig geschützten, als „Eigentum" anerkannten Rechtsposition (laufender Vertrag) und der sich aus ihr ergebenden Forderungen geführt hatte. Zu dieser Gruppe von Urteilen zählt unter anderem die Entscheidung des Obersten Gerichtshofes aus dem Jahre 1948[146], als dieser dem Gesetzgeber das Recht zugestand, durch ein rückwirkendes Gesetz laufende Vereinbarungen über die Leistung von Baukostenzuschüssen entschädigungslos nachträglich zu verbieten, sowie die tatsächliche Leistung und Annahme von entsprechenden Zuschüssen zu untersagen. Ferner gehört in diesen Zusammenhang das frühere Urteil des Bundesgerichtshofes[147], der dem Kläger seinerzeit keine Entschädigung zusprach, obwohl es infolge des Bekanntwerdens von vorbereitenden Bauplänen einer Stadt zu einer Kündigung eines länger laufenden privatrechtlichen Vertrages und damit zu dessen Beendigung, sprich Untergang, Vernichtung, Verlust gekommen war. Weiter muß das sogenannte KPD-Urteil des Bundesgerichtshofes[148] erwähnt werden, als dieser es ablehnte, einer Angestellten eine Enteignungsentschädigung zuzusprechen, die für die infolge des Parteiverbotes verlustig gegangenen Gehalts- und Urlaubsansprüche aus einem Dienstverhältnis verlangt worden war. Ein bezeichnendes Licht auf die Behandlung laufender Verträge als geschützte Rechtspositionen im Sinne des Art. 14 GG werfen auch die beiden Urteile des Bundesgerichtshofes[149], in denen auch dieses Gericht wie das Oberverwaltungsgericht Münster dazu Stellung nehmen mußte, welchen Einfluß die Einführung eines gemeindlichen Anschluß- und Benutzungszwanges auf zuvor gültig abgeschlossene privatrechtliche Verträge hat. In beiden Fällen ließ der Anschluß- und Benutzungszwang die bisherige Durchführung laufender Verträge unmöglich werden, da die Hauptleistungen, die bisher Gegenstand dieser Verträge gewesen waren (die

---

[146] OGH 1. 7. 1948, Bd. 1 S. 87 (96, 97) = SJZ 1949, Sp. 407 = MDR 1948, S. 411 ff.

[147] BGH 2. 3. 1955, Bd. 17 S. 96 ff.

[148] BGH 18. 9. 1959, Bd. 31 S. 2 ff.

[149] BGH 30. 9. 1963, Bd. 40 S. 355 ff. für § 17 der Gemeindeordnung für Schleswig-Holstein; BGH 14. 2. 1962, DVBl. 1962, S. 485 ff. mit zustimmender Anmerkung von *Bettermann*, a.a.O., S. 486 ff.

Lieferung von Wasser, die Abfuhr des Mülls), in den wesentlichen Anwendungsbereich der neu erlassenen Ortssatzungen fielen. Die Lieferung von Wasser und die Abfuhr des Müllser folgten mit dem Inkrafttreten der Satzungen durch öffentliche Einrichtungen der Gemeinde. Trotz der damit gegebenen, man kann wohl sagen eindeutigen „Substanzverluste" bisheriger laufender Verträge sah der Bundesgerichtshof, wenn auch mit unterschiedlicher Begründung[150], von der Anerkennung eines Anspruches auf Enteignungsentschädigung im Sinne des Art. 14 Abs. 3 GG ab. Gerade an derartigen substanzvernichtenden Tatbeständen hätte sich der Grundsatz, daß die Vernichtung und der Untergang von Eigentum abgesehen von allen Enteignungstheorien grundsätzlich immer eine Enteignung bedeutet, bewähren müssen — vorausgesetzt, daß dieser Grundsatz in dieser Allgemeinheit stimmt und für die Beurteilung von Beeinträchtigungen laufender Verträge (schuldrechtlicher Beziehungen) unter dem Blickwinkel des Art. 14 GG einen brauchbaren Maßstab abgibt. Auf der anderen Seite erscheint es an sich unnötig, insofern Zweifel zu haben, da die Literatur[151] und nicht zuletzt die Rechtsprechung[152] einheitlich davon ausgehen, daß Rechtspositionen aufgrund schuldrechtlicher Beziehungen ebenso sehr Eigentum im Sinne des Art. 14 GG darstellen, wie sie es unter anderem von Grundstücken und dem eingerichteten und ausgeübten Gewerbebetrieb annehmen. Von daher scheint also aller Anlaß zu bestehen — das Oberverwaltungsgericht Münster hat sich ausdrücklich davon leiten lassen[153] —, diesen eindeutigen Grundsatz auch bei der Bestimmung von Eingriffen in laufende Verträge zu benutzen, vor allem dann, wenn es um die Abgrenzung der entschädigungspflichtigen Enteignung von der entschädigungslos zu duldenden Schrankenziehung und Inhaltsbestimmung im Sinne des Art. 14 Abs. 1 Satz 2 GG geht. Bedenken an der Allgemeinverbindlichkeit dieses Grundsatzes ergeben sich schon, wenn man berücksichtigt, daß auf diese Weise einseitig auf das Ergebnis eines Eingriffes abgestellt wird. Eine rechtlich zutreffende Würdigung kann im Zweifel aber nur dann erfolgen, wenn gleichzeitig die Art und Weise der den Erfolg herbeiführenden Maßnahme in Betracht gezogen wird. Es mag durchaus richtig sein, im Falle der Weg-

---

[150] Vgl. die Wiedergabe der Begründung auf den Seiten 68 ff. des Textes.

[151] *Forsthoff*, a.a.O., § 17 S. 306 ff., S. 314 ff.; *Hamann*, Kommentar, Art. 14 B 1 S. 160 ff.; *Mangoldt-Klein*, a.a.O., Art. 14 III S. 423 ff.; *Wolff* I, a.a.O., § 62 III S. 378.

[152] BVerfG 1. 7. 1964, Bd. 18 S. 121 (131); 17. 11. 1959, Bd. 10 S. 221 (228); 12. 11. 1958, Bd. 8 S. 274 (330); *Ipsen*, Das Bundesverfassungsgericht und das Privateigentum, AöR 1966, Bd. 91 S. 86 ff. BGH 10. 6. 1952, Bd. 6 S. 270 ff.; 28. 3. 1955, Bd. 17 S. 96 (104); 18. 9. 1959, Bd. 31 S. 1 ff. (2); BAG 12. 2. 1959, NJW 1959, S. 1243 (1246); OVG Hamburg 16. 10. 1950, MGR 1950, S. 760 (761); DOG 13. 4. 1950, NJW 1950, S. 540 (541); OVG Lüneburg 22. 6. 1956, OVGE Bd. 11 S. 451 (453); OVG Münster 8. 10. 1958, OVGE Bd. 14 S. 81 (89).

[153] OVG Münster 8. 10. 1958, Bd. 14 S. 81 (89, 90).

nahme von Grundstückseigentum regelmäßig von einer entschädigungspflichtigen Enteignung auszugehen; von dieser auf das Objekt abstellen-
den Regel bleibt aber der selbständig erforderliche Nachweis unberührt,
ob sich bei der Vernichtung (= Wegnahme) von als Eigentum anerkannten Forderungen infolge eingetretener Gesetzesänderungen ebenfalls
mit gleicher Regelmäßigkeit der Tatbestand einer Enteignung verwirklicht[154].

cc) Entscheidungen, die Vertragsparteien
bei Fortbestand des beeinträchtigten Vertrages
keine Entschädigung zusprechen

Am Anfang der Arbeit wurde bereits anhand der Beispielsfälle gezeigt, daß die nachträgliche staatliche Einflußnahme auf laufende Verträge keineswegs immer zu einem Untergang dieser privatrechtlichen
Rechtsbeziehungen führen muß, sondern häufig sogar ausdrücklich (Kün-
digungsschutzbestimmungen) zum Ziele hat, das Vertragsverhältnis in
seinem Fortbestand zu sichern. Der Staat begnügt sich dann damit, durch
Einschaltung der Gesetzgebung und, soweit nötig, seiner Verwaltung eine
Veränderung des bisherigen Vertragsinhaltes zu erreichen. Zu dieser
Gruppe zählen unter anderem all diejenigen preisrechtlichen Anordnungen (Gesetze, Verwaltungsakte), die lediglich eine Verschiebung des gegenseitigen Leistungsverhältnisses erreichen und ermöglichen wollen, im
übrigen aber die weitere Abwicklung und den Fortbestand des Vertrages
nach wie vor dem freien Willen der Vertragsparteien überlassen. Für die
Rechtsprechung lag es nahe, bei derartigen Sachverhalten auf Art. 153
Abs. 1 Satz 2 WRV oder Art. 14 Abs. 1 Satz 2 GG zurückzugreifen. Nach
diesen verfassungsrechtlichen Bestimmungen hat der Gesetzgeber ausdrücklich das Recht, den Inhalt und die Schranken des Eigentums zu bestimmen oder gegebenenfalls umzugestalten. Das Deutsche Obergericht[155]
hielt deshalb generelle preisrechtliche Anordnungen und die sich daraus
für laufende Verträge ergebenden inhaltlichen Veränderungen insoweit
mit Art. 153 WRV vereinbar, als Kern und Wesen des betroffenen Rechts
erhalten blieben[156]. Das war nach Ansicht dieses Gerichts dann gesichert,

---

[154] Vgl. S. 89 ff. des Textes.

[155] DOG 5. 7. 1950, S. 66 (69) in Entscheidungen des Deutschen Obergerichts
für das Vereinigte Wirtschaftsgebiet; siehe ferner die frühere Entscheidung
vom 13. 4. 1950 in NJW 1950, S. 540 ff.

[156] Aus den Gründen ergibt sich, daß das Gericht dem Gesetzgeber oder der
Verwaltung nicht das Recht zugestehen will, durch eine einseitige hoheitliche
Maßnahme den Vertrag entschädigungslos zum Untergang zu bringen, auch
dann nicht, wenn als gesetzliche Grundlage eine generelle Norm in Frage
kommt; vgl. die Ausführungen, mit denen das Gericht die Einzelaktstheorie ab-
lehnt: DOG 5. 7. 1950, Einziger Bd. S. 66 (73 ff.).

wenn beispielsweise preisrechtliche Anordnungen das entsprechende Gleichgewicht zwischen den gegenseitigen Leistungen im Rahmen eines fortbestehenden laufenden Vertrages herstellten. Keinerlei enteignende Wirkung sah auch der Bundesgerichtshof[157] in einer Verordnung, die den Versicherungsunternehmen das Recht zugestand, für laufende Versicherungsverträge im Hinblick auf zukünftige Zeitabschnitte die Prämien zu erhöhen. In den veröffentlichten Gründen des Urteils wird es nicht für nötig angesehen, die Zulässigkeit einer derartigen Einflußnahme des Gesetzgebers auf laufende Versicherungsverträge ausdrücklich unter dem Blickwinkel des Art. 14 GG (Art. 153 WRV) zu überprüfen, wie es noch das Deutsche Obergericht[158] in einer sachverhaltsmäßig gleichliegenden Entscheidung getan hatte.

5. Die Bewertung der nachträglichen Eingriffe des Gesetzgebers in laufende Verträge durch die Lehre

Im Vergleich zur Rechtsprechung beschäftigt sich die Lehre insgesamt nur wenig mit der Frage, welche Eingriffe in schuldrechtliche Beziehungen den Tatbestand der Enteignung im Sinne des Art. 14 GG verwirklichen und den Staat deshalb zu einer Entschädigung verpflichten. Es findet sich zwar wiederholt die inzwischen unbestrittene Feststellung, daß auch aus schuldrechtlichen Beziehungen Rechtspositionen erwachsen, die dem Schutz des Art. 14 GG unterstehen. Man verzichtet aber auf eine abschließende eingehende Gesamtuntersuchung darüber, welchen Umfang dieser Schutz einnimmt. An sich ist diese Zurückhaltung wenig verständlich, weil die Lehre im Gegensatz zur Rechtsprechung grundsätzlich nicht darauf beschränkt ist, einen Einzelfall zu bewerten. Die Lehre begnügt sich außerdem damit, den Schutzbereich des Art. 14 GG für einzelne Vertragstypen zu ermitteln.

So erörtern z. B. Langen[159], Henze[160], Sieg-Fahning-Kölling[161] und Schulz[162] den Schutzbereich des Art. 14 GG ausschließlich für Verträge im

---

[157] BGH 11. 11. 1953, Bd. 10 S. 391.

[158] DOG 21. 6. 1950, S. 231 ff.; diese Entscheidung behandelt u. a. die Frage, ob Prämienerhöhungen für laufende Versicherungsverträge angeordnet werden dürfen. „... Für Dauerrechtsverhältnisse findet die Anordnung der Geltung der neuen Rechtssätze für laufende Verträge ihre besondere Rechtfertigung in dem rechtspolitischen Gedanken, daß ohne sie Rechtsänderungen zu einem unübersehbaren Nebeneinander verschiedener Rechtsordnungen führen würden (S. 238) ... Der Eingriff in laufende Versicherungsverträge durch generelle preisrechtliche Anordnungen kann hiernach zwar eine Enteignung im Sinne des Art. 153 Abs. 2 sein, aber nur dann, wenn die Änderung der Vertragsansprüche mit dem Wesen des Versicherungsvertrages nicht mehr vereinbar ist ...“ (S. 240).

[159] Langen, a.a.O., Teil C § 2 Rdz. 12, 14.

[160] Henze, a.a.O., S. 42.

Sinne des Außenhandelsgesetzes. Nachdem Langen festgestellt hat, daß laufende Verträge Eigentum im Sinne des Art. 14 GG sind, beschäftigt er sich unverzüglich mit den Besonderheiten der verschiedenen Enteignungstheorien, mit deren Hilfe man üblicherweise staatliche Maßnahmen, soweit sie verfassungsrechtlich anerkanntes Eigentum berühren, entweder als entschädigungsfreie Schrankenziehung bzw. Inhaltsbestimmung oder entschädigungspflichtige Enteignung einordnet. Langen folgt damit für den Bereich der Außenhandelsverträge einer Alternativvorstellung im Enteignungsrecht, die heute in Rechtsprechung und Lehre allgemein üblich ist und auch der Regelung im Art. 14 Abs. 1 Satz 2, Abs. 3 GG zugrunde zu liegen scheint. Nach einer Gegenüberstellung der verschiedenen Enteignungstheorien neigt Langen im Ergebnis der Auffassung des Bundesverwaltungsgerichtes zu, das für die Entscheidung der Frage, ob ein staatlicher Eingriff eine entschädigungspflichtige Enteignung verwirklicht, auf materielle Kriterien wie die Schwere und Tragweite der staatlichen Maßnahme abstellt. Nach Meinung von Langen ist es wichtig, ob ein gegen laufende Verträge gerichtetes Verbot von längerer oder kürzerer Dauer ist. Falls das Verbot die Erfüllung eines laufenden Vertrages unmöglich werden läßt und dem Kaufmann dadurch einen Vermögensschaden verursacht, daß für die Ware kein neuer Abnehmer gefunden wird, sieht Langen eine Enteignung im Sinne des Art. 14 Abs. 3 GG als gegeben an. Im Hintergrund dieser Schlußfolgerung steht klar erkennbar die heute weitverbreitete und im Zusammenhang mit der Analyse der Gerichtsentscheidungen bereits herausgestellte Grundvorstellung, daß die Vernichtung eines als Eigentum anerkannten Rechtes unabhängig von allen Theorien immer eine Enteignung ist[163].

In seiner Darstellung der hoheitlichen Eingriffe in private Außenhandelsverträge sieht Henze[164] es vorab grundsätzlich als nötig an, die Grundrechtsnormen der Verfassung erst auf den wirtschaftlichen Bereich zu transformieren. Seiner Meinung nach ist das aber bereits in Rechtsprechung und Lehre weithin geschehen. Deshalb zögert Henze auch nicht, den völligen Entzug eines vertraglichen Forderungsrechtes trotz gegebener wirtschaftlicher Zusammenhänge entsprechend den allgemeinen Enteignungstheorien als Enteignung anzusehen. „Wird die Ausübung der Rechte (aus einem Vertrag) und die Leistung für den Schuldner unmöglich, dann wird aus dem auf gegenseitigen Austausch der Leistungen ge-

---

[161] *Sieg-Fahning-Kölling*, a.a.O., § 2 Rdz. 6 c.

[162] *Schulz*, Außenwirtschaftsrecht, Kommentar, 1965/1966, § 2 Rdz. 10, S. 272 ff.

[163] *Schack*, Generelle Eigentumsentziehungen als Enteignung, NJW 1954, S. 577.

[164] *Henze*, a.a.O., S. 42.

richteten Vertragsverhältnis ein Abwicklungsverhältnis. Damit wird der Tatbestand der Enteignung erfüllt[165]." Gleichgültig ist für Henze, zu welchem Zeitpunkt in den Vertrag eingegriffen wird. Auch wenn beide Parteien vor Erlaß eines Verbotes noch nichts getan haben, um den wirksam zustande gekommenen Vertrag zu erfüllen, erfüllt sich für Henze der Tatbestand einer Enteignung, sobald das Verbot zu einer dauernden Unmöglichkeit der vertraglichen Leistung führt[166]. Beschränkungen gemäß § 2 Abs. 2 S. 3 AWG in Form von Gesetzen oder Verordnungen, die die Erfüllung laufender Verträge unmöglich werden lassen, sind deshalb nach Meinung von Henze mit Art. 14 Abs. 3 GG nicht vereinbar, solange sie nicht eine Entschädigung vorsehen.

Während Sieg-Fahning-Kölling[167] in ihrem Kommentar zum Außenhandelsgesetz im wesentlichen die Auffassung wie Langen und Henze vertreten und nachträgliche Eingriffe in laufende Verträge gegebenenfalls als Enteignung ansehen, sobald die Erfüllung des Vertrages durch ein gesetzlich begründetes Verbot endgültig unmöglich wird, steht Schulz[168] auf einem entgegengesetzten Standpunkt. Seiner Meinung nach ist der Eingriff des Staates gemäß § 2 Abs. 2 AWG in die Vertragslage ein „mit dem Wesen des betroffenen Rechts vereinbare inhaltliche ... Begrenzung ... Der Unterschied zwischen der Rechtsstellung des Außenhandelskaufmannes, der einen Vertrag bereits abgeschlossen aber noch nicht durchgeführt hat, und derjenigen des Außenhandelskaufmannes, der den Vertrag erst anbahnt, aber noch nicht abgeschlossen oder überhaupt noch nicht geplant hat, kann ... nicht als rechtlich entscheidend angesehen werden". Nachträgliche Eingriffe des Staates in laufende Außenhandelsverträge können für Schulz selbst dann nicht den Tatbestand einer Enteignung verwirklichen, wenn deren Erfüllung auf die Dauer unmöglich wird. Im Gegensatz zu den anderen Autoren wendet Schulz nicht den von allen Enteignungstheorien verteidigten Grundsatz an, daß die Vernichtung oder der Untergang einer als Eigentum anerkannten Rechtsposition als Folge einer staatlichen Maßnahme immer eine Enteignung darstellt.

Eingriffe in Verträge außerhalb des Bereiches des Außenhandels behandelte in der Vergangenheit Bettermann[169], als er die Frage stellte, wann Eingriffe in laufende Miet- oder Pachtverträge eine entschädigungspflichtige Enteignung bewirken. Im Gegensatz zu Schulz macht Bettermann den einleuchtenden Unterschied, ob die staatliche Interven-

---

[165] *Henze*, a.a.O., S. 48.

[166] *Henze*, a.a.O., S. 50.

[167] *Sieg-Fahning-Kölling*, a.a.O., § 2 Rdz. 6 c.

[168] *Schulz*, a.a.O., § 2 S. 276; *Deiters*, Außenwirtschaftsgesetz, in Deutsches Bundesrecht, § 2 S. 25.

[169] *Bettermann*, a.a.O., S. 35, 39.

tion sich nur auf künftige oder auch auf bestehende Verträge erstreckt. Im letzten Fall sieht er einen Eingriff in „wohlerworbene Privatrechte" d. h. Rechtspositionen als gegeben, die „aufgeopfert werden". Weil der Gläubiger im Rahmen eines laufenden Miet- oder Pachtvertrages bei staatlichen Preissenkungen zumindest teilweise „einen bereits vertraglich erworbenen Anspruch verliert — mag dieser zur Zeit der Preissenkung vielleicht noch nicht fällig sein —", erfüllt sich für Bettermann bereits bei einem derartigen Sachverhalt der Tatbestand einer entschädigungspflichtigen Enteignung. Diese Schlußfolgerung erscheint auch logisch, wenn man die Rechtspositionen aus laufenden Verträgen als „Eigentum" im Sinne des Art. 14 GG ansieht und für sie im Gegensatz zu Schulz den Grundsatz aller Enteignungstheorien übernimmt, daß die Entziehung von Eigentum regelmäßig eine Enteignung darstellt.

Auch für Huber[170] ergibt sich ein Anspruch auf Entschädigung gemäß Art. 14 Abs. 3 GG, falls z. B. eine Preisregelung die Substanz eines vertraglichen Rechts berührt. Damit ist gemeint, daß der Staat entschädigungslos eine Preisregelung für laufende Verträge nur in dem Umfang anordnen darf, solange das von den Parteien ausgehandelte Gleichgewicht der gegenseitigen Leistungen bestehen bleibt. Preisregelnde staatliche Eingriffe, die bestehende vertragliche Rechte nur peripherisch begrenzen, sieht Huber von dem verfassungsmäßigen Zwang zur Zahlung einer Entschädigung gemäß Art. 14 Abs. 3 GG frei. Im Zusammenhang mit diesen Argumenten ist auch verständlich, daß es für Huber unwichtig ist, ob eine gegen einen laufenden Vertrag gerichtete Maßnahme auf eine generelle Anordnung (Gesetz, Verordnung) zurückgeht oder die Folge einer Einzelverfügung ist (vgl. die Einzelaktstheorie des Reichsgerichts). Entscheidend ist allein, ob im Ergebnis die Substanz der betroffenen vertraglichen Rechtsposition berührt ist.

Faßt man die in der Lehre geäußerten Meinungen, soweit sie sich eingehend mit der Frage der Zulässigkeit von Eingriffen in laufende Verträge im Hinblick auf Art. 14 GG beschäftigen, zusammen, so zeigt sich eine eindeutige Tendenz dahin, eine Enteignung als gegeben anzusehen, sobald die Erfüllung eines laufenden Vertrages infolge einer staatlichen Intervention endgültig unmöglich wird. Die alleinige Ausnahme in dieser fast einheitlichen Front von Ansichten in der Literatur stellt die Meinung von Schulz dar. Diese Widersprüchlichkeit im Einzelfall hatte sich bereits bei der Durchsicht der gerichtlichen Entscheidungen ergeben. Unter Hinweis auf eine dem Eigentum innewohnende „Pflichtigkeit" gesteht der Bundesgerichtshof einer Gemeinde zu, durch Einführung des Anschluß- und Benutzungszwanges mittels Satzung die Gemeindeangehörigen zu zwingen, preisgünstige Abfuhrverträge mit privaten Müll-

---

[170] *Huber* II, a.a.O., S. 32, 309.

abfuhrunternehmen entschädigungslos aufzugeben. Selbst der Zusammenbruch eines Unternehmens stellt sich in diesem Zusammenhang für den Bundesgerichtshof nicht als eine Enteignung dar.

Es muß also festgehalten werden, daß es in Rechtsprechung und vereinzelt auch in der Lehre Tendenzen zu Ausnahmen dahin gibt, trotz des durch öffentliche Maßnahmen herbeigeführten Unterganges einer als Eigentum anerkannten Rechtsposition (Forderungsrechte, Gewerbebetrieb) den Betroffenen keine Entschädigung wegen Enteignung zuzusprechen.

6. Das Abhängigkeitsverhältnis zwischen Eigentum und Enteignung

a) Die Erweiterung des Eigentumsbegriffes und die Bildung von Fallgruppen zur Bestimmung des Tatbestandes der Enteignung

Der Enteignungsbegriff in Art. 14 GG ist keine selbständige Größe. Er steht in notwendiger Korrelation zum geltenden Eigentumsbegriff[171]. Als Rechtsprechung und Lehre unter der Geltung des Art. 153 WRV zu dem Ergebnis kamen, der Begriff des Eigentums im Sinne des Enteignungsrechts umfasse nicht nur das Grundeigentum und die sich darauf beziehenden dinglichen Rechte, mußten sie darauf ausgerichtete und bisher verwandte Kriterien zur Bestimmung des Tatbestandes der Enteignung aufgeben. Sie konnten z. B. nicht länger verlangen, daß sich die einzelne Enteignung zugunsten eines konkreten gemeinnützigen Unternehmens auswirken muß, oder die Leistung einer Enteignungsentschädigung gar davon abhängig machen, ob eine Übereignung des vom Staat in Anspruch genommenen vermögenswerten Rechtes auf einen begünstigten Dritten stattfindet. Ein Enteignungsbegriff, dessen Struktur durch das Grundeigentum bestimmt war[172], war unbrauchbar geworden. Wenn heute der Begriff des Eigentums im Sinne des Art. 14 GG offen[173] ist für die unterschiedlichsten Rechtspositionen, angefangen beim einzelnen Grundstückseigentum, dem eingerichteten und ausgeübten Gewerbebetrieb, schuldrechtlichen Beziehungen bis hin zu sogenannten öffentlichrechtlichen Rechtspositionen bestimmter Art, kann diese Entwicklung wegen des vorgegebenen Zusammenhanges von Eigentum und Enteignung nicht ohne Einfluß bleiben. Hinzu kommt noch, daß Rechtsprechung und Lehre in verstärktem Maße bereit sind, neue vermögenswerte Rechtspositionen gegebenenfalls als Eigentum im Sinne des Art. 14 GG anzu-

---

[171] *Scheuner*, DÖV 1954, S. 587 ff.; *Schmitt*, Aufsätze, S. 119.

[172] *Schmitt*, Aufsätze, S. 122; *Forsthoff*, a.a.O., § 17 S. 304.

[173] BVerfG 17. 11. 1966, NJW 1967, S. 548 (549): Da es keinen absoluten Begriff des Eigentums gibt . . .

erkennen[174]. Der Inhalt und die Grenzen des heutigen, verfassungsrechtlich geschützten Eigentums sind fließend und unbestimmt. Eine abschließende Definition dieses Eigentums konnte deshalb bisher auch nicht gefunden werden. Weber[175] glaubt schließlich feststellen zu können, daß sich der Eigentumsbegriff „nicht erschöpfend verdeutlichen" läßt. Solange daher nicht endgültig feststeht, was unter Eigentum im Sinne des Art. 14 GG zu verstehen ist, und welche Vermögenspositionen insgesamt endgültig als verfassungsrechtlich geschütztes Eigentum anerkannt werden dürfen oder müssen, wird es notwendigerweise ein vergebliches Bemühen bleiben, den in Art. 14 GG ebenfalls enthaltenen Begriff der Enteignung abschließend zu beschreiben.

Eine Klärung dessen, was heute unter einer entschädigungspflichtigen Enteignung zu verstehen ist, wird sich — zumindest vorläufig — nur dadurch erreichen lassen, daß man im einzelnen untersucht, gegen welche Art von Rechtsposition des einzelnen Bürgers sich die staatliche Tätigkeit (Gesetzgeber, Verwaltung) schädigend auswirkt. Man wird dazu übergehen müssen, in verstärktem Maße aus den als Eigentum anerkannten Rechtspositionen Fallgruppen[176] zu bilden, um unter Berücksichtigung ihrer speziellen Sachverhaltsproblematik zu bestimmen, welche auf sie einwirkenden staatlichen Maßnahmen den Tatbestand einer entschädigungspflichtigen Enteignung erfüllen. Im Ergebnis läuft es darauf hinaus, daß sich der Tatbestand einer entschädigungspflichtigen Enteignung nach anderen oder zusätzlichen Kriterien bestimmt, je nach dem, ob es sich um Grundeigentum, um eine Eigentumsposition wie den eingerichteten und ausgeübten Gewerbebetrieb oder um absolut wirkende Patentrechte, oder um schuldrechtliche Beziehungen aus laufenden Verträgen und daraus abgeleiteten Forderungsrechten handelt. Die Widerstandskraft verschiedener Rechte und Gegenstände gegenüber einer hoheitlichen Entziehung oder Beeinträchtigung ist auf Grund ihrer vorgegebenen differierenden Struktur notwendigerweise verschieden[177]. Allein die Tatsache, daß man verschiedene Rechtspositionen als verfassungsrechtlich geschütztes Eigentum anerkannt hat, erbringt noch nicht den Nachweis, daß jede einzelne Maßnahme, die bei der einen Rechtsposition den Tatbestand der entschädigungspflichtigen Enteignung verwirklicht hat,

---

[174] Vgl. die Tendenz, den geschützten Bereich des eingerichteten und ausgeübten Gewerbebetriebes weiter auszudehnen: BGH 28. 1. 1957, Bd. 23 S. 157 ff.

[175] *Weber*, a.a.O., S. 353; *Kreft*, a.a.O., S. 167 (171); *Sellmann*, Sozialbindung des Eigentums und Enteignung, NJW 1965, S. 1689 ff.; *Lerche*, a.a.O., S. 141 (154); *Forsthoff*, a.a.O., § 17 S. 314; *Reuß*, Der Wesenskern des Eigentums im Sinne der Rechtsprechung, DVBl. 1965, S. 384 ff.

[176] *Wagner*, Haftungsrahmen, S. 459 ff.

[177] *Schmitt*, a.a.O., S. 122.

notwendigerweise bei einer anderen, aber anders strukturierten Rechtsposition für den Staat die gleichen Entschädigungspflichten begründet.

b) Die Verschiedenartigkeit der einzelnen Rechtspositionen und der gegen sie gerichteten hoheitlichen Maßnahmen als Differenzierungsgrund für Rechtsprechung und Lehre

Man hat auch bisher zwischen den verschiedenen Eigentumsrechten unterschieden. So ist es zu Recht für die Rechtsprechung[178] von Bedeutung gewesen, ob sich eine neu erlassene Baubeschränkung auf ein Grundstück erstreckte, das schon zuvor Baulandqualität erlangt hatte, oder ob es sich um ein Grundstück handelte, das bisher ausschließlich landwirtschaftlich genutzt wurde und in offener Landschaft gelegen war. Man legte dabei richtigerweise Wert auf die Situationsgebundenheit, die Ortsbezogenheit des einzelnen Grundstücks. Je nach dem zählte man die Bebaubarkeit zum geschützten Kern des im Grundstück vergegenständlichten einzelnen Eigentumsrechts im Sinne des Art. 14 Abs. 1 GG oder sah in ihr nur eine pflichtenbeladene[179] Chance oder spätere Möglichkeit, deren Vernichtung keine Entschädigungspflicht des Staates auslöste. Bei hoheitlichen Einwirkungen auf einen eingerichteten und ausgeübten Gewerbebetrieb prüfte die Rechtsprechung, inwieweit zum Beispiel die Kundschaft unter Berücksichtigung der jeweiligen Situation des Betriebes zum geschützten Kernbereich dieser als Eigentum anerkannten Rechtsposition zählte[180]. War man bei diesen Untersuchungen aber zu dem Ergebnis gekommen, daß die in Frage stehenden hoheitlichen Maßnahmen sich zu Lasten des geschützten Kernbereichs eines Eigentumsrechtes (Grundstück, Gewerbebetrieb) auswirkten, beschränkte man sich für die Feststellung des Tatbestandes einer entschädigungspflichtigen Enteignung anschließend darauf zu prüfen, ob es sich um ein unmittelbares, fehlgerichtetes oder zweckgerichtetes[181] staatliches, dem Eigentümer gegenüber fremdem Interesse[182] dienendes Vorgehen handelte, Kriterien, von deren Vorliegen man grundsätzlich bei allen Rechtspositionen ohne Rücksicht auf ihre unterschiedliche Struktur die Zahlung einer Enteignungsentschädigung abhängig machte.

---

[178] BGH 20. 12. 1956, Bd. 23 S. 30 ff.; 25. 6. 1959, Bd. 30 S. 338 ff.; *Wagner*, Haftungsrahmen, S. 461.

[179] BGH 20. 12. 1956, Bd. 23 S. 30 (33).

[180] BGH 5. 7. 1965, NJW 1965, S. 1907, 1908.

[181] BGH 18. 9. 1959, Bd. 31 S. 1 ff.; vgl. zum Begriff der Gezieltheit: BGH 15. 3. 1962, NJW 1962, S. 1439; 7. 7. 1960, NJW 1960, S. 1995; 30. 5. 1960, MDR 1960, S. 1000; 28. 1. 1958, Bd. 23 S. 157; 4. 2. 1957, Bd. 23 S. 235; 28. 3. 1955, Bd. 17 S. 96 ff.; *Wagner*, Haftungsrahmen, S. 449.

[182] BVerwG 9. 11. 1954, Bd. 1 S. 223 (227); 19. 12. 1957, Bd. 6 S. 79 (81).

Die Rechtsprechung und weitgehend auch die Lehre verzichten heute darauf, die einzelnen Maßnahmen selbst entsprechend der Verschiedenartigkeit der betroffenen Rechtspositionen zu bewerten. Man erkennt zwar grundsätzlich an, daß gewisse hoheitliche Handlungen trotz ihrer unmittelbaren substanzvernichtenden oder entziehenden Wirkung auf Rechtspositionen, die man als Eigentum im Sinne des Art. 14 GG anerkannt wissen will, den Tatbestand der Enteignung nicht erfüllen. Nicht bereit ist man aber, die Ursache für diese entschädigungsrechtlich irrelevante Wirkung in der Art der Handlung zu suchen, das heißt, eine Entschädigung allein deswegen nicht zuzusprechen, weil es sich gegebenenfalls um die Wirkungen eines Kontrahierungszwanges, von Ablieferungs- und Weiterveräußerungspflichten, um die Folgen einer Rationierung, Kontingentierung, Vorratshaltung, oder die Rückwirkungen von Verwendungsverboten, Produktionspflichten, Preisbindungen, oder staatlich erzwungenen Preissenkungen handelt[183], denen die betroffene Rechtsposition mit allen vermögenswerten Nachteilen wesensnotwendig unterliegt.

7. Die wesensmäßige „Rechts- und Bestandsschwäche" laufender Verträge gegenüber generellen Rechtsänderungen und ihre Berücksichtigung bei der Bestimmung des Enteignungstatbestandes

a) Die Rechtsordnung als Entstehungsvoraussetzung des einzelnen Vertrages

Den Rechtspositionen aus laufenden Verträgen als einer selbständigen Kategorie innerhalb der verfassungsrechtlich geschützten Eigentumsrechte ist eigen, daß sie von den Vertragsparteien nur im Rahmen der allgemeinen Rechtsordnung zur Entstehung gebracht werden können[184]. Der einzelne Bürger kann nur die Rechtsverhältnisse (Verträge) gestalten, die von der Rechtsordnung anerkannt werden. Ein Vertrag, der gegen ein gesetzliches Verbot (§ 134 BGB) verstößt, kommt nicht zur Entstehung und begründet für die Vertragsparteien keine Rechtsposition, aus der sich durchsetzbare Rechte ableiten lassen. Die Rechtsordnung ist eine Entstehungsvoraussetzung des einzelnen Vertrages. Der einzelne Vertrag kann den Parteien nur die Rechte verschaffen, die die Rechtsordnung dem einzelnen zuzugestehen bereit ist. Während ein Grundstück auf Grund seiner

---

[183] *Wagner*, Haftungsrahmen, S. 459, 460. Vgl. die Begründung des Bundesverwaltungsgerichts, das der Umlegung den Charakter einer Enteignung abspricht, weil sofort ein entsprechender Ausgleich durch die Neuzuteilung von Land erfolgt, 9. 11. 1954, Bd. 1 S. 223 (227); 19. 12. 1957, Bd. 6 S. 79 (81); *Forsthoff*, a.a.O., § 17 S. 313; andererseits *Siegl*, Baulandumlegung und Enteignung, DVBl. 1956, S. 285, 287.

[184] *Flume*, Rechtsgeschäft und Privatautonomie, in Hundert Jahre Deutsches Rechtsleben, Festschrift Deutscher Juristentag 1960, S. 135 (137).

Raumhaftigkeit, Unbeweglichkeit, Sichtbarkeit einen der Rechtsordnung vorgegebenen Kern[185] enthält, ist ein Vertrag von Anbeginn an für seine rechtliche und damit auch für seine vermögenswerte Substanz von der Rechtsordnung abhängig. Dabei ist es nicht einmal ausreichend, daß bei Vertragsabschluß eine den Zielen und Absichten der Vertragsparteien günstige Rechtslage besteht. Für einen Außenhandelsvertrag ist es von entscheidender Bedeutung, daß das geltende Recht eine Vereinbarung z. B. über die Ausfuhr von Röhren gestattet und dadurch wirksame Liefer- und Zahlungsverpflichtungen entstehen läßt. Ebenso notwendig ist auch, daß die Rechtslage es den Vertragsparteien auf die Zukunft hin erlaubt, den eingegangenen Verpflichtungen auch später gemäß dem Vertragsinhalt nachzukommen. Dem Warengläubiger muß es nach Vertragsabschluß rechtlich möglich bleiben, die Waren vom Schuldner verlangen zu können; dem Geldgläubiger muß es rechtlich gestattet bleiben, seinen Kaufpreis für die gelieferte Ware zu beanspruchen und notfalls einzuklagen. Die Parteien eines laufenden Vertrages haben sich gegenseitig nur gebunden und Vorbereitungen für die Vertragserfüllung getroffen, weil sie hoffen und erwarten, daß eine bei Vertragsschluß gegebene einschlägige und günstige Rechtslage nicht mit Wirkung gegen den Vertrag und die aus ihm folgenden Erfüllungsleistungen abgeändert wird. Der Vermögenswert eines laufenden Vertrages steht daher in unlösbarem Zusammenhang mit dem einstweiligen Fortbestand der bei Vertragsabschluß gegebenen Gesetzeslage. Überblickt man die nach 1945 ergangenen Entscheidungen, so zeigt sich, daß sich die von den Klägern als Enteignung bezeichneten Eingriffe in laufende Verträge regelmäßig auf Änderungen der normativen Grundlagen zurückführen lassen, die diese Erwartung auf ihren Fortbestand enttäuschten. Trotz der Vernichtung der als verfassungsrechtlich geschütztes Eigentum anerkannten Rechtsposition eines laufenden Vertrages sah die Rechtsprechung aber in aller Regel von einer Entschädigung gemäß Art. 14 Abs. 3 S. 2 GG ab. Soweit sich die Gerichte in der ersten Nachkriegszeit noch uneingeschränkt der sogenannten Einzelaktstheorie des früheren Reichsgerichts angeschlossen hatten, war das ein selbstverständliches Ergebnis. Diese Theorie sieht in einem das Eigentum berührenden Eingriff nur dann eine Enteignung, wenn „er nicht alle gleichmäßig, sondern nur einzelne (oder doch einen verhältnismäßig engen Kreis von Einzelnen) trifft, daß ihm also der Charakter eines Einzeleingriffs, der Auferlegung eines besonderen Opfers innewohnt"[186]. Allgemeinen Gesetzen sprach diese Theorie damit grundsätzlich eine enteignende Wirkung ab. So lehnte entsprechend dieser Theorie das bereits erwähnte Urteil des Obersten Gerichtshofes der Bri-

---

[185] *Schmitt*, a.a.O., S. 122.
[186] Zitiert nach *Stödter*, a.a.O., S. 191.

tischen Zone[187], der über ein generelles gesetzliches Verbot der Leistung von Baukostenzuschüssen ohne Rücksicht auf laufende Verträge zu entscheiden hatte, eine Entschädigung unter dem Gesichtspunkt der Enteignung ab, obwohl das ergangene Verbot die Erfüllung eines ursprünglich wirksam abgeschlossenen Vertrages für den Schuldner zum Nachteil des Gläubigers hatte unmöglich werden lassen. Eine generelle gesetzliche Neuregelung mit unmittelbarer Anwendung auf laufende Mietverträge lag auch vor, als das Hamburger Betriebsraumgesetz aus dem Jahre 1946[188] der Verwaltung gestattete, den Austausch gewerblicher Räume gegen Ersatzräume anzuordnen. Laufende Mietverträge über gewerblich genutzte Räume erfuhren mit Einführung dieses Gesetzes eine allgemeine Einschränkung dahin, nur solange fortbestehen zu können, wie es die Verwaltung gestattete. Bedenken gegenüber dieser nachträglichen Einwirkung des Gesetzgebers auf einen derartigen laufenden Mietvertrag lassen sich nur dann geltend machen, wenn man dem Gesetzgeber oder allgemein dem Staat das Recht absprechen könnte, nach Vertragsabschluß in irgendeiner Form, sei es nur tatsächlich oder rein rechtlich, auf die von den Parteien bestimmte Geltungsdauer und gewollte Erfüllung eines Vertrages Einfluß zu nehmen. Das Ergebnis wäre, daß die ursprünglich gegebene Möglichkeit des wirksamen Vertragsabschlusses für die Parteien gleichzeitig eine Garantie bedeutet, seitens des Staates nicht später an der Abwicklung des Vertrages gehindert zu werden. Die bei Vertragsabschluß bestehende Rechtsordnung dürfte nur insoweit verändert werden, als laufende Verträge in ihrem rechtlichen und tatsächlichen Fortbestand dadurch nicht beeinträchtigt werden. Zumindest müßte der Staat Übergangsregelungen schaffen, um den Vertragsparteien eine Abwicklung ihrer gegenseitig eingegangenen Verpflichtungen in wirtschaftlich vertretbarem Umfang zu ermöglichen.

Wie bereits dargestellt, sahen sich in der Vergangenheit Vertragsparteien auch durch den Erlaß von Gemeindesatzungen gehindert, ihre schuldrechtlichen Beziehungen in der Zukunft wie geplant fortzusetzen. Gemeindesatzungen stehen Rechtsverordnungen und Gesetzen in ihrem Einfluß auf laufende Verträge nicht nur bezüglich ihrer Wirkungen gleich; sie bilden vielmehr zusammen mit den ursprünglich staatlichen Normen die allgemeine Rechtsordnung, die der einzelne Bürger zu beachten hat, wenn er beabsichtigt, einen wirksamen Vertrag abzuschließen[189]. Das bedeutet für einen einzelnen Gemeindeangehörigen konkret, daß er nach Erlaß einer entsprechenden Satzung über den Anschluß- und Benutzungszwang zugunsten der öffentlichen Müllabfuhr (vgl. § 19 HGO) mit einem Dritten keinen wirksamen privaten Müllabfuhrvertrag

---

[187] OGH 1. 7. 1948, Bd. 1 S. 87 (96, 97).
[188] Hambg. GVBl. 1949, S. 213.
[189] *Staudinger*, a.a.O., Einl. vor § 1 Rdz. 38 ff.

abschließen kann. Ein derartiger Vertrag würde gegen den Inhalt des Anschluß- und Benutzungszwanges verstoßen, in dem insoweit ein Verbot im Sinne des Art. 134 BGB zu sehen ist[190]. Gesetzliche Verbote können von staatlichen Gesetzen und Rechtsverordnungen, aber auch von kommunalen Satzungen ausgesprochen werden[191]. Aber auch diejenigen, die schon vorher einen Müllabfuhr-, Wasserlieferungsvertrag usw. abgeschlossen haben, werden von dem Anschluß- und Benutzungszwang der Zweckrichtung nach erfaßt mit der Folge, daß sich für sie der Benutzungszwang als ein generelles, nachträgliches Verbot für die weitere Erfüllung ihrer bisherigen laufenden Verträge erweist. Der Inhalt einer Satzung kann sich somit für einen laufenden Vertrag wie ein nachträgliches gesetzliches Verbot darstellen und zur völligen „Substanzvernichtung" bisheriger wirksamer schuldrechtlicher Beziehungen führen. Während aber z. B. der Oberste Gerichtshof[192] die Zulässigkeit einer derartigen nachträglichen Einflußnahme auf den Fortbestand und die Durchführung eines laufenden Vertrages ausdrücklich aus dem generellen Charakter des erlassenen Gesetzes ableitete, bemühte sich der Bundesgerichtshof für das gleiche Entscheidungsergebnis (Zulässigkeit der Vertragsunterbrechung) um eine andere Begründung, indem er sich auf eine dem Grundstückseigentum gegenüber gewissen Beschränkungen innewohnende Pflichtigkeit berief[193]. Diese Pflichtigkeit zur Duldung gewisser vermögensmäßig nachträglicher Eingriffe in als Eigentum grundsätzlich anerkannte Rechtspositionen sah der Bundesgerichtshof auf einem Grundstück nicht erst aufgrund einer einzelnen positivrechtlichen Norm lasten, sondern als „von der Sache her von vornherein"[194] gegeben an. Dieser „von vornherein" gegebenen Pflichtigkeit muß sich nach Meinung des Bundesgerichtshofes nicht nur der einzelne Grundstückseigentümer ohne einen Anspruch auf Entschädigung beugen, sondern selbst der einzelne Gewerbebetrieb als voll anerkanntes Eigentum ist in seinem Bestand nicht gegenüber den Auswirkungen dieser angeblich vorgegebenen Pflichtigkeit gesichert[195]. Dieser Gedanke der Pflichtigkeit (entschädigungsloser Anschluß- und Benutzungszwang, entschädigungslose Eintragung in ein Grundflächenverzeichnis usw.) mag bei einem Grundstück und für dessen Eigentümer noch Teil der allgemeinen sozialen Gebundenheit gemäß Art. 14 Abs. 2 GG sein[196]. Dieser Gesichtspunkt braucht

---

[190] *Gönnenwein*, a.a.O., S. 517; Bay. VGH 17. 3. 1961, DÖV 1962, S. 426 ff.

[191] *Staudinger*, a.a.O., § 134 Rdz. 2.

[192] OGH 1. 7. 1948, Bd. 1 S. 87 (96, 97).

[193] BGH 30. 9. 1963, Bd. 40 S. 355.

[194] BGH, a.a.O., S. 360, 365.

[195] BGH, a.a.O., S. 362 ff.

[196] Der Bundesgerichtshof sieht die Auswirkungen des Anschluß- und Benutzungszwanges als Teil der Sozialbindung im Rahmen des Art. 14 Abs. 3 Satz 1 GG an.

aber bei generellen Veränderungen der bisherigen Rechtsordnung und den damit verbundenen Auswirkungen auf die für die fortwirkende Wirksamkeit und Erfüllbarkeit von laufenden Verträgen notwendig gegebenen Voraussetzungen nicht bemüht zu werden, wenn jedem Vertrag „von der Sache" her immanent eine Schwäche gegenüber generellen Rechtsänderungen innewohnt. Ein Vertrag als geschützte Rechtsposition (Abtretbarkeit und Einklagbarkeit etwaiger ausstehender Forderungen usw.) kommt möglicherweise von Anbeginn unter dem Vorbehalt zustande, daß seine endgültige Abwicklung nur solange und nur dann gewährleistet ist, wenn bis dahin keine entscheidenden Rechtsveränderungen allgemeiner Art eintreten.

b) Die Vertragsfreiheit als besondere Ausdrucksform der verfassungsrechtlich geschützten Handlungsfreiheit

aa) Der Inhalt der Vertragsfreiheit und ihre Bedeutung für einen laufenden Vertrag

Diese angedeutete Abhängigkeit eines jeden laufenden Vertrages von der jeweiligen Rechtslage scheint aber außer acht zu lassen, daß der Vertrag „die Hauptform der privatautonomen Gestaltung von Rechtsverhältnissen"[197] ist. Die Privatautonomie im Sinne des einzelnen, seine Lebensbeziehungen, in die er eintritt, nach eigenem Entschluß zu wählen und mitzugestalten, ist ein vorherrschendes Element unserer Rechtsordnung. Die Privatautonomie ist ein notwendiges Korrelat der menschlichen Freiheit[198]. Um diese Freiheit nutzen zu können, tritt der einzelne in Beziehung zu seinen Mitmenschen. Dabei ist er nicht auf rein tatsächliche Kontakte beschränkt. Die geltende Rechtsordnung ermöglicht dem einzelnen auch, rechtliche Bindungen zu Dritten einzugehen, d. h. unter anderem Verträge mit diesen abzuschließen. Infolge dessen geschieht es häufig in Rechtsprechung und Lehre, daß die Privatautonomie und die Freiheit, Verträge abschließen zu können, gleichgesetzt werden.

Die Privatautonomie als Ausdruck der allgemeinen Handlungsfreiheit des Menschen findet ihren Schutz durch Art. 2 Abs. 1 GG: „Jeder hat das Recht auf die freie Entfaltung seiner Persönlichkeit ..." Diese Handlungsfreiheit wird für alle Gebiete der menschlichen Tätigkeit gewährleistet und umfaßt auch den wirtschaftlichen Bereich[199]. Art. 2 Abs. 1 GG

---

[197] *Flume*, Allg. Teil, a.a.O., S. 7, 12.

[198] *Flume*, Allg. Teil, a.a.O., S. 1 ff.; *Staudinger*, a.a.O., Einl. vor § 104 Rdz. 2 a, b; *Kollmar*, a.a.O., S. 4 ff.

[199] BVerfG 12. 11. 1958, Bd. 8, S. 274 (328); *Hamann*, Kommentar, Art. 2 B 3 c S. 79; *Leibholz/Rinck*, Kommentar zum Grundgesetz, 1966, Art. 2 Rdz. 2 S. 48; *Maunz-Dürig*, a.a.O., Art. 2 Rdz. 11.

tritt allerdings in seinem Anwendungsbereich zurück, wenn besondere Lebensbereiche des einzelnen ihren Schutz durch besondere Grundrechts-bestimmungen erhalten haben (vgl. Art. 12, 14 GG)[200].

Wegen der engen Verbindung zwischen Handlungsfreiheit und Ver-tragsfreiheit fand schon früh die Auffassung Anhänger[201], die Vertrags-freiheit nehme in vollem Umfang teil an dem Schutz, den die allgemeine Handlungsfreiheit durch das Grundgesetz (Art. 2 Abs. 1) erfährt. Nach Art. 2 Abs. 1 GG findet die Handlungsfreiheit grundsätzlich ihre Schran-ken „nur" an den Rechten der anderen, in der verfassungsmäßigen Ord-nung und im Sittengesetz. Bevor aber zu dieser Meinung Stellung genom-men werden soll, ist noch nachzuweisen, weshalb sie Bedeutung gewinnt für die Frage, ob und wann der Staat in laufende Verträge eingreifen darf. Die Vertragsfreiheit gliedert sich einmal „in die Abschlußfreiheit, d. h. die Freiheit des Entschlusses, einen Vertrag einzugehen oder nicht einzugehen, in die freie Partnerwahl, in die freie Gestaltung des Ver-tragsinhaltes und in die Freiheit der Abänderung und Beendigung ...“[202]. Dabei sieht man die inhaltliche Gestaltungsfreiheit vor allem bei den schuldrechtlichen Verträgen als besonders wichtig an. Die Vertragsfrei-heit bleibt aber inhaltlos, wenn sie nicht auch die Freiheit der Vertrags-durchführung umfaßt. Der Abschluß eines Vertrages erfährt erst dann seinen Sinn, wenn der Vertrag auch ausgeführt werden darf. Von daher gewinnt auch ein durch Art. 2 Abs. 1 GG gegebenenfalls gewährter Schutz der Vertragsfreiheit seine Bedeutung für die Frage, unter welchen Voraussetzungen der Staat auf laufende Verträge Einfluß nehmen darf. Es spricht auf den ersten Blick vieles dafür, daß staatliche Maßnahmen, die im Widerspruch zum Grundgesetz die Abschlußfreiheit begrenzen, erst recht nicht in einen laufenden Vertrag eingreifen dürfen, der in Aus-nutzung der Vertragsfreiheit zustande gekommen ist.

---

[200] BVerfG 14. 12. 1965, NJW 1966, S. 147 (149) zum Teil einschränkend, was das erwähnte Verhältnis von Art. 2 Abs. 1 GG zu Spezialrechten betrifft. *Maunz-Dürig*, a.a.O., Art. 2 Rdz. 6 ff.; *Hamann*, Kommentar, Art. 12 A 2 a, S. 142, Art. 2 A 3 S. 77.

[201] *Huber* II, a.a.O., S. 388, 660; *Enneccerus-Nipperdey*, Allgem. Teil des Bürgerlichen Rechts, 1952, 14. Auflage § 15 S. 55; *Laufke*, Vertragsfreiheit und Grundgesetz, in Festschrift für Heinrich Lehmann, Bd. I, 1956, S. 145 ff.; *Ha-mann*, Kommentar, Art. 2 B 3 d S. 79; BVerfG 12. 11. 1958, Bd. 8 S. 274 (328).

[202] *H. Huber*, Die verfassungsrechtliche Bedeutung der Vertragsfreiheit, 1966, S. 1 ff. (11); *Nipperdey*, Freie Entfaltung der Persönlichkeit, in *Bettermann-Nipperdey*, Die Grundrechte Bd. IV 2. Halbbd. 1962, S. 741 (886); *Fischer*, Der Begriff der Vertragsfreiheit, S. 30 ff.

bb) Die Auslegung des Art. 2 Abs. 1 GG
und die Folgerungen für den verfassungsrechtlichen
Schutz der Vertragsfreiheit

Die Auffassung, daß die Vertragsfreiheit zusammen mit der allgemeinen Handlungsfreiheit ihren Schutz durch Art. 2 Abs. 1 GG erfährt, fand weitgehende Anerkennung, als sich das Bundesverfassungsgericht dieser Meinung anschloß: „Als Ausfluß der allgemeinen Handlungsfreiheit schützt Art. 2 Abs. 1 GG auch die Freiheit im wirtschaftlichen Verkehr und die Vertragsfreiheit . . ."[203]. Rechtsprechung und Lehre billigten diese klare Stellungnahme des Gerichts weitgehend oder sahen sich in ihrer schon früher vertretenen Ansicht über den Schutz der Vertragsfreiheit durch Art. 2 Abs. 1 GG bestätigt[204, 205].

Durch die so gut wie uneingeschränkte Übernahme der Vertragsfreiheit in den Schutzbereich des Art. 2 Abs. 1 GG stand man vor der Schwierigkeit, die Bedeutung des „Soweit-Satzes" dieser Verfassungsnorm nicht nur bei Maßnahmen zu bestimmen, die die allgemeine Handlungsfreiheit einschränken, sondern auch, wenn es um Begrenzungen ging, die sich vorwiegend gegen die Vertragsfreiheit richteten. Rechtsprechung[206] und Lehre[207] haben sich verschiedentlich bemüht zu klären, was unter den Rechten anderer, der verfassungsmäßigen Ordnung und dem Sittengesetz zu verstehen ist. Die größten Schwierigkeiten bereitete die Auslegung des Begriffs der verfassungsmäßigen Ordnung. Die Handlungsfreiheit (und damit auch die Vertragsfreiheit) kann nicht gegenüber jedem staatlichen Eingriff geschützt sein, da ein Gemeinwesen wie der Staat dann weitgehend handlungsunfähig wäre. Diese Maßnahmen müssen sich aber im Rahmen der verfassungsmäßigen Ordnung im Sinne des Art. 2 Abs. 1 GG halten. Das Bundesverfassungsgericht verstand in einer früheren Entscheidung unter dieser Ordnung „die Gesamtheit der Normen, die formell und materiell der Verfassung gemäß sind"[208]. Diese Auffassung

---

[203] BVerfG 19. 1. 1957, Bd. 6 S. 32 (36); BVerfG 12. 11. 1958, Bd. 8 S. 274 (328).

[204] BVerwG 13. 3. 1957, Bd. 4 S. 332 (336); BAG 10. 5. 1957, NJW 1957, S. 1688 (1689); *Enneccerus-Nipperdey*, Allgem. Teil des Bürgerlichen Rechts, 15. Aufl., 1959, § 15 S. 78, S. 98; *Huber* I, a.a.O., S. 660; *Larenz* I, a.a.O., § 5 S. 45 ff.; *Laufke*, a.a.O., S. 146 (162); *Hamann*, Kommentar, Art. 2 B 3 d S. 79.

[205] Entsprechend dem Verhältnis von Art. 2 Abs. 1 GG zu den sog. Spezialbestimmungen des Grundgesetzes (Art. 12, 14) entnimmt man den Schutz für Verfügungsgeschäfte dem Art. 14 GG, vgl. *Hamann*, Kommentar, Art. 2 B 3 d S. 79; *Laufke*, a.a.O., S. 162; *Maunz-Dürig*, a.a.O., Art. 2 Abs. 1 Rdz. 53.

[206] BVerfG 16. 1. 1957, Bd. 6 S. 32 ff.; BVerwG 20. 6. 1958, Bd. 7 S. 125 ff. (134); BGH 22. 2. 1957, Bd. 23 S. 365 ff. (371).

[207] *Peters*, Das Recht auf freie Entfaltung der Persönlichkeit in der höchstrichterlichen Rechtsprechung, 1963; *Nipperdey*, a.a.O., S. 741 ff.; *Hesse*, a.a.O., S. 160 ff.

[208] BVerfG 16. 1. 1957, Bd. 6 S. 32 ff.

fand in der Literatur lebhaften Widerspruch, eine letzthin überzeugende
Lösung dieser Auslegungsfrage ist bis heute noch nicht gefunden wor-
den[209]. Trotz des Streites um die Auslegung des „Soweit-Satzes" in Art. 2
Abs. 1 GG und seiner Bedeutung für die Begrenzung der durch diesen
Artikel geschützten Handlungsfreiheit[210] versuchten Autoren aus dieser
Verfassungsbestimmung in Verbindung mit anderen Grundrechten
(Art. 1, 3, 12, 14 GG) konkrete Rückschlüsse auf den Schutzumfang der
Vertragsfreiheit zu ziehen. Vor allem Laufke bemühte sich in der Vergan-
genheit, aus Art. 2 Abs. 1 GG Schlußfolgerungen zur Bestimmung des
Inhalts der Vertragsfreiheit zu ziehen. Sein Ausgangspunkt war, „daß
Art. 2 Abs. 1 GG als Satz des objektiven Verfassungsrechts ... Gesetzen,
welche die Vertragsfreiheit in irgendeiner Form beeinträchtigen, im
Grundsatze die Geltung versagt (Art. 1 Abs. 3, 20 Abs. 3, 123 Abs. 1
GG)"[211]. Die Durchbrechung dieses Grundsatzes gestand er dem Staat
nicht zu im Rahmen eines einfachen Gesetzesvorbehaltes[212].

Dem Gesetzgeber soll vielmehr nur die Aufgabe verbleiben, durch
Normen die im Grundgesetz in abstrakter Form gezogenen Grenzen der
Vertragsfreiheit zu konkretisieren[213]. Aus Art. 2 Abs. 1 GG ergibt sich
z. B. für Laufke, daß es dem Gesetzgeber verwehrt ist, Schuldverträge
zu Lasten Dritter Rechtswirkung beizulegen[214].

c) Die Vertragsfreiheit als Mittel
zur Verwirklichung der Handlungsfreiheit

aa) Vertragsfreiheit und allgemeine Rechtsordnung

Bevor aber fortgefahren werden soll zu untersuchen, ob das Grundgesetz in seinen einzelnen Grundrechtsbestimmungen derartig weitgehende Aussagen über den Inhalt der Vertragsfreiheit enthält, die auch
die Fragen nach der Zulässigkeit von Eingriffen in laufende Verträge

---

[209] Vgl. Rupp in einer Anmerkung (NJW 1966, S. 2037 ff.) zum Urteil des
Bundesverfassungsgerichts vom 5. 8. 1966, NJW 1966, S. 1651, zusammen mit
den dortigen Literaturhinweisen, vor allem W. Schmidt, Die Freiheit vor dem
Gesetz; zur Auslegung des Art. 2 Abs. 1 des Grundgesetzes, AöR Bd. 91 S.
42 ff.

[210] Enneccerus-Nipperdey, 15. Auflage, a.a.O., S. 71 ff., S. 91 ff.; vgl. auch zur
Lehre von der Drittwirkung der Grundrechte, a.a.O., S. 93, Fußnote 62; Larenz
I, a.a.O., S. 59 ff.; Laufke, a.a.O., S. 145 ff.

[211] Laufke, a.a.O., S. 163.

[212] Zur Frage, ob Art. 2 Abs. 1 GG einen einfachen Gesetzesvorbehalt enthält, vgl. BVerfG 16. 1. 1957, Bd. 6 S. 32 (40); Maunz-Dürig, a.a.O., Art. 2 Abs. 1
Rdz. 18.

[213] Laufke, a.a.O., S. 164, 166.

[214] Laufke, a.a.O., S. 170.

beantworten, soll nochmals auf den Ausgangspunkt dieser Untersuchung zurückgegangen werden. Er besteht darin, daß in Art. 2 Abs. 1 GG neben der allgemeinen Handlungsfreiheit auch die Vertragsfreiheit ihren Schutz findet. Zum Teil sieht man eine Notwendigkeit zu dieser Auslegung in der Tatsache, daß das Grundgesetz im Gegensatz zur Weimarer Reichsverfassung (vgl. Art. 152 Abs. 1) die Vertragsfreiheit nicht ausdrücklich unter seinen Schutz stellte. Art. 152 WRV lautete: „Im Wirtschaftsverkehr gilt Vertragsfreiheit nach Maßgabe der Gesetze." Zu Recht ist man heute der Meinung, daß in diesem Schweigen des Grundgesetzes keine Minderung der verfassungsmäßigen Gewährleistung der Vertragsfreiheit zu sehen ist. Die Vertragsfreiheit genießt unter dem Grundgesetz zumindest den gleichen Schutz wie zur Zeit der Geltung der Weimarer Verfassung. Die Vertragsfreiheit ist der Handlungsfreiheit im Sinne des Art. 2 Abs. 1 GG insofern zugeordnet, als sie ihrer Verwirklichung dient. Ohne Vertragsfreiheit läßt sich die allgemeine Handlungsfreiheit nur sehr ungenügend nutzen. Vor allem auf dem wirtschaftlichen Bereich ist eine freie Entfaltung des einzelnen nur dann vorstellbar, wenn dieser die freie Möglichkeit — zumindest dem Grundsatze nach — hat, Verträge nach freier Wahl zu schließen oder nicht. Die Vertragsfreiheit ist aber nur „ein Mittel, dessen sich der einzelne bei der Verwirklichung seiner Entfaltungsfreiheit bedient"[215].

Die Vertragsfreiheit kann sich aber nur im Rahmen der bestehenden Rechtsordnung betätigen[216]. Der einzelne Bürger kann zwar bestimmen, ob und welche Verträge er über welche Gegenstände und mit welchen Personen schließen will, aber immer vorausgesetzt, die Rechtsordnung sieht diese Verträge als möglich vor. „Die Zivilrechtsordnung mit der Statuierung der von ihr anerkannten Rechtsakte und Rechtsverhältnisse ist hiernach nicht eine Einschränkung der „an sich" bestehenden Freiheit privatautonomer Gestaltung, sondern die privatautonome Gestaltung ist überhaupt nur denkbar in der Zivilrechtsordnung[217]. Der einzelne Vertrag erhält seine rechtliche Verbindlichkeit von der Rechtsordnung her, wie sie der Gesetzgeber, unterstützt von der Verwaltung und der Rechtsprechung, geformt und gestaltet hat. Insofern ist auch das Bild falsch, wenn man die Vertragsparteien mit dem Gesetzgeber[218] vergleicht und den Vertrag als von privater Seite gesetztes Recht ansieht. Unsere Rechtsordnung geht nur von dem Grundsatz aus, daß das zwischen den Parteien rechtens sein soll, was diese in freier Selbstbestimmung (vgl. Art. 2 Abs. 1

---

[215] *Biedenkopf*, Die Verfassungsproblematik eines Kartellverbotes, BB 1956, S. 473 ff.

[216] *Flume*, Rechtsgeschäft, S. 135 (137).

[217] *Flume*, Rechtsgeschäft, S. 135 (137).

[218] Vgl. z. B. *Kollmar*, a.a.O., S. 1; demgegenüber *Flume*, Rechtsgeschäft, S. 141.

GG) für ihr gegenseitiges Verhältnis bestimmt haben. „Geltungsgrund ist aber nur die Selbstbestimmung u n d[219] ihre Anerkennung durch die Rechtsordnung[220]." Die privatautonome Gestaltung des Rechtsverhältnisses z. B. eines Kaufvertrages (Bestimmung von Ware und Preis) und die Rechtsordnung (§ 433 BGB) gehören als Rechtsgrund der Geltung des privatautonomen Aktes (des Kaufvertrages) untrennbar zusammen[221].

bb) Der „grundsätzliche" Schutz der Vertragsfreiheit

Diese von Flume für das Verständnis des Wesens der Vertragsfreiheit (Privatautonomie) in den Vordergrund gestellte Abhängigkeit eines jeden Vertrages von der Anerkennung durch die Rechtsordnung verhindert, daß die Vertragsfreiheit mit der allgemeinen Handlungsfreiheit auf eine Stufe gestellt wird und dadurch ihre Funktion verdeckt wird, die dahin geht, der Verwirklichung der Handlungsfreiheit zu dienen. Während die menschliche Handlungsfreiheit in ihrem Wertgehalt der Verfassung und der allgemeinen Rechtsordnung vorgegeben ist mit der Folge, daß dem Gesetzgeber nur die Aufgabe verbleibt, im Rahmen des Art. 2 Abs. 1 GG die ihr immanent innewohnenden Schranken und Grenzen zu bestimmen, bedarf die Vertragsfreiheit von Anbeginn an zu ihrer Verwirklichung der Anerkennung durch die Rechtsordnung. Die Vertragsfreiheit empfängt ihren Wert von der menschlichen Handlungsfreiheit her, sie hat aber nicht wie sie eine vorrechtliche Funktion. Sie ist nicht wie die Handlungsfreiheit ein apriorisches Freiheitsrecht, demgegenüber gesetzliche Regelungen einer besonderen Rechtfertigung bedürfen[222]. Die Vertragsfreiheit muß „nur" als solche, d. h. als Möglichkeit zum freien Vertragsschluß grundsätzlich erhalten bleiben, da sonst, aber auch erst dann die Handlungsfreiheit des einzelnen in ihrem Kern berührt wird. Den Inhalt der Privatrechtsordnung und damit der Vertragsfreiheit bestimmt aber der Gesetzgeber. So ist es dem Gesetzgeber erlaubt, die überkommenen Rechtsfiguren zu ändern oder teilweise zu beseitigen, um dadurch den Bereich privatautonomer Gestaltung einzuengen[223].

Die Weimarer Reichsverfassung gab in ihrem Art. 152 Abs. 1 ein richtiges Verständnis der Vertragsfreiheit zu erkennen, indem sie die Vertragsfreiheit „nur" nach Maßgabe der Gesetze ihrem Schutz unter-

---

[219] Hervorhebung nicht im Original des Zitates.
[220] *Flume*, Allg. Teil, S. 5.
[221] *Flume*, Allg. Teil, S. 2.
[222] *Flume*, Allg. Teil, S. 17; *Peters*, a.a.O., S. 78, 79.
[223] *Flume*, Allg. Teil, S. 19; *Larenz* I, a.a.O., § 5 S. 59 (... im Grundsatz ...); *Lehmann-Hübner*, Allg. Teil des Bürgerlichen Gesetzbuches, 15. Aufl. 1966, § 42 S. 142 (... grundsätzlich ...).

stellte[224]. Der Eingriff in die Vertragsfreiheit bedurfte unter der Geltung der Weimarer Reichsverfassung keiner besonderen verfassungsrechtlichen Legitimation, wenn man damit nicht die allgemeine Übereinstimmung des Gesetzgebers mit den Forderungen der Verfassung versteht.

Aus dem Grundgesetz läßt sich nicht entnehmen, daß es den Schutz der Vertragsfreiheit gegenüber der Weimarer Zeit verstärken wollte. Das Schweigen der Verfassung wäre ein wenig geeigneter Weg gewesen. Richtig ist vielmehr die Aufassung, die davon ausgeht, daß eine Bestimmung des Grundgesetzes entsprechend dem Art. 152 Abs. 1 WRV überflüssig ist, weil sie nur für einen besonderen Einzelfall den Vorbehalt des Gesetzes zum Ausdruck bringen würde. Der Vorbehalt des Gesetzes ist aber für die Verwaltung, soweit sie auf die Vertragsfreiheit Einfluß nimmt (Genehmigungen, Widerruf von Verwaltungsakten) nach dem Grundgesetz (Art. 20 Abs. 3) eine Selbstverständlichkeit[225]. Man verschließt sich das Verständnis für die unter einem einfachen Gesetzesvorbehalt stehende Vertragsfreiheit, wenn man aus dem Bestreben, auch für die Vertragsfreiheit einen „verfassungsrechtlichen Aufhänger" zu finden, uneingeschränkt auf Art. 2 Abs. 1 GG zurückgreift[226] und dabei vergißt, daß die Vertragsfreiheit nicht schon die viel weitergehende allgemeine Handlungsfreiheit ist[227]. Die äußeren Schranken, die für die Handlungsfreiheit (Rechte Dritter, verfassungsmäßige Ordnung, Sittengesetz) gelten, sind daher keine Maßstäbe für den Gesetzgeber, wenn es um die Begrenzung und Bestimmung der Vertragsfreiheit geht.

d) Nachträgliche Eingriffe des Gesetzgebers
als zulässige Beeinträchtigung der Vertragsfreiheit

Damit kommen wir zurück zu dem Versuch der Autoren[228], aber auch der Rechtsprechung[229], die jedes Gesetz, jede einzelne Rechtsverordnung und den einzelnen Verwaltungsakt, die sich auf die Vertragsfreiheit einengend auswirken, dahin überprüfen, ob sie ihre besondere Berechtigung

---

[224] *Flume,* Rechtsgeschäft, S. 139; *Flume,* Allg. Teil, S. 19; RGStr. 14. 7. 1924, Bd. 58 S. 269 ff.; DOG 5. 7. 1950, Amtl. Entscheidungssammlung 1948—1951 S. 66 (72).

[225] *Hamann,* Kommentar, Art. 20 B 8 S. 211.

[226] Daran ändert auch nichts, daß man für die sogenannte Verfügungsfreiheit Art. 14 GG zur Anwendung bringt. Auch diese Vorschrift enthält Schranken, die über einen allgemeinen Gesetzesvorbehalt hinausgehen. *Hamann,* Kommentar, B 4 S. 164; *Laufke,* a.a.O., S. 155.

[227] *Flume,* Allg. Teil, S. 17; *Peters,* a.a.O., S. 78, 79.

[228] *Enneccerus-Nipperdey,* 15. Auflage, a.a.O., § 15 S. 91 ff.; *Henze,* a.a.O., S. 29 ff.; besonders im Hinblick auf laufende Verträge, *Laufke,* a.a.O., S. 145 ff.; *Nipperdey,* a.a.O., S. 886 ff.

[229] BAG 10. 5. 1957, NJW 1957, S. 1688 (1689).

daher erfahren, daß sie eine Verletzung der Rechte Dritter vermeiden, dem Schutz der verfassungsmäßigen Ordnung oder der Wahrung der Sittengesetze dienen. Die Vertragsfreiheit verstanden als die Möglichkeit des einzelnen, einen Vertrag nach seinen Vorstellungen im Einzelfall abschließen zu können, steht unter einem einfachen Gesetzesvorbehalt. Laufke, Nipperdey und andere Autoren nehmen daher einen unrichtigen Ausgangspunkt ein, wenn sie die Vertragsfreiheit als Grundrecht[230] behandeln. Abzulehnen ist ferner die Auffassung, jede Beeinträchtigung der Vertragsfreiheit bedürfe einer besonderen Rechtfertigung, deren Maßstäbe sich aus Art. 2 Abs. 1 GG ergeben.

Einwirkungen auf laufende Verträge, so wie sie am Anfang der Ausführungen dargestellt worden sind, stellen gewichtige Beeinträchtigungen der Vertragsfreiheit dar. Beispielsweise machen Lieferverbote (vgl. § 1 Wirtschaftssicherstellungsgesetz, § 2 AWG), die ungeachtet etwaiger laufender Verträge ergehen, das Ergebnis der ausgenutzten Vertragsfreiheit häufig zunichte. Insgesamt gesehen lassen jedoch alle geltenden staatlichen Einschränkungen die grundsätzliche Möglichkeit des einzelnen, einen Vertrag nach seinem Willen abzuschließen und auszuführen, im Kern unberührt[231]. Dem einzelnen Bürger ist es in der heutigen Zeit regelmäßig weithin freigestellt, ob er einen Vertrag eingehen will oder nicht. Er kann ohne Zwang entscheiden, mit wem er einen Vertrag abschließen und welchen Inhalt er dem Vertrag geben will. Bei dieser Feststellung wird nicht übersehen, daß auf Teilgebieten die Vertragsfreiheit einschränkende Grenzen erfahren hat. Man kann beispielsweise an den sogenannten Kontrahierungszwang denken, durch den der Inhaber einer Monopolstellung von der Rechtsordnung dazu verpflichtet wird, Verträge über bestimmte, von ihm zu erbringende Leistungen zu angemessenen und für alle gleichen Bedingungen mit jedem abzuschließen, der es wünscht. Hier gilt die Privatautonomie nur noch für eine Seite, die den Vertragsabschluß von dem zum Abschluß Verpflichteten begehrt[232]. Auch die in der Vergangenheit praktizierten Preisfestsetzungen, Kontingente für Waren, Andienungs- und Abnahmepflichten sowie das gelegentliche „Diktieren" von Verträgen haben bisher nicht einen umfassenden Zustand eintreten lassen, in dem die Vertragsfreiheit als abgeschafft hätte angesehen werden müssen[233]. In ihrem Kern ist sie bisher über alle wirtschaftlichen, sozialen und staatlichen Veränderungen hinweg im west-

---

[230] *Enneccerus-Nipperdey*, 15. Auflage, a.a.O., § 15 S. 98, zusammen mit Fußnote 77; *Laufke*, a.a.O., S. 162.

[231] *Reinhardt*, Die Vereinigung subjektiver und objektiver Gestaltungskräfte in Verträge, in Festschrift für Walter Schmidt-Rimpler, 1957, S. 115; *Lerche*, a.a.O., S. 275.

[232] *Larenz*, Allg. Teil des Deutschen Bürgerlichen Rechts, 1967, § 7 IV S. 93.

[233] *Fischer*, a.a.O., S. 44; *Lerche*, a.a.O., S, 275.

lichen Deutschland bis in die heutige Zeit immer bestehen geblieben. Allein das ist unter der Geltung des Grundgesetzes von verfassungsrechtlichem Interesse. Eingriffe und Einwirkungen, wie sie sich heute auf laufende Verträge auswirken, sind daher auch nicht deshalb rechtswidrig, weil sie die Vertragsfreiheit einschränken. Die bisherigen staatlichen Maßnahmen haben grundsätzlich weder die Abschlußfreiheit noch die Freiheit, einen selbst gewollten, laufenden Vertrag zu erfüllen, beseitigt. Die angedeutete Notwendigkeit[234], dem Staat als Gesetzgeber die gegen laufende Verträge gerichteten Interventionsmaßnahmen deshalb zu verwehren, weil sie bereits im Widerspruch zum Grundgesetz die allgemeine Abschlußfreiheit begrenzen, besteht somit nicht. Bei richtigem Verständnis der Vertragsfreiheit als ein Mittel, dessen sich der einzelne im Rahmen der jeweils bestehenden Rechtsordnung bei der Verwirklichung seiner Entfaltungsfreiheit bedienen kann, zeigt sich, daß die „Rechts- und Bestandsschwäche" Teil des Wesens eines laufenden Vertrages ist und damit auch nicht vom Schutzbereich des Art. 14 GG erfaßt werden kann. Dem einzelnen Vertrag wohnt eine rechtliche Wirksamkeit und Durchsetzbarkeit nur soweit und solange inne, als die Rechtsordnung sie generell gewährt. Ergeht aber ein generelles Gesetz, das bestimmte Vertragstypen — zukünftige wie bestehende — und ihre Erfüllungshandlungen einer veränderten Rechtsordnung unterstellt mit der Folge, daß laufende Verträge ihrem Inhalt nach oder nur im Hinblick auf ihre tatsächliche Erfüllung mit der neuen Gesetzeslage in Widerspruch geraten, so werden sie entsprechend umgestaltet, werden unwirksam oder gehen in ein Abwicklungsverhältnis (§ 323 ff. BGB) über. Die als verfassungsmäßig geschütztes Eigentum anerkannten Rechtspositionen aus laufenden Verträgen sind in ihrem Bestand wesensmäßig von der jeweils geltenden Rechtsordnung.

Diese dem Vertrag innewohnende Eigenschaft verlangt ihre Berücksichtigung bei der Frage, welche Maßnahmen, soweit sie gegen laufende Verträge wirken, als Enteignung im Sinne des Art. 14 GG zu behandeln sind. Andernfalls würde man die zwischen Eigentumsbegriff und Enteignungsbegriff bestehende und anerkannte Korrelation[235] außer acht lassen und der Gefahr erliegen, Enteignungskriterien wie „Entziehung" und „Vernichtung" einer Rechtsposition, die für die Fallgruppe „Grundeigentum" zutreffen, auf den besonders gelagerten Sachverhalt eines laufenden Vertrages anzuwenden. Die Rechtsprechung hat zwar bisher diese besonderen Eigenschaft eines laufenden Vertrages im Hinblick auf Art. 14 GG nicht ausdrücklich darüber entscheiden lassen, ob und wann nachträgliche Rechtsänderungen eine enteignende und deshalb ent-

---

[234] Vgl. S. 94 des Textes.
[235] *Scheuner*, DÖV 1954, S. 581; *Schmitt*, Aufsätze, S. 119.

schädigungspflichtige Wirkung zeigen. Trotz der Verwendung der herkömmlichen Enteignungskriterien haben die Gerichte es aber im Ergebnis regelmäßig abgelehnt, eine Entschädigung bei dem durch eine allgemeine Rechtsänderung bedingten Untergang eines laufenden Vertrages zuzusprechen.

**8. Die Zulässigkeit von generellen
Eingriffen des Gesetzgebers in laufende Verträge**

*a) Die Bestandsschwäche laufender Verträge
gegenüber generellen Rechtsänderungen*

Wegen dieser einem jeden Vertrag gegenüber allgemeinen Rechtsänderungen innewohnenden „Rechts- und Bestandsschwäche" konnte der Gesetzgeber im Zusammenhang mit der Einführung der Vorschrift des § 106 GWB laufende wettbewerbsbeschränkende Verträge, soweit sie der neuen durch die Einführung des Gesetzes gegen Wettbewerbsbeschränkungen veränderten Rechtslage widersprachen, zum Untergang bringen, ohne eine Entschädigung vorzusehen. Wenn auch im Enteignungsrecht die Vernichtung einer Rechtsposition im allgemeinen als ein unbestrittener Fall einer entschädigungspflichtigen Enteignung im Sinne des Art. 14 Abs. 3 S. 2 GG angesehen werden kann, ist dieses Ergebnis für die Fallgruppe der laufenden Verträge entschädigungsrechtlich unbeachtlich, solange die Ursache von einer allgemeinen Rechtsänderung ausgeht. Diese in Anbetracht der häufig erheblichen Schäden für Vertragsparteien enttäuschenden Schlußfolgerungen gelten wegen ihrer Allgemeingültigkeit nicht nur für Verträge z. B. des Kauf-, Miet- (Abbau der Wohnungszwangswirtschaft) oder des Kartellrechts im Rahmen des Gesetzes gegen Wettbewerbsbeschränkungen, sondern uneingeschränkt auch für Verträge im Bereich des Außenhandels, die gemäß § 2 Abs. 2 AWG neuen allgemeinen Beschränkungen unterworfen werden. Ein Außenhandelskaufmann kann regelmäßig nicht darauf vertrauen, daß die bei Abschluß des einzelnen Vertrages gegebenen rechtlichen (und tatsächlichen) Voraussetzungen für die Zukunft erhalten bleiben[236]. Er muß vielmehr jederzeit damit rechnen, daß sich im Laufe der Zeit Veränderungen in der bisherigen Rechtslage ergeben, die die endgültige Erfüllung des einzelnen Vertrages teilweise oder ganz in Frage stellen. Wenn auch der einzelne Außenhandelsvertrag zwischen den Vertragsparteien eine geschützte Rechtsposition begründet, aufgrund der sie

---

[236] *Jaenicke,* a.a.O., S. 153 ff. geht davon aus, daß eine vertragliche Rechtsposition eo ipso eine vollwertige Rechtsposition im Sinne des Art. 14 GG darstellt. Die immanente Schwäche eines Vertrages gegenüber generellen Rechtsänderungen „... denn niemand hat ein Recht auf Fortbestand einer bestehenden Rechtslage" wird nur beiläufig beachtet.

nötigenfalls auf die Erfüllung des Vertrages klagen können, so gewährt er doch nicht eine geschützte Rechtsposition gegenüber dem staatlichen Gesetzgeber, soweit es um dessen Befugnis geht, die Rechtsordnung abzuändern, um dadurch gewollt die weitere Erfüllung laufender Verträge zu behindern oder völlig unmöglich zu machen. Sieht man einmal von dem Sonderfall ab, daß die Regierung einen Außenhandelskaufmann auffordert, einen bestimmten Vertrag aus allgemeinen übergeordneten Gesichtspunkten (Verbesserung der Versorgung der Bevölkerung) abzuschließen[237], sondern geht davon aus, daß der einzelne inländische Vertragspartner eine gegebene Ausfuhr- oder Einfuhrchance dadurch genützt hat, daß er mit einem ausländischen Im- oder Exporteur einen Warenlieferungsvertrag abgeschlossen hat, so steht ein derartiger Außenhandelsvertrag wie jeder andere Vertrag vom Tage des Vertragsabschlusses an unter dem Vorbehalt, daß die Abwicklung rechtlich möglich bleibt. „Der Außenhandelskaufmann ist den — sich entsprechend der wirtschaftlichen und politischen Entwicklung wandelnden — Rechtsvorschriften dergestalt unterworfen, daß die freie Betätigung zwar im Grundsatz anerkannt wird, aber je nach der außenwirtschaftlichen Situation Beschränkungen ausgesetzt sein kann ... Der Eingriff in die Vertragslage ist ein ‚mit dem Wesen des betroffenen Rechts vereinbare inhaltliche ... Begrenzung' "[238].

Diesen Gesichtspunkten verschließt man sich aber, wenn man der Argumentation von Langen[239] folgt. Nach seiner Ansicht können Eingriffe in abgeschlossene, d. h. laufende Verträge dann Enteignungen sein, wenn diese Verträge Vermögensrechte sind, die der Enteignung fähig sind. Sieht man einmal davon ab, daß es zumindest ungenau ist, im Zusammenhang mit Art. 14 GG (Eigentum) nur von Vermögensrechten zu sprechen, so kommt in den Ausführungen von Langen die entscheidende Weichenstellung für seine Auffassung erst, wenn er sagt: „Der Abschluß eines Außenhandelsgeschäftes schafft schuldrechtliche Beziehungen zwischen den Parteien. Die damit begründeten Rechte sind Eigentumsrechte im Sinne von Art. 14 GG ... Der schuldrechtliche Anspruch auf Leistung steht wie das dingliche Recht an einer Sache unter dem Schutz der verfassungsrechtlichen Eigentumsgarantie ...". Langen setzt diejenigen Rechtspositionen, die Vertragsparteien gegenseitig ohne Zweifel einnehmen, denjenigen Rechtspositionen uneingeschränkt gleich, die unter anderem Grundstücke, eingerichtete und ausgeübte Gewerbebetriebe usw. für die jeweiligen Eigentümer begründen. Das Ergebnis dieser Gleichsetzung ist notwendigerweise, daß Langen anschließend fortfah-

---

[237] BGH 31. 1. 1966, NJW 1966, S. 877; RG 10. 1. 1933, Bd. 139 S. 177 ff., 186; vgl. zum Plangewährleistungsanspruch bei *Ehlermann*, a.a.O., S. 66.

[238] *Schulz*, a.a.O., § 2 S. 276; *Deiters*, a.a.O., § 2 S. 25.

[239] *Langen*, a.a.O., Teil C § 2 Rdz. 12.

ren muß, auf die allgemeinen Gesichtspunkte zurückzugreifen, die die
Rechtsprechung und Lehre entwickelt haben, um Eingriffe in Eigentums-
rechte als Enteignung, Inhaltsbestimmung oder Schrankenziehung
(Art. 14 Abs. 1, 3 GG) erkennen zu können[240]. Kein Wort verliert Langen
darüber, daß jeder Vertrag in besonders starkem Maße schon vom Zeitpunkt seiner Entstehung an vom Fortbestand und den sich fortlaufend
ergebenden Veränderungen der allgemeinen Rechtsordnung abhängig ist.
Langen übernimmt völlig unkritisch die seit den Entscheidungen des
Reichsgerichts herrschende Meinung, schuldrechtliche Beziehungen seien
Eigentum und, man wird dahin ergänzen dürfen, zwar ebenso Eigentum,
wie es sich unter anderem in der Gestalt von Grundstückseigentum[241]
darstellt. In Anwendung der Schweretheorie[242] geht Langen davon aus,
daß eine entschädigungspflichtige Enteignung dann gegeben ist, wenn
die Erfüllung eines laufenden Außenhandelsvertrages beiden Seiten auf
längere Zeit oder gar endgültig unmöglich ist. „Ein langfristiger Eingriff
in laufende Verträge durch Einfuhr- oder Ausfuhrverbote hat also so
schwerwiegende Folgen, daß er als Enteignung der vertraglich begründeten Vermögensrechte anzusehen ist[243]." Langen läßt völlig außer acht,
daß jedem einzelnen Vertrag grundsätzlich eigentümlich ist, gegenüber
generellen Gesetzesänderungen weit weniger geschützt zu sein, als es
zum Beispiel beim Grundstückseigentum der Fall ist. Hinzukommt, daß
§ 2 Abs. 1 AWG ausdrücklich Beschränkungen durch Rechtsverordnungen
vorsieht, so daß ein Importeur oder Exporteur über die „Rechts- und
Bestandsschwäche" der abgeschlossenen Außenhandelsverträge nicht im
unklaren sein kann. § 2 Abs. 2 Satz 3 AWG ist demnach entgegen der
Ansicht von Langen und anderen[244] mit Art. 14 GG vereinbar und nicht
verfassungswidrig. Außenhandelsverträge begründen zwar zwischen den
Vertragsparteien Rechtspositionen, die aber als solche noch nicht in der
Substanz gesichertes Eigentum im Sinne des Art. 14 GG darstellen, vielmehr generellen Rechtsänderungen und damit gelegentlich einhergehen-
den „substanzvernichtenden" Einwirkungen grundsätzlich frei ausgesetzt sind, ohne daß den betroffenen Vertragsparteien ein Anspruch auf
Enteignungsentschädigung zukommt[245]. Die Frage nach einer Entschädigung kann sich für die Vertragsparteien allerdings anders beantworten, falls die generelle Rechtsänderung ohne zwingenden Grund oder
unverhältnismäßig stark in einen laufenden Vertrag eingreift[246].

---

[240] *Langen,* a.a.O., Teil C § 2 Rdz. 13 ff.

[241] *Schmitt,* a.a.O., S. 122.

[242] *Langen,* a.a.O., Teil C § 2 Rdz. 16.

[243] *Langen,* a.a.O., Teil C § 2 Rdz. 21.

[244] *Ditges,* a.a.O., S. 1849 (1851); *Wapenhensch,* Der Eingriff in laufende Verträge im Außenwirtschaftsrecht, AWD 1961, S. 273 ff.

[245] *Harsdorf,* Außenwirtschaftsgesetz, S. 14 ff.

[246] Vgl. Abschnitt C, S. 113 ff. des Textes.

Der Tatbestand der Enteignung von Eigentum verwirklicht sich grundsätzlich auch dann nicht, wenn der Gesetzgeber sich entschließt, die Rechte einer Vertragspartei im Rahmen eines laufenden Vertrages einseitig zu verändern und ihr dadurch zu gestatten, den Vertrag vorzeitig zu kündigen. Nachdem sich die Wohnungsnot nach dem Kriege gebessert hat, sieht sich der Gesetzgeber heutzutage in der Lage, den fast absoluten Kündigungsstopp für Mietverträge über Wohnungen allmählich abzubauen, um den Vermieter wieder freier darüber bestimmen zu lassen, ob er den mit dem Mieter, teilweise zwangsweise abgeschlossenen Vertrag fortsetzen will oder nicht. Sofern sich der Vermieter gemäß der neuen Rechtslage zur einseitigen (!) Kündigung entschließt, kommt es zur Beendigung des Vertrages, ein Vorgang der sich als Folge des Abbaues der Wohnungszwangswirtschaft in der letzten Zeit unzählige Male verwirklichte. Trotz des Unterganges dieser laufenden Mietverträge, die für die Mieter sehr reale Vermögenswerte darstellten, wurde in der Vergangenheit zu Recht nicht behauptet, die sich auf diese Weise verwirklichenden Beeinträchtigungen bestehender schuldrechtlicher Beziehungen stellten eine entschädigungspflichtige Enteignung im Sinne des Art. 14 Abs. 3 Satz 2 GG dar. Man sah in ihnen, soweit man sie überhaupt unter dem Blickwinkel des Art. 14 GG überprüfte, allenfalls eine entschädigungslos zu duldende Inhaltsbestimmung oder Schrankenziehung[247]. Diese Betrachtung ist allerdings nur sehr schwer mit der Tatsache zu vereinbaren, daß es zumindest für eine Vertragsseite zu einem klar erkennbaren Rechtsverlust, eben zur Beendigung des laufenden Vertrages und zur Aufgabe des in ihm enthaltenen Vermögenswertes kommt.

Berücksichtigt man dagegen die hier in den Vordergrund gestellte „Bestandsschwäche" eines laufenden Vertrages gegenüber den sich fortlaufend ergebenden allgemeinen Rechtsänderungen, um die es sich unter anderem bei dem Abbau der bisherigen Wohnungszwangswirtschaft handelt, dann ergibt es sich von selbst, daß es sich bei diesen Rechtsverlusten einer Vertragspartei nicht um Tatbestände der Enteignung handelt, die eine Entschädigung verlangen. Die Umgestaltung der allgemeinen Rechtsordnung, sei es durch die Einführung eines Gesetzes wie es das Bürgerliche Gesetzbuch darstellt, sei es durch die Einführung von Spezialregelungen, wie sie die Gesetzgebung zum Schutze des Mieters erbrachte, berührt grundsätzlich nicht eine von Art. 14 GG umfaßte Rechtsposition des einzelnen. Der Grundsatz, daß niemand einen Anspruch auf den Fortbestand einer bestehenden Gesetzeslage hat, hat erstrangige Bedeutung für Vertragsparteien.

Zu Recht hat man in der Vergangenheit auch davon abgesehen, im Zusammenhang mit der Anwendung des Vertragshilfegesetzes[248], der

---

[247] BVerfG 1. 7. 1964, Bd. 18 S. 121 (131).
[248] Vertragshilfegesetz vom 26. 3. 1952, BGBl. I S. 198.

Steuer- und Zollgesetzgebung[249], der veränderten Bestimmungen der
Gesetzgebung über die Sparförderung[250] oder sonstiger allgemeiner Regelungen im Rahmen der Wirtschafts- und Sozialpolitik (z. B. der Gesetzgebung über den Lastenausgleich und der Anordnung der vorzeitigen
Rückzahlung von Darlehen oder der Erhöhung der bisherigen Zinszah-
lungen), den Art. 14 GG als Maßstab anzulegen, ob die sich auf einen laufenden Vertrag auswirkenden, vom Gesetzgeber bewußt angestrebten
Veränderungen bis hin zur Vertragsbeendigung als Enteignung mit der
Pflicht zur Entschädigung verstanden werden wollten. Es handelte sich
regelmäßig um Gesetzesänderungen, die bei dem einzelnen laufenden
Vertrag keinen als Eigentum anzuerkennenden Kern berührten und
daher entschädigungslos zu dulden waren.

b) Die Bestandsschwäche laufender Verträge gegenüber Satzungen

Private Müllabfuhrverträge oder Wasserlieferungsverträge usw. von
Gemeindeangehörigen unterfallen ebenfalls insoweit nicht dem Schutzbereich des Art. 14 GG, als sie in ihrem Bestand von neu erlassenen Satzungen betroffen werden. Auch diese Verträge tragen von Anbeginn ihrer
Entstehung an nur solange eine Wirksamkeit und damit einen wirtschaftlichen Wert in sich, als sie mit der allgemeinen Rechtsordnung, mit-
bestimmt in Hessen[251] durch die gemäß § 19 HGO ergangenen Gemeindesatzungen, vereinbar sind. Diese Grundsätze gelten aber nicht nur für
Verträge zwischen Gemeindeangehörigen und Dritten, sondern auch für
Vertragsbeziehungen zwischen Gemeindeangehörigen und der Gemeinde.
Die Tatsache, daß die Gemeinde Vertragspartner ist, hat grundsätzlich
keinen Einfluß auf den allgemeinen privatrechtlichen Charakter einer
derartigen Vertragsbeziehung. So wie ein Gemeindeangehöriger mit
einem privaten Dritten einen Vertrag unter anderem über die Lieferung
von Wasser abschließen kann, kann er mit der gleichen Absicht auch an
die Gemeinde herantreten, um sich von ihr im Rahmen eines privatrechtlichen Vertrages Wasser liefern zu lassen, sofern er und die Gemeinde
nicht durch eine bestehende Satzung, die den Anschluß- und Benutzungszwang zugunsten der gemeindlichen Wasserversorgungsanlage vorsieht,
daran gehindert sind oder durch den Neuerlaß einer Satzung behindert
werden[252]. Erst in einer derartigen Situation bleibt für geplante und be-

---

[249] Die Einwirkungen der Steuer- und Zollgesetzgebung auf laufende Verträge sind Sonderfälle, da die Abgabenhoheit des Staates außerhalb des
Schutzbereichs des Art. 14 GG steht, vgl. *Roth*, a.a.O., S. 53 ff.

[250] Spar-Prämiengesetz vom 5. 5. 1959 in der Fassung vom 6. 2. 1963, BGBl. I
S. 92, letzte Änderung vom 23. 12. 1966, BGBl. I S. 702, 704.

[251] Vgl. entsprechende Regelungen in anderen Bundesländern z. B. Gemeindeordnung von NRW i. d. F. vom 11. 8. 1969, G.V. NW S. 656.

[252] *Wolff* I, a.a.O., § 22 III b S. 94.

stehende privatrechtliche Verträge entsprechend der Zweckrichtung des Anschluß- und Benutzungszwanges kein Raum. Solange die Gemeinde nicht als Hoheitsträger dem Bürger gegenübertritt, unterliegen ihre Verträge den allgemeinen Regeln des Zivilrechts.

Vor dem Hintergrund dieser grundsätzlichen Bewertung der Rechtsposition eines laufenden Vertrages im Rahmen von Art. 14 GG gegenüber nachträglichen Rechtsänderungen erweist sich noch eine abschließende Stellungnahme zu den bereits erwähnten Urteilen des Bundesgerichtshofes vom 14. 2. 1962[253] und des Oberverwaltungsgerichtes Münster vom 8. 10. 1958[254] als notwendig, die entweder im Ergebnis oder in der Art der Begründung entgegengesetzten Meinungen folgen zu können glauben. In beiden Sachverhalten war über den Einfluß von neuen Satzungen auf bestehende laufende Wasserlieferungsverträge zwischen Gemeinde und Bürger zu entscheiden. Sowohl der Bundesgerichtshof als auch das Oberverwaltungsgericht gehen davon aus, daß den laufenden privatrechtlichen Verträgen gegenüber den neu erlassenen Satzungen keine gesicherte Bestandsgarantie zukommt, sondern gegenüber den Anordnungen und Auswirkungen der gemeindlichen Satzungen teilweise (BGH) oder ganz (OVG) zurücktreten. Dieser Einfluß der neu ergangenen Satzungen auf die laufenden Verträge zwischen Gemeinde und Bürger erscheint aber keinesfalls sicher, wenn man z. B. den gerade im Hinblick auf diese Entscheidungen vorgetragenen Gedanken von Selmer folgt. Selmer[255] versucht den für die privaten Vertragsparteien nachteiligen Wirkungen der Satzungen über den Anschluß- und Benutzungszwang dadurch zu entgehen, daß er in diesen zwischen Gemeindeangehörigen und Gemeinde bestehenden Vertragsbeziehungen eine „atypische Sachverhaltskonstellation" sieht, die der Gesetzgeber oder Satzungsgeber im Zweifel nicht in den Anwendungsbereich der neu erlassenen Norm in Form einer Satzung über den Anschluß- und Benutzungszwang einbeziehen will. Selmer[256] geht davon aus, daß das „Vorliegen einer vertraglichen Bindung der Gemeinde sicherlich nicht zu den Umständen gehörte, die die Gemeinde ‚typischerweise zum Anknüpfungspunkt der rechtlichen Wertung' gemacht hatte ..." Das ist grundsätzlich sicher richtig. Trotzdem läßt sich daraus noch nicht für die beiden hier erwähnten Sachverhalte die Annahme vertreten, die erlassenen Satzungen über den Anschluß- und Benutzungszwang fänden auf die teilweise von der Entstehung her besonders gelagerten Verträge, die zwischen Gemeinde-

---

[253] BGH 14. 2. 1962, DVBl. 1962, S. 485 ff.; *Bettermann,* Anmerkung zu BGH, a.a.O., S. 486.

[254] OVG Münster 8. 10. 1958, Bd. 14 S. 81 ff.

[255] *Selmer,* a.a.O., S. 74 ff., 20 ff.

[256] *Selmer,* a.a.O., S. 97.

angehörigen und Gemeinde unter anderem über die Lieferung von Wasser abgeschlossen wurden, keine Anwendung. Derartige Verträge sind nicht allzu häufig, aber auch nicht derartig außergewöhnlich, daß sie völlig außerhalb des Anwendungsbereiches einer Satzung fallen, deren erklärtes Ziel es gerade ist, eine bisher sehr unterschiedlich und unzureichend geregelte Versorgungslage auf dem Gebiet des Trinkwassers, Müllabfuhr usw. einheitlich zu regeln. Hinzu kommt, daß eine bisherige privatrechtliche Einzelabsprache zwischen Gemeindeangehörigen und Gemeinde auf Seiten des Satzungsgebers regelmäßig bekannt ist und deshalb trotz ihres atypischen Charakters im Zweifel von der Satzung erfaßt werden soll. Der Begriff der Normsituation, den Selmer heranzieht, um den Anwendungsbereich einer Satzung über den Anschluß- und Benutzungszwang gegenüber besonders gelagerten Sachverhalten abzustecken, besagt, daß jede Norm eine normale Situation voraussetzt. Abgesehen von den begrifflichen Abgrenzungsschwierigkeiten zwischen Normsituation und anormaler Situation muß berücksichtigt werden, daß jede Norm von ihrer Aufgabe her notwendigerweise generalisiert und und schematisiert und alle Besonderheiten der von ihr in Anspruch genommenen Sachverhalte nicht berücksichtigen kann. Es ist eine bekannte Erscheinung, daß sich im täglichen Leben die Sachverhalte und Ereignisse niemals völlig gleichen. Eingetretene, als atypisch verstandene Sachverhaltskonstellationen können sogar Anlaß für den Erlaß von Normen sein, um durch sie einen „normalen" und für alle verbindlichen Zustand wieder einzuführen. Im Gegensatz zu Selmer muß eine teleologische Interpretation einer neu erlassenen Gemeindesatzung über den Anschluß- und Benutzungszwang im Zweifel zu dem Ergebnis führen, daß die Satzung bewußt ungeachtet aller sich im Laufe der Zeit entstandenen „besonderen" Arten der Wasserbelieferung eine gemeinsame, alle Bürger gleich verbindende und sichernde Grundlage für die Wasserversorgung schaffen will. Es muß daher angenommen werden, daß es in den vom Bundesgerichtshof und dem Oberverwaltungsgericht entschiedenen Fällen geradezu bezweckt war, auch die von der Gemeinde mit den Bürgern geschlossenen Verträge zu erfassen. Bisher laufende Versorgungsverträge werden vom Anschluß- und Benutzungszwang wegen dessen Zweckrichtung verdrängt, d. h. im Ergebnis vernichtet, ohne aus den bekannten Gründen den betroffenen Bürgern einen Anspruch auf Entschädigung gemäß Art. 14 GG entstehen zu lassen. Selmer wäre zu diesem Versuch, privatrechtliche Verträge zwischen Gemeinde und Gemeindeangehörigen dem Anwendungsbereich einer neu erlassenen Satzung zu entziehen, nicht genötigt, wenn er nicht in Anlehnung an die herrschende Lehre den einzelnen Vertrag zumindest gegenüber „substanzvernichtenden" Eingriffen auf die gleiche Ebene mit dem Eigentum an Grundstücken oder dem Recht am eingerichteten und ausgeübten Gewerbebetrieb stellte[257]. Soweit das geschieht, ergibt sich die Folge, daß in allen Fällen eine Enteignungsentschädigung zu zahlen ist, in denen es zur Vernichtung einer Rechtsposition kommt, falls sich nicht erreichen läßt, im Einzelfall den laufenden Vertrag dem Anwendungsbereich der neu erlassenen Norm zu entziehen. Dieser Versuch kann aber nur in den seltensten Fällen gelingen. Zusammenfassend ergibt sich, daß der Erlaß einer Satzung, die den Anschluß- und Benutzungszwang für Wasser, Müllabfuhr usw. zum Beispiel gemäß § 19 HGO für den Gemeindebereich einführt, entgegenstehende privatrechtliche Verträge unwirksam werden läßt, soweit nicht eine Anpassung der betroffenen Verträge im Wege der Auslegung erreicht werden kann. Der Untergang einer auf diese Weise betroffenen schuldrechtlichen Beziehung ist deshalb eo ipso aber noch nicht ein entschädigungspflichtiger Tatbestand im Sinne des des Art. 14 GG. Da es sich bei Satzungen um generelle Normen handelt, gegenüber denen einem jeden Vertrag „von Haus aus" eine vorgegebene aus seinem Wesen folgende „Rechts- und Bestandsschwäche" innewohnt, bewirken sie trotz ihrer für den einzelnen Vertrag häufig substanzvernichtenden Folgen nicht, daß sich der Tatbestand der Enteignung gemäß Art. 14 Abs. 3 GG verwirklicht.

c) Die Bestandsschwäche laufender Verträge gegenüber mittelbaren Eingriffen des Gesetzgebers

Ebensowenig wie die Parteien, gegen deren Vertrag und seine Abwicklung sich eine allgemeine Rechtsänderung „unmittelbar" (vgl. § 2 AWG, § 106 GWB, Abbau der Wohnungszwangswirtschaft usw.) auswirkt, einen Anspruch auf Entschädigung wegen Enteignung haben, können diejenigen sich auf Art. 14 GG berufen, deren Vertrag das Opfer einer gegen einen Dritten gerichteten Rechtsänderung geworden ist. Zu denken ist dabei unter anderem an die Forderungen, die Handwerker aus Werkvertrag oder Angestellte aus Dienstvertrag gegen die im Jahre 1956 verbotene KPD geltend machen konnten und die infolge des Parteiverbotes unbefriedigt blieben[258]. Auch in diesen Fällen wurden schuldrechtliche Beziehungen beeinträchtigt, die Rechtsprechung und Lehre als vollwertiges Eigentum anzusehen gewohnt sind. Trotzdem lehnte der Bundesgerichtshof es ab, eine Enteignungsentschädigung zuzusprechen, und zwar einmal mit der Begründung, es sei kein unmittelbarer Eingriff gegeben gewesen, zum anderen sei die KPD als Schuldnerin wegen ihrer Verfas-

---

[257] Vgl. die Schlußfolgerungen von *Selmer*, a.a.O., Fußnote 430 S. 99 für § 2 AWG; ferner Fußnote 346a S. 81 für den eingerichteten und ausgeübten Gewerbebetrieb.
[258] BGH 18. 9. 1959, Bd. 31 S. 1 ff.

sungswidrigkeit von einem Makel behaftet gewesen[259]. Die Richtigkeit dieser Begründung soll hier nicht im einzelnen untersucht werden. Entscheidend ist vielmehr, daß sich auch in dieser Sachverhaltskonstellation wieder zeigte, in welch starkem Maße eine jede Forderung, ja jede einzelne schuldrechtliche Beziehung von dem Fortbestand einer bestimmten, zur Zeit der Entstehung des einzelnen Rechts gegeben gewesenen Rechtslage abhängig ist. So konnte vor der Entscheidung des Bundesverfassungsgerichts jedermann mit der KPD einen voll wirksamen Vertrag abschließen, der ihm zumindest bis zur Feststellung der Verfassungswidrigkeit der Partei eine voll gültige Rechtsposition begründete[260]. Jedem einzelnen Vertrag, auch demjenigen, der mit der früheren KPD abgeschlossen wurde, wohnt vom Zeitpunkt seiner Entstehung an aber die Unsicherheit inne, ob der Schuldner rechtlich in der Lage bleibt, die vertraglich vereinbarte Leistung zu erbringen. Nachträgliche Eingriffe des Gesetzgebers in die Vertragsabwicklung gehen entschädigungslos zu Lasten des auf diese Weise betroffenen Gläubigers, soweit nicht zwischen den Vertragsparteien unter anderem gemäß der §§ 323 ff. BGB ein Ausgleich stattfindet. Jeder Vertragspartner trägt auch das Risiko, daß sein jeweiliger Schuldner wirtschaftlich, d. h. rein tatsächlich in der Lage bleibt, den voll wirksam eingegangenen Verpflichtungen nachzukommen.

Der Staat nimmt dieses Risiko keiner Vertragspartei ab. So muß jedermann gegebenenfalls damit rechnen, daß der Privatmann, aber auch der einzelne Gewerbebetrieb, mit dem er einen Vertrag geschlossen hat, in Vermögensverfall gerät und der laufende Vertrag unerfüllt bleibt. Der Vermögensverfall kann seine Ursache in einer unzulänglichen Geschäftsführung haben oder Folge einer verschlechterten Wirtschaftslage sein, er kann aber auch das Endergebnis einer veränderten Gesetzeslage sein, auf deren vorläufigen oder dauernden Fortbestand der einzelne bei seiner Geschäftstätigkeit und bei Vertragsabschluß vertraute[261]. Wenn auch beide Seiten durch den Vertragsabschluß eine vermögenswerte Rechtsposition erwerben, so ist doch dieser von Anfang an typischerweise eigen, daß sie nur solange verwertbar ist, als beide Seiten rein tatsächlich und rechtlich dazu imstande sind. Eine Vertragspartei hat, wie bereits gezeigt wurde[262], keinen Anspruch auf eine Enteignungsentschädigung, wenn der Gesetzgeber sie selbst oder ihre Gegenseite zum Adressaten einer generellen Gesetzesänderung wählt, um den Vertrag inhaltlich zu verändern, für unwirksam zu erklären oder die Erfüllung zu behindern oder ganz

---

[259] BGH 18. 9. 1959, Bd. 31 S. 1 ff. (3, 4).
[260] BGH 18. 9. 1959, Bd. 31 S. 1 ff. (3).
[261] Vgl. den sog. Knäckebrotfall BGH 31. 1. 1966, NJW 1966, S. 877.
[262] Vgl. S. 102 des Textes.

zu verbieten. Eine Enteignungsentschädigung ist seitens des Staates aber auch dann an eine Vertragspartei erst recht nicht zu zahlen, wenn diese sich in ihren Erwartungen auf die Erfüllung ihres laufenden Vertrages deshalb enttäuscht sieht, weil der Schuldner sich infolge einer Gesetzesänderung und des durch sie bewirkten Vermögensverfalles (Schließung des Unternehmens) nicht mehr in der Lage sieht, den eingegangenen Verpflichtungen zu entsprechen. Niemand erwirbt durch den staatlicherseits gebilligten Abschluß eines Vertrages ein Recht darauf, daß der Schuldner von staatlichen Beschränkungen, vorzugsweise neu erlassenen Gesetzen, freigestellt bleibt, die, ohne gegen den Vertrag als solchen und seine Abwicklung selbst gerichtet zu sein, einen Vertragspartner hindern, seinen Verpflichtungen tatsächlich nachzukommen. Unter Berücksichtigung dieser Grundsätze war es daher richtig, als der Bundesgerichtshof es ablehnte, den Vertragspartnern der verbotenen KPD eine Enteignungsentschädigung zu zahlen. Wenn es auch eine politische Partei war, die Schuldnerin eines laufenden Vertrages wurde, so ist das doch von nebensächlicher Bedeutung für die Frage, in welchem Umfange eine Vertragspartei vom Staat eine Entschädigung verlangen kann, nachdem dieser durch seine Maßnahmen einen Schuldner rechtlich oder nur rein tatsächlich (Auflösung einer Partei, eines Unternehmens) auf rechtmäßige Weise zum Wegfall gebracht hat. Die Partei steht insoweit zum Beispiel einem Unternehmen gleich, das nach Erlaß eines neuen Gesetzes gehindert ist, seine Erwerbstätigkeit fortzusetzen und dadurch schließlich wirtschaftlich unfähig wird, die bestehenden Verbindlichkeiten zu erfüllen. Mit diesen Ausführungen soll keineswegs der sogenannten Makeltheorie des Bundesgerichtshofes[263] oder der Risikotheorie, ursprünglich vertreten von Geiger[264] das Wort gesprochen werden. Die hier gewählte Betrachtungsweise führt nur den wiederholt in den Vordergrund gestellten Gedanken folgerichtig fort, daß einem laufenden Vertrag grundsätzlich kein Bestandschutz gegenüber allgemeinen Rechtsänderungen und ihren Folgen zukommt.

Die Feststellung des Bundesverfassungsgerichts, daß eine Partei verfassungswidrig ist, wird Teil dieser allgemeinen Rechtsordnung. Nachdem das Grundgesetz allgemein die Maßstäbe gesetzt hat, welche Parteien am politischen Leben teilnehmen dürfen, ist es Aufgabe des Bundesverfassungsgerichts, im Einzelfall zu entscheiden, wann eine Partei gegen die freiheitlichen Grundsätze des Grundgesetzes verstoßen hat und verboten werden muß. Die Entscheidung ist nur insoweit konstitutiv[265]. Die Frage der Verfassungsmäßigkeit der Partei ist aber schon durch das

---

[263] Vgl. die ablehnende Ansicht von *Reißmüller*, a.a.O., S. 123; *Selmer*, a.a.O., S. 81.

[264] *Geiger*, Gesetz über das Bundesverfassungsgericht, Kommentar, 1952, § 46 Anm. 6 S. 168.

[265] *Geiger*, a.a.O., § 46 Anm. 2 S. 165.

Grundgesetz generell vorwegbestimmt. Die Verfassungswidrigkeit der einzelnen Partei wird nur erst offenkundig und rechtswirklich, nachdem das Gericht sich entschieden hat, die Partei gemäß § 46 des Gesetzes über das Bundesverfassungsgericht zu behandeln und aufzulösen, um damit die vom Grundgesetz geforderte Rechtslage herzustellen.

9. Zusammenfassung

Zusammengefaßt ergibt sich für die Frage des Bestandschutzes laufender Verträge gegenüber nachträglichen allgemeinen Rechtsänderungen, daß einem jeden Vertrag von seinem Wesen her und aufgrund seines Entstehungstatbestandes (Abhängigkeit von der Anerkennung durch die Rechtsordnung) eine natürliche und vorgegebene „Bestandsschwäche" gegenüber allgemeinen Rechtsänderungen innewohnt. Die Wirksamkeit eines Vertrages und die Möglichkeit seiner Erfüllung hängen davon ab, daß die bei Vertragsabschluß gegeben gewesenen oder erwarteten rechtlichen Erfordernisse fernerhin, d. h. während des Laufs des Vertrages und der vorgesehenen vertraglichen Abwicklung bestehen bleiben oder zur Entstehung gelangen. Gleichzeitig bleibt der den Rechtscharakter eines Vertrages prägende Grundsatz zu beachten, daß niemand einen Anspruch auf den Fortbestand einer bestimmten Gesetzeslage hat. Dieser Grundsatz, der bei einem Vertrag dessen eigentümliche Wesensart bestimmt, schließt aus, daß ein Vertrag den durch ihn berechtigten Parteien eine Rechtsposition gewährt, die uneingeschränkt mit den übrigen verfassungsrechtlich geschützten Eigentumspositionen (Grundstück, Gewerbebetrieb) gleichgesetzt werden kann. Ein laufender Vertrag ist gesetzesabhängiger und von daher notwendigerweise weniger bestandsgesichert mit allen Folgen für die an sich durch Art. 14 Abs. 3 GG zu Lasten des Staates begründeten Entschädigungspflicht. Der Untergang und die Entziehung einer vertraglichen Rechtsposition wegen einer allgemeinen Rechtsänderung und ihren Folgeerscheinungen stellt per se keinen Enteignungstatbestand dar, wie ihn Rechtsprechung und Lehre sonst allgemein beim Untergang, bei der Wegnahme und der Entziehung einer als Eigentum anerkannten Rechtsposition anzunehmen gewohnt sind. Eingriffe in laufende Verträge, soweit sie durch den Erlaß und die Anwendung allgemeiner Gesetze erfolgen, stellen in der Regel nur eine Inhaltsbestimmung und Schrankenziehung des einzelnen grundsätzlich als geschütztes „Eigentum" anzuerkennenden Vertrages dar, mit der Besonderheit allerdings, daß es dabei auch zum Untergang des betroffenen Vertrages kommen darf.

C. Eingriffe des Gesetzgebers, verfassungs- rechtliche Grenzen und etwaige Entschädigungsansprüche

1. Das Rückwirkungsverbot als Grenze

a) Eingriffe des Gesetzgebers in laufende Verträge als
Fälle einer verbotenen Rückwirkung von Gesetzen

Das erzielte Ergebnis kann zu dem Eindruck verleiten, Vertragspar- teien seien gegenüber der Interventionstätigkeit des Gesetzgebers unge- schützt, weil allgemeinen Gesetzen die entschädigungsfreie Wirkung zu- gestanden wird, einen laufenden Vertrag gegen den Willen einer oder beider Parteien nachträglich unwirksam oder unerfüllbar werden zu las- sen. Wenn auch in unserem Verfassungssystem grundsätzlich[1] niemand einen Anspruch auf Fortbestand einer bestimmten Gesetzeslage hat, so er- fährt dieser Regelsatz mit seinen für Vertragsparteien ungünstigen Fol- gerungen dadurch eine für den Bürger wichtige Einschränkung, daß dem Gesetzgeber bei seiner Tätigkeit vom Grundgesetz feste und unüber- schreitbare Schranken aufgerichtet sind. Diese Schranken hat der Gesetz- geber unabhängig davon zu beachten, ob die gesetzgeberische Maßnahme z. B. gegen einen laufenden Vertrag gerichtet ist oder auf sonstige recht- liche und tatsächliche Verhältnisse des einzelnen einwirkt. Trotz der dem Gesetzgeber für seine Aufgabenstellung zuerkannten Freiheit, den Inhalt eines Gesetzes nach seinem freien Ermessen[2] zu bestimmen, herrscht heute die Auffassung vor, es sei dem Gesetzgeber nach dem Grundgesetz z. B. nicht gestattet, den Gesetzen unbeschränkt rückwirkende Kraft bei- zumessen[3]. Soweit die Verwaltung allgemeine Normen in Form von Rechtsverordnungen gemäß Art. 80 Abs. 1 GG erläßt, soll dieses Rück- wirkungsverbot auch für sie gelten. Grundlage des Rückwirkungsver-

---

[1] BVerfG 21. 7. 1955, Bd. 4 S. 219 (246); 10. 5. 1968, NJW 1968, S. 1626 (1627); RG 10. 1. 1933, Bd. 139 S. 177 (185 ff.); BGH 31. 10. 1952, NJW 1953, S. 582; BGH 31. 1. 1966, Bd. 45 S. 83 (85); 7. 12. 1967, ausführlich in Der Betrieb 1968, S. 33 = NJW 1968, S. 293 mit Anmerkung von *R. Schmidt*, NJW 1968, S. 791; BVerwG 5. 5. 1964, Bd. 18 S. 254 (264); *Bullinger*, a.a.O., S. 764; *Forsthoff*, a.a.O., § 8 S. 145 ff.; *Henze*, a.a.O., S. 1 ff.; *Jaenicke*, a.a.O., S. 154; *Janssen*, a.a.O., S. 61, 62; *Kimminich*, JZ 1962, S. 521; *Maunz-Dürig*, a.a.O., Art. 2 Rdz. 47; *Roth*, a.a.O., S. 76 ff.; *Peters*, Die Verfassungsmäßigkeit des Verbotes der Beförderung von Massengütern im Fernverkehr auf der Straße, Gutachten, S. 11, 14; *Lerche*, a.a.O., S. 86, 142, 250, 273.
[2] BVerfG 21. 7. 1955, Bd. 4, 219 (243); *Lerche*, a.a.O., S. 158.
[3] BVerfG 16. 11. 1965, Bd. 19 S. 187 ff.; *Wolff I*, a.a.O., § 27 I S. 130.

botes ist nach Meinung des Bundesverfassungsgerichtes[4] das Rechtsstaatsprinzip, das in Art. 20 Abs. 3 GG seinen Ausdruck gefunden hat; nach Ansicht des Bundesgerichtshofes[5] ergibt sich das Rückwirkungsverbot aus Art. 2 Abs. 1 GG. Eine Erörterung dieses angeblichen verfassungsrechtlichen Verbotes der Rückwirkung von Gesetzen und seiner Schutzwirkung für den Fortbestand eines laufenden Vertrages erweist sich jedoch erst dann als fruchtbar, wenn zuvor geklärt ist, wann eine verbotene Rückwirkung vorliegt. Erst dann läßt sich auch die Frage beantworten, ob der nachträgliche Erlaß eines Gesetzes, das einen laufenden Vertrag unwirksam oder dessen noch ausstehende Erfüllung unmöglich werden läßt, den Tatbestand einer „Rückwirkung" im Sinne des verfassungsrechtlichen Verbotes verwirklicht. Von einer Rückwirkung eines Gesetzes kann man beispielsweise schon sprechen, wenn neue Vorschriften Handlungen des einzelnen, die dieser in der Vergangenheit im Rahmen oder im Hinblick auf einen künftigen Vertrag vorgenommen hat, als vergeblich und verfehlt erscheinen lassen[6]. Ein sofort für die Zukunft wirksames Lieferverbot (vgl. das Röhrenembargo) kann bewirken, daß Investitionen, die ein Unternehmer im Hinblick auf einen mehrjährigen Vertrag vorgenommen hat, nachträglich als verfehlt abgeschrieben werden müssen. Eine für laufende Mietverträge angeordnete Herabsetzung bisher vertragsgemäß gezahlter Mietpreise führt für den Vermieter nachträglich zu einer finanziellen Belastung, wenn dieser z. B. die zur Verfügung gestellten Wohnräume in Erwartung eines bestimmten Mietpreises gebaut und damit den zukünftigen Mietpreis zur Grundlage seiner Kalkulation gemacht hat.

b) Die Auffassung des Bundesverfassungsgerichtes

Sucht man nach einer klaren und überzeugenden Definition dessen, was unter verbotener „Rückwirkung" eines Gesetzes zu verstehen ist, zeigt sich eine sehr starke Uneinheitlichkeit[7] der dazu vertretenen Meinungen. Das Bundesverfassungsgericht unterscheidet zwischen echter und unechter Rückwirkung, hat aber bisher darauf verzichtet, den Begriff der Rückwirkung abschließend zu formulieren. Ein Fall echter Rückwirkung liegt nach Auffassung dieses Gerichts[8] vor, wenn der Staat durch ein Gesetz in abgewickelte, der Vergangenheit angehörende Tatbestände eingreift. So nimmt das Gericht von einem Gesetz echte Rückwirkung an, wenn der

---

[4] BVerfG 19. 12. 1961, Bd. 13 S. 261 (271); 24. 7. 1957, Bd. 7 S. 89 (92).
[5] BGH 8. 7. 1955, Bd. 18 S. 81 (94 ff.).
[6] Henze, a.a.O., S. 73.
[7] Scheerbarth, a.a.O., § 3 S. 5 ff.; Forsthoff, a.a.O., § 8, S. 146; Klein-Barbey, a.a.O., S. 36 ff.; Kimminich, JZ 1962, S. 518 ff.
[8] BVerfG 11. 10. 1962, Bd. 14 S. 288 (297); 9. 6. 1964, Bd. 18 S. 70 (84).

Gesetzgeber für bereits verjährte Forderungen eine neue Verjährungs-
regelung einführen sollte. Der Gesetzgeber würde in diesem Falle rückwirkend in Tatbestände eingreifen, die rechtlich schon endgültig ge-
regelt und abgeschlossen waren. Eine unechte Rückwirkung eines Gesetzes soll dagegen gegeben sein, wenn Normen „auf gegenwärtige, noch
nicht abgeschlossene Sachverhalte für die Zukunft einwirken, damit aber
zugleich die betroffene Rechtsposition nachträglich im ganzen entwer-
ten"[9]. Genau das aber geschieht, wenn Gesetzgeber und Verwaltung einen
laufenden Vertrag für die Zukunft unwirksam werden lassen, seine Erfüllung erschweren, verhindern oder den Vertragsinhalt zumindest zum
Nachteil einer Vertragspartei verändern. Soweit im Rahmen eines bisher
von staatlichen Eingriffen und Einwirkungen verschont gebliebenen Vertrages Teillieferungen erbracht worden sind, die nunmehr für den Lei-
stungsempfänder wegen der nicht mehr möglichen Restlieferung unver-
wertbar werden, ergibt sich auch die vom Bundesverfassungsgericht erwähnte Verschlechterung einer bisherigen günstigen Rechtsposition. Der
Wert dieser vom Bundesverfassungsgericht gemachten Unterscheidung
zwischen echter und unechter Rückwirkung ist aber zweifelhaft, weil das
Gericht die Zulässigkeit beider Rückwirkungsfälle in verschiedenen Entscheidungen anhand der gleichen Kriterien prüft[10].

c) Die Meinung von Klein-Barbey zum Verbot der Rückwirkung von Gesetzen und eigene Stellungnahme

Begriff und Wesen der Rückwirkung von Normen erfahren dann eine
eindeutige Klarstellung und Abgrenzung gegenüber sonstigen Einwirkungen neu erlassener Gesetze, wenn man sie nur dann als gegeben ansieht, soweit der Gesetzgeber einen rechtlich schon bewerteten Sachverhalt (Tatsachen oder Rechtsbeziehungen) neu bewertet. Aus dem Wesen der gesetzgeberischen Entscheidung folgt, „daß diese notwendig auf
eine endgültige Bewertung der von ihr betroffenen konkreten Lebens-
sachverhalte gerichtet ist ... In der Anordnung eines Satzes aus dem Bereich der möglichen und zulässigen Sätze liegt die Entscheidung des Gesetzgebers dahin, daß die zukünftig auftretenden Sachverhalte gemäß
der verbindlich getroffenen Anordnung gewertet werden ... Die Erstrek-
kung der Normgeltung auf bestimmte, unter der Herrschaft des Gesetzes
aufgetretene Sachverhalte bezeichnet damit objektiv den ‚Verbrauch'
der Entscheidungsfreiheit des Gesetzgebers, der nunmehr nicht mehr diejenigen Sachverhalte rechtlich bewerten kann, die schon unter die Herrschaft gesetzten Rechts getreten und damit rechtlich bewertet sind ...

---

[9] BVerfG 11. 10. 1962, Bd. 14 S. 288 (297).
[10] *Klein-Barbey*, a.a.O., S. 38.

8*

in dieser grundsätzlichen Unverbrüchlichkeit des Gesetzes liegt das dem . . . Rückwirkungsbegriff zugeordnete Element der Rechtssicherheit"[11].

Folgt man deshalb dieser von Klein-Barbey erarbeiteten Definition des Begriffes und der Bestimmung des verfassungsrechtlich erheblichen Rückwirkungsproblems, so ergibt sich, daß die anhand von Beispielsfällen geschilderten Eingriffe des Gesetzgebers in laufende Verträge per se überhaupt keine Fälle der Rückwirkung sind. Gemäß §§ 2, 8, 27 AWG kann durch Rechtsverordnung die Ausfuhr bestimmter Produkte uneingeschränkt, d. h. ohne Rücksicht auf laufende Verträge verboten werden. Die Rechtsverordnung erstreckt dieses Verbot nur auf zukünftige Handlungen[12]. Die Ausfuhrhandlung erfährt ihre rechtliche Beurteilung erst in dem Augenblick, in dem sie vorgenommen wird. Die bisherige Rechtslage vor Erlaß der Norm ließ zwar erwarten, die Ausfuhr werde erlaubt sein; ob sie erlaubt ist, entscheidet sich aber erst dann, wenn damit begonnen wird, die Ware ins Ausland zu bringen. Eine Rückwirkung im Sinne von Klein-Barbey liegt aber auch dann nicht vor, wenn ein Gesetz bisher wirksame Verträge für die Zukunft für unwirksam erklärt (vgl. z. B. § 106 GWB), selbst wenn keinerlei Übergangsregelung vorgesehen ist. Der Gesetzgeber macht die fortdauernde Wirksamkeit bisher gültiger Kartellverträge (Beschlüsse) im Rahmen des Gesetzes gegen Wettbewerbsbeschränkungen lediglich davon abhängig, inwieweit in Zukunft bestimmte Voraussetzungen gegeben, bzw. nicht gegeben sind. Ein Sachverhalt, in dessen Rahmen es um die einheitliche Anwendung von Normen oder Typen im Sinne des § 15 GWB geht, erfährt in Zukunft nur dann die Wertung als wirksames Rationalisierungskartell, wenn zusätzlich eine Anmeldung im Sinne des § 9 Abs. 2 GWB erfolgt. Das gleiche gilt für Rechtsverordnungen gemäß § 27 AWG, die die Verwaltung berechtigen, einer zuvor erteilten Genehmigung nachträglich eine Auflage, Bedingung (§ 30 Abs. 1 AWG) beizufügen, um auf diese Weise die Parteien zu veranlassen, den laufenden Vertrag in anderer Weise zu erfüllen, als es der ursprüngliche Vertragsinhalt von ihnen verlangt. Eine Rückwirkung eines Gesetzes liegt auch dann nicht vor, wenn der Gesetzgeber z. B. nachträglich eine Bestimmung im Sinne des § 247 Abs. 1 BGB einführt und entgegenstehende vertragliche Vereinbarungen unwirksam werden

---

[11] *Klein-Barbey*, a.a.O., S. 67, 68.

[12] Das gleiche gilt für Maßnahmen, die z. B. im Rahmen des Wirtschaftssicherstellungsgesetzes (vgl. Anm. 68 des Textes) ergehen können und die Erfüllung eines laufenden Vertrages unmöglich machen. Ebensowenig kann man dann von einer Rückwirkung sprechen, wenn der Gesetzgeber mit ex nunc Wirkung z. B. Höchstpreise festsetzt, die dem Mieter verbieten, mehr zu zahlen, auch wenn er vertraglich dazu verpflichtet ist. Etwas anderes würde gegebenenfalls nur dann eintreten, wenn der Gesetzgeber für *vergangene Zeiten* nachträglich neue Mietpreise festsetzt.

läßt. Das Gesetz wirkt nur in die Zukunft und bewertet das bisherige vertragsmäßige Verhalten der Parteien eines laufenden Darlehensvertrages nicht neu[13]. Alle bisher dargestellten Beispielsfälle[14] sind vielmehr im Sinne der Unterscheidung des Bundesverfassungsgerichtes und auch weitgehend der übrigen Rechtsprechung und Lehre Fälle der sogenannten unechten Rückwirkung. Es handelt sich bei laufenden Verträgen um gegenwärtige, noch nicht abgeschlossene Sachverhalte, auf die Gesetzgeber und Verwaltung einwirken mit der Folge, daß damit zugleich die betroffene Rechtsposition, die nicht notwendigerweise ein laufender, wirksam entstandener Vertrag sein muß, im ganzen entwertet wird[15]. Die Zulässigkeit einer derartigen Rückwirkung bestimmt sich allenfalls danach, ob die Vertragsparteien im Einzelfall darauf vertrauen konnten, der Gesetzgeber oder die Verwaltung würden die volle Verwirklichung dieses noch nicht abgeschlossenen Sachverhaltes in Form eines laufenden Vertrages zulassen.

2. Die Rechtssicherheit als Grenze

a) Das Vertrauen des einzelnen auf den Fortbestand einer Rechtslage

Zur Rechtsstaatlichkeit, wie sie vom Grundgesetz (Art. 28 Abs. 1) verstanden wird, gehört das Prinzip der Rechtssicherheit[16]. Der einzelne Staatsbürger muß die ihm gegenüber möglichen staatlichen Eingriffe voraussehen können, um sich auf sie einrichten zu können. Rechtssicherheit bedeutet für ihn ferner, daß er darauf vertrauen kann, daß sein dem geltenden Recht entsprechendes Handeln von der Rechtsordnung mit allen ursprünglich damit verbundenen Rechtsfolgen anerkannt bleibt. Gegen diese in einem Rechtsstaat legitime Erwartung des einzelnen verstößt der Staat, wenn er rückwirkend für die Vergangenheit abgeschlossene Tatbestände neuem Recht unterstellt, beispielsweise belastende Steuergesetze rückwirkend in Kraft setzt[17].

---

[13] Eine Neubewertung vergangener Tatbestände liegt nicht vor, wenn der Gesetzgeber neue Kündigungsbestimmungen usw. für laufende Verträge einführt. Vgl. ferner die Art. 170, 171 EGBGB, obwohl u. a. *Soergel-Siebert,* a.a.O., Art. 170 Anm. 1 hier von Rückwirkung sprechen. Rückwirkung bedeutet dort, daß ein in der Vergangenheit (!) begründetes Rechtsverhältnis für die Zukunft — teilweise — einer neuen gesetzlichen Regelung unterstellt wird, *Scheerbarth,* a.a.O., S. 19; *Wolff* I, a.a.O., § 27 I S. 130 ff.

[14] Vgl. S. 17 des Textes.

[15] BVerfG 11. 10. 1962, Bd. 14 S. 288 (297).

[16] BVerfG 24. 7. 1957, Bd. 7, 89 (92); 19. 12. 1961, Bd. 13 S. 261 (271); *Leibholz-Rinck,* a.a.O., Art. 20 Rdz. 26, 41.

[17] BVerfG 19. 12. 1961, Bd. 13 S. 261 (271).

Vom Vertrauen zum Gesetzgeber kann in weiterem Sinne auch dann gesprochen werden, wenn ein Staatsbürger mit guten Gründen die Erwartung hegt, der Gesetzgeber werde sich in einer ganz bestimmten Weise verhalten, indem er ein Gesetz fortbestehen läßt oder ein neues Gesetz in Kraft setzt[18]. Bei seinen Handlungen ist der Bürger sogar häufig darauf angewiesen, von dem Gesetzgeber in der Zukunft ein bestimmtes Verhalten zu erwarten, da der einzelne oft einen längeren Zeitraum benötigt, um seine in der Gegenwart eingeleiteten Dispositionen in der Zukunft erfolgreich abschließen zu können. So gehen Vertragsparteien bei Vertragsabschluß regelmäßig davon aus, daß ihr Vertrag in Zukunft ohne rechtliche oder tatsächliche Schwierigkeiten, soweit sie der Verfügungsgewalt des Staates unterliegen, ausgeführt werden kann. Frage bleibt aber, ob dieses in die Zukunft gerichtete Vertrauen zugunsten eines Tatbestandes, mit dessen teilweiser Verwirklichung begonnen worden ist, gleichgestellt werden darf mit dem Vertrauen, das unter dem Gesichtspunkt der Rechtssicherheit vom Gesetzgeber den Verzicht auf eine gesetzliche Neuregelung zu Lasten eines in der Vergangenheit abgeschlossenen Sachverhaltes verlangt.

Der Bürger wird unter anderem in seinem Vertrauen geschützt, daß der Staat einen in einem förmlichen Verfahren ergangenen rechtskräftigen Verwaltungsakt bestehen läßt[19]. Die in der Vergangenheit durch den Verwaltungsakt getroffene Regelung ist für Staat und Bürger gleichermaßen verbindlich. Eine verstärkte Beständigkeit aus Gründen der Rechtssicherheit kann der Bürger ebenfalls bezüglich aller rechtskräftigen gerichtlichen Entscheidungen verlangen. Auch sie dürfen grundsätzlich nach ihrem Erlaß vom Staat nicht geändert werden. Wenn auch die Wirksamkeit eines einzelnen Vertrages und dessen Erfüllung während seiner Laufzeit regelmäßig nicht in einem förmlichen Verfahren vom Staat überprüft werden, so erfährt doch jede zustande gekommene Vereinbarung eine endgültige Bewertung im Rahmen der gegenwärtig bestehenden Gesetze[20]. In den Grenzen der vom Staat geschaffenen Rechtsordnung ist der einzelne Bürger befugt, Tatbestände nach seinem Willen zu verwirklichen. Dem gesetzgeberischen Befehl, nur im Rahmen der Gesetze von der allgemein gewährten Handlungsfreiheit (Art. 2 Abs. 1 GG) Gebrauch zu machen, entspricht spiegelbildlich das Vertrauen des einzelnen, daß sein „gesetzeskonformes" Verhalten die einmal erfahrene rechtliche Bewertung behält und vom Staat keiner späteren rechtlichen Neueinschätzung dadurch unterworfen wird, indem die früheren Gesetze rückwirkend aufgehoben werden. Möglicherweise hätte der einzelne bei

---

[18] BVerfG 14. 3. 1963, Bd. 15 S. 313 (324).

[19] BVerfG 1. 7. 1953, Bd. 2 S. 380 (392); *Wolff* I, a.a.O., § 82 S. 348; *Leibholz-Rinck*, a.a.O., Art. 20 Rdz. 26.

[20] *Klein-Barbey*, a.a.O., S. 67, 68.

Vorkenntnis der späteren, rückwirkenden Rechtslage von einem bestimmten Verhalten Abstand genommen, um ihm persönlich oder wirtschaftlich
unerwünschten Folgen zu entgehen. Die Rückwirkung eines Gesetzes verstößt daher fundamental gegen den Grundsatz eines Rechtsstaates zu
gewährleisten, daß der einzelne die Folgen seines Handelns im Zeitpunkt
der Verwirklichung voraussehen kann[21]. Der Staat kann deshalb in aller
Regel nur unter Verletzung der Rechtssicherheit in einen in der Vergangenheit abgeschlossenen und vollständig abgewickelten Vertrag eingreifen. Zusammenfassend kann gesagt werden, daß eine vom Staat ausdrücklich für einen Einzelfall ausgesprochene Bewertung (Verwaltungsakt, Urteil) oder eine vom Bürger vorgefundene und bei seiner Tätigkeit
akzeptierte Bewertung vom Staat aus Gründen der Rechtssicherheit
grundsätzlich nicht geändert werden darf.

Zu einer Bewertung kommt es allerdings erst dann, wenn ein objektiv
gegebener Sachverhalt der vom Staat aufgestellten Norm unterstellt
wird. Bei Abschluß eines Vertrages werden von den Parteien Tatbe-
standsmerkmale verwirklicht, die nach den bestehenden Gesetzen einen
wirksamen Vertrag zur Entstehung bringen (§§ 145, 151 BGB). Inwieweit
die im Vertrag vorgesehenen gegenseitigen Erfüllungshandlungen
schließlich rechtlich zulässig sind, läßt sich bei Vertragsabschluß anhand
der gegenwärtigen Rechtslage zwar mit einer gewissen Wahrscheinlich-
keit voraussehen; die Bewertung der einzelnen Leistungen beispielsweise als vertragsgemäße Erfüllungshandlung, die übereinstimmt mit
den Anforderungen der Rechtsordnung, kann aber erst im Zeitpunkt
ihrer tatsächlichen Verwirklichung erfolgen. Ein laufender Vertrag stellt
somit hinsichtlich der noch nicht erbrachten Leistungen für die Zukunft
einen bewertungsmäßig „offenen" Sachverhalt dar. In dieser Situation
kann es nun geschehen, daß die Erwartungen der Vertragsparteien hinsichtlich des Fortbestandes einer bisherigen Gesetzeslage auf den Entschluß des Gesetzgebers treffen, die bisher gegebene Rechtslage durch
den Erlaß neuer Normen zu verändern. Das geschieht um so eher, je
länger der Zeitraum ist, den die Vertragspartner für die Verwirklichung
ihres Vertragszieles benötigen.

Das Gesetz ist in der heutigen Zeit nicht mehr nur dazu ausersehen,
die Freiheitssphäre des einzelnen abzusichern und abzugrenzen, sondern
in verstärktem Maße dazu bestimmt, als zweckbetontes Regulativ der
Sozialabläufe im Rahmen einer verbindlichen öffentlichen Ordnung zu
dienen und die Verhaltensweisen auf ein dem öffentlichen Interesse dienendes Ziel hinzulenken[22]. Dabei kann der Staat grundsätzlich alles zur

---

[21] BVerfG 19. 12. 1961, Bd. 13 S. 261 (271); 14. 3. 1963, Bd. 15 S. 313 (324);
Wolff I, a.a.O., § 27 I S. 130 ff.
[22] *Lerche*, a.a.O., S. 60.

öffentlichen Aufgabe erklären und damit das, was dem Gemeinwohl dient, selbst bestimmen[23]. Durch die veränderte und vergrößerte Aufgabenstellung des Gesetzgebers in einem Sozialstaat kommt eine sich verstärkende Instabilität in die allgemeine Rechtslage, von deren Beständigkeit die Vertragsparteien bei ihren Dispositionen gerade ausgehen. Je mehr an die Stelle des allgemein geltenden Gesetzes auf den verschiedensten Gebieten das zweckbetonte, zeit-, sach- und gelegentlich sogar personalbezogene Maßnahmegesetz tritt[24], desto offensichtlicher wird dieser Widerstreit zwischen privatem und öffentlichem Interesse, das vom Staat gewahrt und definiert wird. Für das von Vertragsparteien dem Gesetzgeber entgegengebrachte Vertrauen bedeutet es, daß es um so weniger gerechtfertigt ist, je mehr die einzelne Norm mit einem veränderlichen öffentlichen Interesse verbunden ist. Infolge der sich mit zunehmender Schnelligkeit verändernden wirtschaftlichen, sozialen und aller allgemeinen Verhältnisse bis hin in die privaten Bereiche des einzelnen Bürgers ist der Gesetzgeber fortlaufend genötigt, einen Großteil der bestehenden Gesetze den Erfordernissen der augenblicklichen Gegenwart anzupassen. Die tatsächlichen Notwendigkeiten der eine Regelung verlangenden Sachverhalte in der heutigen Zeit und die dem Gesetzgeber in einem Sozialstaat obliegenden Pflichten lassen es nicht zu, daß sich für den einzelnen Bürger eine Vertrauensposition herausbildet, die ihm ein Recht auf den Fortbestand einer gegebenen Gesetzeslage verschafft[25].

Mit diesem herausgestellten Ergebnis wird nicht einer neuen Selbstherrlichkeit[26] des Gesetzgebers das Wort geredet. Gegenüber der Weimarer Zeit hat das Grundgesetz eine verstärkte Reihe von immanenten Schranken errichtet, deren Beachtung Pflicht des Gesetzgebers ist, will er nicht das Risiko eingehen, daß das Verfassungsgericht eine Norm für unwirksam erklärt[27]. Auf dem Gebiet der Enteignung ist es dem Gesetzgeber beispielsweise heute (vgl. Art. 153 WRV, 14 Abs. 3 S. 3 GG) ver-

---

[23] BVerfG 17. 7. 1961, Bd. 13 S. 97 (107); *Peters,* Öffentliche und staatliche Aufgaben, in Festschrift für Nipperdey Bd. II S. 877 ff.; *Wolff* I, a.a.O., § 29 S. 145 ff.

[24] BVerfG 29. 7. 1959, Bd. 10 S. 89 (108); 14. 11. 1962, Bd. 15 S. 126 (146 ff.); *Lerche,* a.a.O., S. 46.

[25] BVerfG 21. 7. 1955, Bd. 4 S. 220 (246); 14. 3. 1963, Bd. 15 S. 313 (321 ff.); RG 10. 1. 1933, Bd. 139 S. 177 (185 ff.); BGH 31. 10. 1952, NJW 1953, S. 582; BGH 31. 1. 1966, Bd. 45 S. 83 (85); 7. 12. 1967, ausführlich in Der Betrieb 1968, S. 33 = NJW 1968, S. 293 mit Anmerkung von *R. Schmidt,* in NJW 1968, S. 791; BVerwG 5. 5. 1964, Bd. 18 S. 254 (264); *Bullinger,* a.a.O., S. 764; *Forsthoff,* a.a.O., § 8 S. 145 ff.; *Henze,* a.a.O., S. 1 ff.; *Jaenicke,* a.a.O., S. 154; *Janssen,* a.a.O., S. 61, 62; *Kimminich,* JZ 1962, S. 521; *Maunz-Dürig,* a.a.O., Art. 2 Rdz. 47; *Roth,* a.a.O., S. 76 ff.; *Lerche,* a.a.O., S. 86 ff., 272 ff.; *Jesch,* Gesetz und Verwaltung, Tübingen 1. Aufl. 1961, S. 28.

[26] RG 10. 1. 1933, Bd. 139 S. 17 (189).

[27] *Leibholz-Rinck,* a.a.O., vor Art. 1 Rdz. 4; *Maunz-Dürig,* a.a.O., Art. 1 Rdz. 103 ff.

wehrt, gegebenenfalls die Entschädigung auszuschließen. Sobald eine als
Eigentum anerkannte Rechtsposition durch ein Gesetz vernichtet wird,
muß vom Staat eine Entschädigung gezahlt werden. Diese Rechtsposition
ist aber nicht schon gegeben, wenn Vertragsparteien auf den Fortbestand einer Rechtslage vertraut haben. Da ein laufender Vertrag schon
„von Haus aus" unter dem inneren Vorbehalt des Fortbestandes einer
bei Vertragsabschluß gegebenen Gesetzeslage steht, kann auch aus seiner
Beeinträchtigung im Sinne einer Verletzung einer Rechtsposition kein
Anspruch auf eine Entschädigung erwachsen, sieht man in diesem Zusammenhang einmal von später zu erörternden Ausnahmen ab[28].

Bei seiner Tätigkeit hat der Gesetzgeber unter anderem den Gleichheitssatz des Art. 3 GG zu beachten, der ihn sogar ausnahmsweise dazu
zwingen kann, eine bisherige Gesetzesregelung für die Zukunft in ihrem
wesentlichen Kern beizubehalten[29]. Vor allem dann kann sich für den Gesetzgeber diese außergewöhnliche Situation ergeben, wenn ein Großteil
der vom Gesetz zu behandelnden Fälle bereits erledigt ist und eine ab-
weichende Regelung für die noch verbleibenden, gleichgelagerten Fälle
eine nicht gerechtfertigte Ungleichbehandlung bewirken würde. Festzu-
halten bleibt aber, daß der Gesetzgeber gemäß seinem Ermessen[30] bestehende Gesetze aufheben oder ändern kann, ohne daß ihm ein Recht
des einzelnen auf Fortbestand der bisherigen Gesetzeslage entgegenge-
halten werden kann.

b) Entschädigungsansprüche bei „unerwarteten" Rechtsänderungen

Bereits unter der Geltung der Weimarer Verfassung war von den Gerichten zu entscheiden, ob infolge einer Gesetzesänderung zugunsten
der von ihr Betroffenen ein Schadensersatzanspruch zur Entstehung kam.
In letzter Instanz war dem Reichsgericht folgender Sachverhalt vorgelegt
worden[31]: Bei Beginn des ersten Weltkrieges war eine Verordnung ergangen, die es zukünftig gestattete, Gefrierfleisch ohne Zoll in das Reichs-
gebiet einzuführen. Der Staat verfolgte damit den Zweck, die Versorgung
der Bevölkerung auch in der Kriegszeit sicherzustellen. Wegen der nach
dem Kriege fortdauernden Ernährungsschwierigkeiten blieb diese Regelung weiterhin in Kraft. Um bezüglich der Dauer der Importerleichterung

---

[28] S. 132 des Textes.

[29] BVerfG 23. 10. 1951, Bd. 1 S. 14 (52); 21. 7. 1955, Bd. 4 S. 219 (245); 4. 5. 1960,
Bd. 11 S .64 (71); 11. 12. 1962, Bd. 15 S. 167 (202); zur Bindung des Gesetzgebers
für die Zukunft: BVerfG 2. 7. 1955, Bd. 4 S. 219 (246).

[30] BVerfG 21. 7. 1955, Bd. 4 S. 219 (243); 11. 6. 1958, Bd. 7 S. 377 ff. (400);
14. 3. 1963, Bd. 15 S. 313 (321); *Lerche*, a.a.O., S. 86, 158, 250; *Maunz-Dürig*,
a.a.O., Art. 1 Rdz. 105.

[31] RG 10. 1. 1933, Bd. 139 S. 177 ff.

eine höhere Sicherheit zu erlangen, die die Entscheidung über erforderliche Investitionen beim Bau von Kühlhäusern erleichterte, bemühten sich die am Import beteiligten Wirtschaftskreise erfolgreich um eine weiträumige Befristung. In einer Verordnung vom 2. November 1923 wurde die Importerleichterung „bis auf weiteres, jedoch mindestens bis zum 31. Dezember 1933" vorgesehen. Unerwartet für die Betroffenen wurde die gewährte Freistellung vom Zoll seitens des Gesetzgebers schrittweise über Mengenbeschränkungen, ergänzt durch verschärfte Bestimmungen des Schlachtvieh- und Fleischbeschaugesetzes, bereits bis zum Jahre 1930 rückgängig gemacht. Die Einfuhr von Gefrierfleisch verlor dadurch schließlich für die Importeure jedes wirtschaftliche Interesse. Die Investitionen in Form der gebauten Kühlhäuser konnten dem vorgesehenen Zweck nicht mehr dienen und erbrachten nach Angaben der betroffenen Wirtschaftskreise einen Schaden in Höhe von 53 Mill. Mark. Das Reichsgericht lehnte eine Entschädigung vor allem mit der Begründung ab, die Betroffenen hätten trotz der Befristung damit rechnen müssen, daß „veränderte wirtschaftliche Verhältnisse im späteren Verlauf der Dinge und zwar schon vor dem Ende jener Frist, zu gesetzgeberischen Maßnahmen allgemeiner Art führen konnten, welche den Fortbetrieb ihrer Unternehmungen auf der bisherigen Grundlage wesentlich erschwerten oder unmöglich machten ... Wer seine geschäftlichen Maßnahmen auf den jeweiligen Stand der allgemeinen Gesetzgebung aufbaut ..., übernimmt naturgemäß das Wagnis, daß spätere Gesetze, welche die Wirtschaft in dieser oder in jener Richtung beeinflussen, seine geschäftlichen Pläne stören oder den Fortbestand seines Unternehmens vereiteln"[32]. Man kann davon ausgehen, daß das Reichsgericht auch beim Vorliegen von langfristigen Verträgen zwischen den Importeuren und den Exporteuren keine anderen Feststellungen zur Rechtslage getroffen hätte. Trotz der verfassungsrechtlichen Änderungen seit der Weimarer Zeit gilt diese Begründung auch unter der Geltung des Grundgesetzes[33]. Man wird sogar sagen können, daß sich das Wagnis des einzelnen in der Zeit der Wirtschaftslenkung verstärkt hat, ohne daß ihm gleichzeitig ein entschädigungsrechtlicher Ausgleich erwächst. In einer Zeit, in der die Wirtschaftslenkung ausdrücklich zu einem festen Bestandteil der heutigen Verfassungsordnung (vgl. die Neufassung des Art. 109 GG)[34] geworden ist, wird man grundsätzlich eine fortschreitende Erweiterung des traditionellen Grundrechtsschutzes auf wirtschaftslenkende Maßnahmen ablehnen müssen, so wie es auch keinen Schutz gegenüber den Ergebnissen des allge-

---

[32] RG 10. 1. 1933, Bd. 130 S. 177 (186).

[33] *Götz*, Recht der Wirtschaftssubventionen, 1966, S. 274 ff. (280).

[34] 15. Gesetz zur Änderung des Grundgesetzes vom 8. 7. 1967, BGBl. I S. 581; *Zuck*, NJW 1967, S. 1301 ff.; *Stern*, NJW 1967, S. 1831 ff.

meinen Marktmechanismus gibt. Wagner[35] fordert sogar eine stärkere Anerkennung der Gestaltungsfreiheit von Gesetzgeber und Regierung.

Nach § 27 AWG kann die Bundesregierung unter anderem Rechtsverordnungen erlassen, die die Ausfuhr von Waren beschränken, um einer Gefährdung der Deckung des lebenswichtigen Bedarfs vorzubeugen oder entgegenzuwirken. Weiter kann die Einfuhr erschwert werden, wenn andernfalls ein erheblicher Schaden für die Erzeugung gleichartiger oder zum gleichen Zweck verwendbarer Waren eintritt oder einzutreten droht (§ 10 Abs. 3, 4 AWG). Dabei kann der Verordnungsgeber die Dauer einer Rechtsverordnung befristen, sei es um den Interessen von Wirtschaftsgruppen entgegenzukommen, sei es, um mit Hilfe der Befristung einen verstärkten Anreiz zur Verbesserung der innerstaatlichen Erzeugung zu geben. Das Außenwirtschaftsgesetz verpflichtet den Verordnungsgeber zur Tätigkeit unabhängig von allen bestehenden Fristen und sonstigen Kriterien einer Verordnung, die Wirtschaftsgruppen ihren Entschlüssen zugrunde gelegt haben könnten. Der Verordnungsgeber kann handeln, wenn es gilt, schädlichen Folgen für die Wirtschaft oder einzelne Wirtschaftszweige vorzubeugen, entgegenzuwirken oder die Sicherheit der Bundesrepublik zu gewährleisten (§§ 6, 7 AWG)[36]. Dadurch können auch rein politische Gründe im Rahmen des vom Staat zu verfolgenden Gemeinwohls Grundlage für die Änderung der Gesetzeslage werden[37].

In diesem Zusammenhang muß der bereits erwähnte Fall des sogenannten Röhrenembargos aus dem Jahre 1962 gesehen werden, als aus außenpolitischen Gründen die bisherige unbefristete Exportfreiheit für Stahlröhren mit sofortiger Wirkung durch Einführung einer Genehmigungspflicht (§§ 2, 7, 27 AWG) eingeschränkt wurde[38]. Genehmigungen für Ostexporte wurden nicht erteilt. Mögen die betroffenen Unternehmen infolge der unterbrochenen Verträge auch erhebliche Schäden erlitten haben; da sie gegenüber dem Staat weder auf ein Recht auf Fortbestand der bisherigen gesetzlichen Exportfreiheit, noch auf die laufenden, nunmehr behinderten Verträge wegen der immanenten „Rechtsschwäche" gegenüber Rechtsänderungen verweisen konnten, stand ihnen kein Anspruch auf eine Entschädigung zu. Auch in ihrem Recht am eingerichteten und ausgeübten Gewerbebetrieb wurden die Unternehmen nicht derartig beeinträchtigt, daß sich der Tatbestand einer Enteignung erfüllte. Die Unternehmen blieben wirtschaftlich erhalten. Die rechtliche und tatsächliche

---

[35] *Wagner*, Vortrag auf der Staatsrechtslehrertagung in Bochum 1968, inhaltlich wiedergegeben in NJW 1969, S. 26.
[36] Zur Auslegung von §§ 6, 7 AWG *Schulz*, a.a.O., S. 316 ff., 328 ff.
[37] *Schulz*, a.a.O., § 7 Rdz. 5 S. 330.
[38] Vierte Verordnung zur Änderung der Ausfuhrliste, Anlage zur Außenwirtschaftsverordnung vom 14. 12. 1962, BAnz., Nr. 238 S. 1.

Möglichkeit, einzelne laufende Verträge ohne Eingriffe des Staates erfüllen und abwickeln zu können, zählt nicht zum rechtlich geschützten Kern eines Unternehmens im Sinne von Eigentum nach Art. 14 GG[39] und ist allenfalls für die Bemessung des Unternehmerrisikos bedeutsam. Weder im sogenannten „Gefrierfleischfall", noch bei Erlaß des Röhrenembargos entstand daher dem Staat eine Entschädigungspflicht.

Der Enteignungstatbestand könnte sich allenfalls dann erfüllen, wenn ein einzelner Unternehmer durch besondere Zusicherungen und Aufforderungen der Verwaltung unter Hinweis auf eine bestehende Gesetzeslage zu Aufwendungen und Investitionen veranlaßt worden ist und weiter zu ihrer Nutzung langfristige Verträge abgeschlossen hat[40]. Unter diesen Umständen handelt der einzelne Unternehmer nicht mehr auf sein eigenes Wagnis, um persönliche, wirtschaftliche Vorteile zu erzielen, sondern entspricht vorwiegend dem Interesse der Allgemeinheit oder übernimmt Aufgaben, für deren Erfüllung andernfalls der Staat selbst sorgen müßte. Durch die Tätigkeit des Technischen Überwachungsvereins[41] wird dem Staat erspart, eigene kostspielige Einrichtungen und entsprechende Behörden zu schaffen, um durch sie die im öffentlichen Interesse gesetzlich vorgeschriebene Überprüfung gefährlicher Anlagen vornehmen zu lassen (vgl. § 24 GewO). Übernimmt ein Verein diese an sich staatlichen Aufgaben und baut kostspielige Anlagen auf, dann kann der Gesetzgeber nicht durch eine Änderung der Gesetzeslage dem Verein einzelne Tätigkeitsbereiche mit der Wirkung entziehen, daß der Verein mit den zweckgebundenen Apparaten und mit etwaigen auf Wunsch des Staates vereinbarten Versorgungsansprüchen der entlassenen Vereinsingenieuren belastet bleibt[42]. Je stärker der Staat zur eigenen Entlastung gezielt auf die Handlungsweise des einzelnen einwirkt und ihn zu bestimmten vermögenswerten Aufwendungen veranlaßt, desto mehr darf der einzelne auf die Beständigkeit dieser vom Staat gewollten Umstände vertrauen. Es muß dem einzelnen in einem derartigen Sonderfall die Sicherheit verbürgt sein, daß der Staat von seinem kooperativen Verhalten nur gegen Entschädigung der von ihm angeregten privaten Aufwendungen abgehen kann. Der Bundesgerichtshof sah deshalb in dem Technischen Überwachungsverein zu Recht „ein gegenüber Eingriffen von Hoher Hand schutzwürdiges Objekt", dessen Kern m. E. in einem „vermögenswerten Vertrauenstatbestand" gesehen werden muß. Obwohl der Eingriff auf einen ausdrücklich vorbehaltenen Widerruf eines Verwal-

---

[39] BVerfG 22. 5. 1963, Bd. 16 S. 147 ff.; BGH 31. 1. 1966, Bd. 45 S. 83 ff. (Knäckebrotfall).

[40] BGH 31. 1. 1966, Bd. 45 S. 83 ff. (87).

[41] BGH 30. 9. 1957, Bd. 25 S. 266 ff.

[42] BGH 30. 9. 1957, Bd. 25 S. 266 ff. (269).

tungsaktes zurückging, sah der Bundesgerichtshof den Tatbestand einer entschädigungspflichtigen Enteignung als gegeben an.

Wie sehr der Gesetzgeber in dem erwähnten Fall auf eine außergewöhnliche Sachverhaltskonstellation traf, unterstrich der Bundesgerichtshof[43] im Jahre 1963, als er über die Auswirkungen des neugefaßten Jugendschutzgesetzes zu entscheiden hatte, das Kindern unter sechs Jahren den Besuch öffentlicher Filmveranstaltungen untersagte. Ein Unternehmen, das für diese Altersgruppe Märchenfilme herstellte oder vermietete, erlitt durch diese Gesetzesänderung erhebliche Verluste. Wer im Vertrauen auf eine gesetzlich frei gegebene wirtschaftliche Betätigungsmöglichkeit Kapital in die Anlage eines Gewerbebetriebes investiert, hat nach Meinung des Gerichts in aller Regel kein Recht darauf, in diesem Vertrauen gegen Vermögensschäden geschützt zu werden.

3. Die Berufsfreiheit als Grenze

Bei Eingriffen in laufende Verträge können sich für den Staat besondere Schranken ferner aus dem Grundrecht der Berufsfreiheit ergeben, wie sie von Art. 12 GG gewährleistet wird. Sowohl der einzelne Bürger, als auch ein Unternehmen erfahren durch diese Verfassungsbestimmung Schutz gegenüber dem Gesetzgeber[44]. Soweit ein Exporteur in der Vergangenheit seine Existenz auf Abschluß und Abwicklung von Verträgen über bestimmte Gegenstände oder mit bestimmten Leistungen abgestellt hat, verliert er unter Umständen nach Erlaß des entgegenstehenden Gesetzes seinen bisherigen Tätigkeitsbereich. Auch das Röhrenembargo hätte dadurch die Freiheit zur Weiterführung der gewählten Erwerbstätigkeit verletzen können, wenn ein Unternehmer durch den Wegfall der vorgesehenen Leistungen seine wirtschaftliche Grundlage verloren hätte. Aber auch in Anbetracht einer derartigen Konsequenz bleibt eine gegen laufende Verträge gerichtete gesetzgeberische Maßnahme auf der Stufe einer einfachen Ausübungsregelung, die grundsätzlich schon aus vernünftigen Erwägungen des Gemeinwohls zulässig ist[45]. Die verhältnismäßig[46] stärker geschützte Freiheit der Berufswahl wird noch nicht dadurch erheblich beschränkt, weil einem einzelnen Unternehmer durch die Vertragsunterbrechungen oder Erschwerungen beim Absatz der Waren die Aussicht auf wirtschaftlichen Fortbestand genommen wird. Der Einfluß des Gesetzgebers ist nur eine der Ursachen für

---

[43] BGH 5. 12. 1963, NJW 1964, S. 769 ff.
[44] BVerfG 4. 4. 1967, Bd. 21 S. 261 ff. (266); 29. 7. 1959, Bd. 10 S. 89 (99); *Maunz-Dürig*, a.a.O., Art. 12 Rdz. 12.
[45] BVerfG 11. 6. 1958, Bd. 7 S. 377 (408); *Wolff* I, a.a.O., § 33 V 12 S. 198 ff.
[46] BVerfG 17. 7. 1961, Bd. 13 S. 97 (104).

einen etwaigen wirtschaftlichen Untergang, zu dem andere Umstände (Konkurrenzverhältnisse, selbstgewählte Einseitigkeit in der Produktion) hinzukommen. Die Unterbrechung zum Beispiel der Ausfuhr von Stahlröhren führt zudem von ihrem Zweck her nicht zur Einstellung von Unternehmen. Die Rückwirkungen eines Gesetzes auf die freie Berufswahl sind rechtlich nur dann beachtlich, wenn die Norm in ihrer objektiven Gestaltung den gewählten Beruf wirtschaftlich unmöglich macht. Ein Produzent kann bei vorausschauender Unternehmensführung nötigenfalls auf andere Tätigkeiten innerhalb seines Betriebes ausweichen und dadurch seinen bisherigen Beruf als Unternehmer weiter ausüben[47].

Einwirkungen auf die Berufsausübung dürfen vom Gesetzgeber schon dann erfolgen, wenn es dem öffentlichen Interesse dient. Selbst Gesichtspunkte der Zweckmäßigkeit dürfen dabei zur Geltung kommen. Das Röhrenembargo erging nicht aus Gründen, die durch binnenwirtschaftliche Entwicklungen bedingt waren, sondern beruhte auf internationalen Empfehlungen, die zu befolgen die Bundesregierung aus politischen Gesichtspunkten für richtig ansah. Gemäß § 7 AWG ist die Regierung ausdrücklich berechtigt, den Außenhandel zu beschränken, wenn auswärtige Interessen es erfordern[48]. Die Pflege der auswärtigen Beziehungen dient dem Gemeinwohl, da ein jeder Staat und dessen Bevölkerung auf ein möglichst gutes Verhältnis zur übrigen Staatenwelt angewiesen ist. Dabei steht der Regierung notwendigerweise ein Ermessensspielraum zur Seite, da sich die Zweckmäßigkeit von Entscheidungen in der Außenpolitik weitgehend einer rechtlichen Bewertung entzieht. Wenn die Bundesregierung zusammen mit anderen Staaten es für opportun ansieht, die Wirtschaft der Sowjetunion nicht durch die Lieferung von Stahlröhren zu unterstützen, muß diese Entscheidung von den inländischen Unternehmen akzeptiert werden und als im öffentlichen Interesse liegend behandelt werden. Auf jeden Fall war das Gegenteil im Zeitpunkt des angeordneten Röhrenembargos nicht beweisbar. Allein dieser Zeitpunkt ist aber entscheidend für die Frage, ob es dem öffentlichen Interesse (Gemeinwohl) dient[49].

Das sofortige Röhrenembargo war für den verfolgten Zweck auch geeignet und erforderlich[50]. Die plötzliche Unterbrechung der Lieferungen von Stahlröhren im Rahmen der bestehenden Verträge hat die Sowjetunion zumindest beim Ausbau ihrer Industrie behindert. Dem Röhrenembargo kann somit auch nicht die Eignung abgesprochen werden. Die

---

[47] BVerfG 10. 7. 1958, Bd. 8 S. 71 ff. (81); 29. 11. 1961, Bd. 13 S. 225 (230); 22. 5. 1963, Bd. 16 S. 147 ff. (165).
[48] *Schulz*, a.a.O., § 7 Rdz. 5 S. 330.
[49] BVerfG 22. 5. 1963, Bd. 16 S. 147 (181 ff.); 27. 1. 1965, Bd. 18 S. 315 (332).
[50] *Schulz*, a.a.O., § 7 Rdz. 6 S. 331.

unmittelbare Unterbrechung der Ausfuhr war auch erforderlich, weil die vollständige Abwicklung der Verträge die Sowjetunion in die Lage versetzt hätte, für die spätere Zeit eigene Kapazitäten auszubauen. Das Röhrenembargo gegenüber der Sowjetunion stellte somit keine verfassungswidrige Maßnahme dar. Die Frage, ob es eine politisch vernünftige Handlungsweise war, ist damit nicht beantwortet; sie ist rechtlich unerheblich.

4. Der Grundsatz der Verhältnismäßigkeit (Übermaßverbot) als Grenze

a) Grundlage und Inhalt des Übermaßverbotes

Soweit der Gesetzgeber in die allgemeine Handlungsfreiheit des einzelnen und in dessen spezielle Grundfreiheiten z. B. im Sinne von Art. 12, 14 GG eingreift, muß das von ihm ausgewählte Mittel den Grundsätzen rechtsstaatlichen Handelns, insbesondere dem Gebot der Verhältnismäßigkeit entsprechen[51]. „Je mehr der gesetzliche Eingriff elementare Äußerungen der menschlichen Handlungsfreiheit berührt, um so sorgfältiger müssen die zur Rechtfertigung vorgebrachten Gründe gegen den grundsätzlichen Freiheitsanspruch des Bürgers abgewogen werden. Das bedeutet vor allem, daß die Mittel des Eingriffs zur Erreichung des gesetzgeberischen Ziels geeignet sein müssen und den einzelnen nicht übermäßig belasten dürfen[52]." Wenn auch die Vertragsfreiheit als solche und der einzelne Vertrag im Grundgesetz allgemein weder durch Art. 2, noch durch Art. 14 GG unmittelbar geschützt sind[53], so erfahren sie doch einen Rückhalt und Schutz durch eine verfassungsrechtliche Grundregel, wie sie das Gebot der Verhältnismäßigkeit darstellt. Der Grundsatz der Verhältnismäßigkeit bindet gleichermaßen[54] Gesetzgeber und gesetzesausführende Verwaltung (Verordnungsgeber), so daß Gesetze und die sich auf sie stützenden Rechtsverordnungen nur rechtmäßig sind, wenn sie geeignet[55] und für das vom Staat angestrebte Ziel erforderlich sind[56]. Da-

---

[51] BVerfG 10. 6. 1963, Bd. 16 S. 194 (201); Grundsatz der Verhältnismäßigkeit bei Art. 2 GG: BVerfG 7. 4. 1964, Bd. 17 S. 306 ff.; 5. 8. 1966, Bd. 20 S. 162 (186); 23. 5. 1967, Bd. 22 S. 21 (26); bei Art. 12 GG: BVerfG 11. 6. 1958, Bd. 7 S. 377 (405 ff.); 28. 6. 1967, Bd. 22 S. 114 (123, 124); bei Art. 14 GG: BVerfG 10. 7. 1958, Bd. 8 S. 71 (76, 80); 17. 11. 1966, Bd. 20 S. 351 (361); im übrigen *Gentz*, Zur Verhältnismäßigkeit von Grundrechtseingriffen, NJW 1968, S. 1600 mit weiteren Literaturhinweisen; *Lerche*, a.a.O., S. 19 ff.

[52] BVerfG 7. 4. 1964, Bd. 17 S. 306 ff. (314).

[53] Vgl. S. 96 ff. des Textes; demgegenüber BVerfG 19. 1. 1957, Bd. 6 S. 32 (36); 12. 11. 1958, Bd. 8 S. 274 (328).

[54] *Gentz*, a.a.O., S. 1605.

[55] BVerfG 11. 6. 1958, Bd. 7 S. 377 (409 ff.); 7. 4. 1964, Bd. 17 S. 306 (313, 314); 5. 8. 1966, Bd. 20 S. 162 (186, 187, 204, 212).

[56] 11. 6. 1958, Bd. 7 S. 377 (405 ff.); 11. 10. 1962, Bd. 14 S. 288 (303); 22. 5. 1963, Bd. 16 S. 147 (172, 173); 28. 6. 1967, Bd. 22 S. 114 (123).

bei ist dem Verhältnismäßigkeitsgrundsatz genügt, wenn ein Eingriff nicht offenbar ungeeignet ist[57]. Der Gesetzgeber, der sich entschließt, durch ein Gesetz in einen laufenden Vertrag einzugreifen, muß sich also fragen, ob die gewählte Eingriffsform für den verfolgten öffentlichen Zweck erforderlich ist. Aber gerade dann, wenn der Gesetzgeber durch wirtschaftsordnende Maßnahmen, die den freien Spielraum für die wirtschaftlich tätigen Individuen einengen, muß hinsichtlich der Auswahl und der technischen Gestaltung der Maßnahmen ein weiter Bereich des Ermessens zugestanden werden[58].

Der Grundsatz der Verhältnismäßigkeit kann im Einzelfall zur Vermeidung von unzumutbaren Härten vom Gesetzgeber verlangen, daß er einen laufenden Vertrag nicht unvermittelt für unwirksam erklärt oder dessen Erfüllung nicht durch ein sofortiges Lieferverbot unmöglich macht, wenn die Umstände es unter Berücksichtigung der öffentlichen Interessen erlauben und damit erfordern, Vertragsparteien eine Übergangszeit zuzubilligen[59]. So sah der Gesetzgeber bei Einführung des Gesetzes gegen Wettbewerbsbeschränkungen eine sechsmonatige Übergangszeit vor, bevor Kartellverträge, die mit dem Inhalt des neu erlassenen Gesetzes unvereinbar waren, der Unwirksamkeit verfielen (§ 106 Abs. 1 GWB). Nachdem im Jahre 1923 durch eine Verordnung für Gefrierfleisch eine auf 10 Jahre befristete Einfuhrerleichterung gewährt worden war, beseitigte der Staat im Jahre 1930 die Importfreiheit insoweit keineswegs mit sofortiger Wirkung. Bereits im Jahre 1925 war damit begonnen worden, die Einfuhr allmählich durch Mengenbeschränkungen zu erschweren. Der endgültigen Aufhebung der an sich bis 1933 befristeten Importerleichterung ging auf diese Weise eine Übergangsregelung voraus[60].

§ 2 Abs. 2 AWG schreibt vor, daß Beschränkungen nach Art und Umfang auf das notwendige Maß zu begrenzen sind. Zwar erließ der Gesetzgeber für die Ausfuhr von Stahlröhren in die Sowjetunion kein unmittelbares Verbot; die gewählte Genehmigungspflicht wirkte sich aber ebenso aus, weil keine Genehmigungen erteilt wurden. Das Röhrenembargo trat somit ohne Übergang in Kraft. Im Hinblick auf das vom Gesetzgeber verfolgte Ziel gegenüber der Sowjetunion kann aber trotzdem nicht von einem übermäßigen Mittel gesprochen werden.

---

[57] BVerfG 17. 7. 1961, Bd. 13 S. 97 (113); 22. 5. 1963, Bd. 16 S. 147 (181).

[58] BVerfG 20. 7. 1954, Bd. 4 S. 7 (13, 18); 29. 11. 1961, Bd. 13 S. 230 (233); 19. 12. 1962, Bd. 15 S. 235 (240).

[59] *Lerche*, a.a.O., S. 274; ders., Rechtsprobleme der wirtschaftslenkenden Verwaltung, DÖV 1961, S. 486 ff.

[60] RG 10. 1. 1933, Bd. 139 S. 177 ff.

b) Das Übermaßverbot als Maßstab
für die verfassungsrechtliche Zulässigkeit des
Absicherungsgesetzes vom 29. November 1968

Schwerwiegende Eingriffe in laufende Außenhandelsverträge ergaben sich zuletzt im Herbst 1968, als das „Gesetz über Maßnahmen zur außenwirtschaftlichen Absicherung"[61] erging. Durch dieses Gesetz (§§ 1, 2) wird grundsätzlich seit dem 29. November 1968 jede Ausfuhr mit einer Sonderumsatzsteuer[62] in Höhe von 4 % belastet, während die Einfuhr entsprechend erleichtert wird. Zweck des Gesetzes ist es, die drohenden Gefahren außenwirtschaftlicher Störungen des gesamtwirtschaftlichen Gleichgewichtes zu bekämpfen (§ 9 Abs. 2). Ob das Gesetz für diesen Zweck geeignet und erforderlich ist, war Gegenstand vieler unterschiedlicher Meinungen. Auch nach Erlaß des Gesetzes hat die Diskussion nicht aufgehört. Im Augenblick der Verabschiedung des Gesetzes ergab sich jedenfalls keine eindeutige, allerseits überzeugende bessere Lösung des entstandenen außenwirtschaftlichen Ungleichgewichts. Auch die Aufwertung war als Ausweg stark umstritten. Wenn der Gesetzgeber in dieser Situation das erwähnte Absicherungsgesetz erließ, wählte er damit innerhalb des ihm zustehenden Ermessens einen Weg, den er aus guten Gründen im Sinne des Grundsatzes der Verhältnismäßigkeit für geeignet und erforderlich halten durfte[63].

Das Gesetz sieht in § 8 für Verträge, die vor dem 23. November 1960 abgeschlossen worden sind, eine zeitlich begrenzte Übergangsregelung vor, in dem es von einer Steuerpflicht absieht, sofern die Ausfuhr im Rahmen einer Frist bis zum 23. Dezember 1968 bewirkt worden ist. Die Übergangsvorschrift gilt aber nur für Verträge mit einer endgültigen Preisabsprache. Diese auf den ersten Blick den Exporteuren entgegenkommende Übergangsregelung stößt auf verfassungsrechtliche Einwände, wenn man die Exportsteuer von 4 % auf Waren im Rahmen von bestehenden Verträgen überhaupt nicht für geeignet ansehen muß, den Export zu dämpfen. Da das Absicherungsgesetz die Wirksamkeit von Exportverträgen nicht berührt, kann der ausländische Käufer die Lieferung der von ihm bestellten Waren zum vereinbarten Preis verlangen. Der deutsche Verkäufer muß die 4 % Sondersteuer selbst tragen. Eine tatsächliche Erschwerung oder gar Verhinderung der Ausfuhr und damit ein sofortiger Beitrag zur Wiederherstellung des außenwirtschaftlichen Gleichgewichtes

---

[61] Gesetz vom 29. 11. 1968, BGBl. I S. 1255.

[62] Zur Zulässigkeit der Steuer als Mittel der Wirtschaftslenkung, BVerfG 22. 5. 1963, Bd. 16 S. 147 (161); einschränkend *Friauf*, Die verfassungsrechtlichen Grenzen der Wirtschaftslenkung und Sozialgestaltung durch Steuergesetze, 1966, S. 117.

[63] *Genscher* und *Büsing*, Sonderumsatzsteuer des Absicherungsgesetzes für schwebende Exportverträge verfassungswidrig?, BB 1968, S. 1442 ff.

werden somit durch die Einbeziehung der laufenden Verträge nicht erreicht, da die Waren im Rahmen der bestehenden Verträge ausgeführt werden müssen. Die Befristung der Übergangsregelung für laufende Verträge mit der Wirkung, daß die Ausfuhr innerhalb eines vor dem 23. November 1968 abgeschlossenen Vertrages bis zum 23. Dezember 1968 abgewickelt sein muß, erscheint damit im Hinblick auf den Gesetzeszweck nicht erforderlich zu sein; ein Verstoß gegen den verfassungsrechtlichen Grundsatz der Verhältnismäßigkeit könnte damit offensichtlich geworden sein[64].

Um die Verfassungsmäßigkeit des Absicherungsgesetzes einschließlich der Übergangsregelung beurteilen zu können, darf nicht außer acht gelassen werden, daß es ein weniger weitreichender Ersatz für die global und härter wirkende Aufwertung ist. Durch die Aufwertung wären alle laufenden Verträge ohne Ausnahme erfaßt worden, obwohl auch sie selbst noch nicht dazu beigetragen hätten, den Export entscheidend zu hemmen. Auch bei einer Aufwertung hätten alle bestehenden Exportverträge erfüllt werden müssen. Diese Situation hat sich durch das Absicherungsgesetz für alle Verträge, die nach dem 23. Dezember 1968 erfüllt werden, nicht geändert. Auf den einzelnen Vertrag abgestellt, verhindert die zusätzliche Umsatzsteuer von 4 % im Vergleich zur Aufwertung keinen Export, soweit er der Erfüllung eines abgeschlossenen Vertrages dient. Die Aufwertung und das Absicherungsgesetz stehen sich in ihren Wirkungen insofern gleich. Da gegen die Aufwertung als eine währungspolitische Maßnahme trotz ihrer pauschalen Wirkung keine verfassungsrechtlichen Bedenken bestehen, sind sie gegen die verhältnismäßig „weichere" Lösung in Form des Absicherungsgesetzes ebenfalls nicht angebracht[65].

Soweit nun darauf hingewiesen wird[66], daß bei einer Aufwertung für die Exporteure infolge von Kurssicherungsmaßnahmen keine vermögenswerten Nachteile eingetreten waren, übersieht man allerdings, daß dieser keineswegs allgemein verfolgte Weg gegenüber dem Gesetzgeber nicht in dem Vertrauen eingeschlagen werden konnte, man werde auf diese Weise gegen alle Maßnahmen zur Wiederherstellung des außenwirtschaftlichen Gleichgewichtes, soweit sie auf laufende Verträge einwirken, gesichert sein. Kurssicherungsmaßnahmen wurden getroffen, weil man mit einer Aufwertung rechnete und eine dritte Lösung in Form des Absicherungs-

---

[64] *Genscher* und *Büsing*, a.a.O., BB 1968, S. 1442 ff.; *Bettermann* und *Loh*, Verfassungsrechtliche Bedenken gegen die Besteuerung von Altkontrakten durch das Absicherungsgesetz, BB 1969, S. 70.

[65] BGH 7. 12. 1967, Der Betrieb 1968, S. 33 = NJW 1968, S. 293.

[66] *Bettermann* und *Loh*, a.a.O., S. 72 lk. Sp.; *Genscher* und *Büsing*, a.a.O., S. 1442 r. Sp.; *Knieper*, Probleme des Absicherungsgesetzes vom 29. 11. 1968, NJW 1969, S. 215.

gesetzes nicht erwartete. Wenn der Staat schließlich diese dritte Lösung wählte, die seiner Ansicht im Verhältnis zur Aufwertung weniger gravierend für die Gesamtwirtschaft ist, muß das dem gesetzgeberischen Ermessen[67] zugestanden werden.

Die ausnahmslose Erhebung der Umsatzsteuer nach dem 23. Dezember 1968 ohne Rücksicht auf bestehende Verträge war trotz der erwähnten Einwände, die sich aus der Betrachtung des Einzelfalles ergeben, geeignet und erforderlich, um den außenwirtschaftlichen Zweck des Gesetzes zu erreichen. Hätte man alle vor dem 23. November 1968 abgeschlossenen Verträge von der Sondersteuer freigestellt, hätte sich für die Exporteure erst allmählich mit der Zahl der Neuabschlüsse ein Kostendruck bemerkbar gemacht. Vor allem bei laufenden langfristigen Verträgen hätten sich erst spät Wirkungen des Gesetzes im Export gezeigt. Gleichzeitig wäre der Endtermin des Gesetzes, der 31. März 1970, näher gekommen. Das Gesetz, vom Staat als verhältnismäßig (!) schwächeres Mittel ausgewählt, wäre auf diese Weise vom Ausland nicht als brauchbarer Ersatz für die Aufwertung gebilligt worden. Auch dieser außenwirtschaftliche Aspekt ist Teil des Gesetzeszweckes und muß damit Maßstab für die Frage sein, ob die getroffenen Regelungen des Gesetzes geeignet und erforderlich waren. Zudem war bei Erlaß des Gesetzes nicht übersehbar, in welchem Umfang der Export in der nächsten Zeit von der Sondersteuer freigestellt geblieben wäre, wenn alle abgeschlossenen Verträge unbefristet in eine Übergangsregelung des § 8 aufgenommen worden wären. Der Gesetzeszweck wäre gefährdet gewesen. Die ausnahmslose Erhebung der Sondersteuer vom 23. Dezember 1968 an schließt diese mit dem Gesetzeszweck unvereinbare Unsicherheit aus. Die Befristung der Übergangsregelung des Absicherungsgesetzes ist somit wegen ihres Zusammenhanges mit dem besonderen Gesetzeszweck als verfassungsmäßig anzusehen.

Der Grundsatz der Verhältnismäßigkeit kann fallweise vom Gesetzgeber nicht nur erzwingen, daß ein Gesetz seine Wirkungen in vollem Umfang erst nach einer Übergangszeit entfaltet. Der Gesetzgeber kann sich gelegentlich auch darauf beschränken, eine Härtemilderungsklausel[68] in das Gesetz aufzunehmen, die es der Verwaltung gestattet, im Rahmen eines Genehmigungsverfahrens den durch das Gesetz nicht erfaßten Besonderheiten eines Einzelfalles gerecht zu werden, ohne im übrigen die sofortige Wirksamkeit und den Zweck des Gesetzes gefährden zu müssen. Dabei kann das Genehmigungsverfahren[69] selbst schon eine ausreichende Konzession an den Grundsatz der Verhältnismäßigkeit aller

---

[67] BVerfG 21. 7. 1955, Bd. 4 S. 219 (243); 11. 6. 1958, Bd. 7 S. 377 ff. (400); 14. 3. 1963, Bd. 15 S. 313 (321); *Lerche*, a.a.O., S. 86, 158, 250; *Maunz-Dürig*, a.a.O., Art. 1 Rdz. 105.

[68] *Lerche*, a.a.O., S. 193 ff.

[69] *Lerche*, a.a.O., S. 186.

Staatshandlungen sein. Mit oder ohne ausdrückliche gesetzliche Ermächtigung kann die Verwaltung in Befolgung des Übermaßverbotes eine Genehmigung mit einer Nebenbestimmung in Form einer Auflage versehen, wenn auf diese Weise vermieden wird, daß die Genehmigung versagt wird[70]. Das Außenwirtschaftsgesetz sieht sogar ausdrücklich vor, daß Genehmigungen mit einer Befristung, Bedingung, Auflage oder einem Widerrufsvorbehalt verbunden werden können (§§ 27, 30).

Diese scheinbar breite Skala von Einschränkungen, denen sich der Gesetzgeber in seiner Freiheit, die bestehenden Gesetze im öffentlichen Interesse jederzeit ändern zu können, gegenübersieht, darf nicht darüber hinwegtäuschen, daß nur selten der Nachweis gelingen wird[71], der Gesetzgeber habe bei dem neu erlassenen Gesetz gegen das Übermaßverbot verstoßen. Die Ursache liegt vor allem darin, daß es weitgehend dem Staat obliegt, zu bestimmen, was im öffentlichen Interesse liegt und welche Maßnahmen zu ergreifen sind. Durch diese Kompetenz, den öffentlichen Zweck eines Eingriffes in die Freiheit des einzelnen zu bestimmen, setzt er gleichzeitig selbst weitgehend den konkreten Maßstab, mit dem das Mittel, das heißt das einzelne intervenierende Gesetz gemessen und bewertet wird. Dem Bundesverfassungsgericht verbleibt nur die begrenzte Möglichkeit zu überprüfen, ob sich der Gesetzgeber von sachlichen und vertretbaren Gesichtspunkten hat leiten lassen, als er die besonderen wirtschafts-, sozial- und gesellschaftspolitischen Ziele formulierte[72].

5. Verfahrensrechtliche Möglichkeiten und Entschädigungsansprüche bei rechtswidrigen Eingriffen des Gesetzgebers in laufende Verträge

a) Die Klage vor dem Verfassungsgericht

Soweit das überprüfte Gesetz aber erwiesenermaßen in unverhältnismäßiger Art und Weise in die Rechtssphäre des Bürgers eingreift, sei es, daß es zur unzulässigen Beeinträchtigung der Berufsfreiheit, des Eigentums oder zur übermäßigen Einschränkung der allgemeinen Handlungsfreiheit kommt, ist das Gesetz verfassungswidrig. Soweit Vertragsparteien der Auffassung sind, ein gegen laufende Verträge gerichteter unmittelbarer Eingriff des Gesetzgebers verletze sie in einem Grundrecht (§ 90 Abs. 1 BVerfGG), können sie eine Verfassungsbeschwerde vor dem Bundesverfassungsgericht erheben, das die umstrittene Norm gegebenen-

---

[70] *Wolff* I, a.a.O., § 49 II S. 326.

[71] *Lerche*, a.a.O., S. 223.

[72] BVerfG 17. 6. 1961, Bd. 13 S. 97 ff.; 19. 12. 1962, Bd. 15 S. 235 (240); 13. 7. 1965, Bd. 19 S. 101 (114); 24. 9. 1965, Bd. 19 S. 119 (125); 14. 2. 1967, Bd. 21 S. 150 (155 ff.).

falls für nichtig erklärt (§ 95 Abs. 3 BVerfGG). Findet das Gesetz seine Anwendung in der Form, daß die Verwaltung z. B. eine Genehmigung versagt, ist es für die Betroffenen Recht und Pflicht (§ 90 Abs. 2 BVerfGG), zuvor den Weg zu den Verwaltungsgerichten einzuschlagen, die das Gesetz im Rahmen eines Normenkontrollverfahrens gemäß Art. 100 GG auf die Verfassungsmäßigkeit überprüfen lassen können, sofern sie sich den Zweifeln des Klägers anschließen. Auch in diesem Fall kann der Rechtsstreit mit der Feststellung enden, daß das gegen laufende Verträge gerichtete Gesetz verfassungswidrig und deshalb nichtig ist (§§ 82, 79 BVerfGG).

b) Der Entschädigungsanspruch wegen einer vermögenswerten Sonderopferlage

Neben dieser verfahrensrechtlichen Seite eines Falles, in dem es zum Erlaß eines verfassungswidrigen Gesetzes kommt, ist für die Parteien vor allem von Bedeutung, ob sie für vermögensmäßige Beeinträchtigungen vom Staat eine Entschädigung erwarten können. Trotz nachfolgender Nichtigerklärung des Gesetzes kann mittlerweile ein Schaden dadurch eingetreten sein, daß das Gesetz befolgt werden mußte (legislatives Unrecht) oder von der Verwaltung den Vertragsparteien gegenüber durch Versagung einer Genehmigung angewendet wurde. Grundsätzlich ist inzwischen anerkannt, daß durch ungültige Normen eine vermögensrechtliche Sonderopferlage geschaffen und damit eine Entschädigungspflicht zu Lasten des Staates ausgelöst werden kann[73].

Für die Entstehung einer Sonderopferlage infolge Verletzung des Gleichheitssatzes gegenüber einer geschützten Rechtsposition ist es an sich dabei grundsätzlich ohne Bedeutung, ob die schädigende Norm gültig oder ungültig ist. „Denn der Sinn der Aufopferungsentschädigung (im weiteren Sinne) ist, daß eine den einzelnen oder eine Gruppe von einzelnen treffende, besondere und im Interesse der Allgemeinheit aufgenötigte Belastung durch Übernahme des Schadens auf die Allgemeinheit ausgeglichen wird[74]." Wegen dieser am Sonderopfer orientierten Ausgleichspflicht des Staates ist die Rechtswidrigkeit der schädigenden Norm grundsätzlich für die Feststellung des Entschädigungsanspruches nicht erheblich und die Entschädigungspflicht des Staates erscheint nur dann gerecht-

---

[73] *Schack*, Entschädigung bei legislativem Unrecht, MDR 1953, S. 514 ff.; *Forsthoff*, Rechtsfragen zur Regelung der Sonntagsarbeit, BB 1960, S. 1135 ff.; *Jaenicke*, a.a.O., S. 149 ff.; *Selmer*, a.a.O., S. 100 ff.; *Schack*, Ersatzpflicht des Staates bei „legislativem Unrecht", MDR 1968, S. 186 ff.; BGH 19. 2. 1953, Bd. 9 S. 83 ff.

[74] RG 11. 4. 1933, Bd. 140 S. 276; BGH 10. 6. 1952, Bd. 6 S. 270; *Schack*, MDR 1953, S. 514 ff. (516); *Wolff* I, a.a.O., § 60 S. 410 ff. (413).

fertigt, wenn die ungültige Norm auch im Falle ihrer Gültigkeit dem Betroffenen ein Sonderopfer auferlegt hätte[75]. Folgt man streng dieser dargelegten Meinung, so scheint sich zu ergeben, daß Rechtsnormen, die wegen einer allgemeinen Überschreitung materieller Verfassungsschranken oder wegen einer Verletzung formellen Verfassungsrechts ungültig sind, dadurch per se noch kein entschädigungspflichtiges Sonderopfer verursachen.

Gegen diese Schlußfolgerungen spricht zumindest auf den ersten Blick hin die spätere Entscheidung des Bundesgerichtshofes vom 25. April 1960[76], die den Grundsatz aufstellt, daß schon die Rechtswidrigkeit eines Verwaltungsaktes die einen Entschädigungsanspruch aus enteignungsgleichem Eingriff auslösende Sonderopferlage begründet. Die Rechtswidrigkeit erscheint dadurch als konstituierendes Merkmal eines Entschädigungsanspruches. Das Gericht unterstreicht sogar, daß nicht allein gefragt werden darf, „ob der rechtswidrige Akt auch dann eine enteignende, dem Betroffenen ein Sonderopfer auferlegende Maßnahme gewesen wäre, wenn er rechtmäßig ergangen wäre ... Ist ein Eingriff rechtswidrig, so steht gerade fest, daß die dem einzelnen durch den Eingriff auferlegte Beeinträchtigung jenseits der gesetzlichen allgemeinen Opfergrenze liegt und damit ein Sonderopfer darstellt"[77]. Bei dieser Rechtsprechung darf aber nicht außer acht gelassen werden, daß die Entscheidung für einen Entschädigungsanspruch galt, der seine Ursachen im Erlaß eines gegen Verfassung oder Gesetz verstoßenden und deshalb rechtswidrigen Verwaltungsaktes hatte[78]. Der Bundesgerichtshof hatte nicht den hier aktuellen Sonderfall im Auge, daß die Rechtswidrigkeit ihren Sitz bereits im Gesetz hat. Der Grundsatz des Gerichtes läßt sich deshalb nicht ohne weiteres verallgemeinern, weil bei einem Einzeleingriff durch einen rechtswidrigen Verwaltungsakt regelmäßig die Lastengleichheit zugunsten eines einzelnen verschoben wird. Soweit eine rechtswidrige Norm ausnahmsweise auch zu dieser Veränderung der allgemeinen Lastengleichheit beiträgt, besteht kein Grund, den Tatbestand einer Enteignung nicht als gegeben anzusehen. Eine Norm, die gegen den in Art. 3 GG niedergelegten Gleichheitsgrundsatz verstößt, ist nichtig. Das ist beispielsweise dann der Fall, wenn ein Gesetz unter Verletzung des Grundgesetzes einzelne oder bestimmte Gruppen ohne sachlichen Grund un-

---

[75] BGH 10. 6. 1952, Bd. 6 S. 270.

[76] BGH 25. 4. 1960, Bd. 32 S. 208.

[77] BGH 25. 4. 1960, Bd. 32 S. 208 (211); *Schack*, Der enteignungsgleiche Eingriff, JZ 1960, S. 625 ff.; *Wagner*, Die Abgrenzung von Enteignung und enteignungsgleichem Eingriff, NJW 1967, S. 23, 33; *Kessler*, Der enteignungsgleiche Eingriff in der Rechtsprechung des Bundesgerichtshofes, DRiZ 1967, S. 374 ff.

[78] *Jaenicke*, a.a.O., S. 152 Anm. 41; *Selmer*, a.a.O., S. 105; *Wolff* I, a.a.O., § 60 S. 414; *Dagtoglou*, Ersatzpflicht des Staates bei legislativem Unrecht?, 1963, S. 26 ff.

gleich behandelt. Jede Differenzierung, die der Gesetzgeber vornimmt, muß sich aus der Natur des geregelten Sachverhaltes ergeben und darf nicht willkürlich sein. Der Gesetzgeber muß das Gebot beachten, weder wesentlich Gleiches willkürlich ungleich, noch wesentlich Ungleiches willkürlich gleich zu behandeln[79]. Sobald sich in einem Einzelfall ein Verstoß gegen den verfassungsrechtlichen Gleichheitssatz ergibt, ist gleichzeitig der dem Enteignungsrecht zugrunde liegende Grundsatz der Lastengleichheit verletzt[80]. Eine Entschädigung kann aber nur der verlangen, der von der Ungleichbehandlung betroffen ist. Alle übrigen, die infolge der vom Bundesverfassungsgericht festgestellten Unwirksamkeit der verfassungswidrigen Norm in einer Art von Nebenfolge von der Geltungskraft des Gesetzes freigestellt werden, können etwaige vermögenswerte Nachteile deshalb gegenüber dem Staat nicht geltend machen. Diese Differenzierung erweist sich auch angemessen, wenn sich die Verfassungswidrigkeit eines Gesetzes wegen eines Verstoßes gegen das Übermaßverbot ergibt. Die Grenzen des Übermaßverbotes lassen sich konkret nur anhand eines einzelnen Gesetzes und seiner Wirkungen auf den Einzelfall aufzeigen. Besondere Sachverhaltskonstellationen können wie erwähnt u. a. verlangen, daß der Gesetzgeber Übergangsregelungen vorsieht, damit nicht durch ein zwar geeignetes, aber nicht erforderliches Mittel (sofortiges Verbot) im Einzelfall ein unverhältnismäßig großer wirtschaftlicher Schaden eintritt, der in keiner Relation zu dem verfolgten öffentlichen Zweck steht[81]. Der Verstoß gegen das Übermaßverbot bewirkt auf diese Weise ein Vermögensopfer, das vom Staat im Rahmen des Grundgesetzes nicht verlangt werden kann. Wie beim Verstoß gegen den Gleichheitssatz des Art. 3 GG kann es auch bei Mißachtung des Übermaßverbotes im Einzelfall zur Verletzung des Grundsatzes der Lastengleichheit kommen, da jedermann unter dem Grundgesetz nur die Eingriffe zu dulden hat, die zur Erreichung der öffentlichen Zwecke erforderlich sind. Falls der Verstoß gegen das Übermaßverbot die Unwirksamkeit der Norm zur Folge hat, kann wiederum nur derjenige eine Entschädigung verlangen, bei dem sich der übermäßige Schaden eingestellt hat[82].

Die Entschädigungspflicht muß aber auch jetzt eine Folge der Verletzung einer Rechtsposition[83] sein. Das kann ein eingerichteter und ausgeübter Gewerbebetrieb sein, der durch die sofortige verfassungswidrige Unterbrechung bestehender Vertragsbeziehungen in seiner gesamten Exi-

---

[79] BVerfG 16. 3. 1955, Bd. 4 S. 144 (155); 2. 4. 1963, Bd. 16 6 (25); *Leibholz-Rinck*, a.a.O., Art. 3 Rdz. 2.
[80] *Selmer*, a.a.O., S. 106 ff.
[81] BGH 25. 10. 1967, Bd. 48 S. 385 ff. (392/93).
[82] BGH 25. 10. 1967, Bd. 48 S. 385 (396); *Selmer*, a.a.O., S. 106 ff.
[83] BGH 2. 7. 1959, NJW 1959, S. 1916; *Wolff* I, a.a.O., § 61 II S. 420 ff.

stenz oder in einzelnen wesentlichen Geschäftsbereichen beeinträchtigt worden ist. Als verletzte Rechtsposition kommt aber auch ein laufender Vertrag in Frage, den ein einzelner abgeschlossen hat, ohne daß er schon Inhaber eines Gewerbebetriebes ist. Wenn Vertragsparteien bei Erlaß von allgemeinen Gesetzen selbst den vollständigen Verlust von laufenden Verträgen mit allen Schadensfolgen in Kauf nehmen müssen[84], so bedeutet diese allgemeine Rechtsschwäche noch nicht eine entschädigungslose Duldungspflicht gegen ungleich behandelnde Gesetze oder gegen Normen, die einen unverhältnismäßigen Eingriff bewirken, der mit der Verfassung in Widerspruch steht. Laufende Verträge begründen nur im Rahmen der Rechtsordnung eine Rechtsposition. Solange die Verträge aber mit der allgemeinen Rechtsordnung, zu der vor allem das Grundgesetz gehört, in Übereinstimmung stehen, bilden sie eine vollwertige Rechtsposition, die Gegenstand eines enteignenden oder enteignungsgleichen Eingriffs sein kann. Bereits bei der Darstellung der früheren Rechtsprechung fanden sich Entscheidungen, die vielleicht unbewußt, aber wie sich jetzt zeigt völlig zu Recht einen entschädigungspflichtigen Tatbestand als gegeben annahmen, weil sich die Beeinträchtigungen des Vertrages aus rechtswidrigen Einzelmaßnahmen ergaben[85]. Die Rechtswidrigkeit konnte festgestellt werden, weil die Verwaltung in einen laufenden Vertrag eingriff, ohne dazu gesetzlich zureichend legitimiert gewesen zu sein. Die Entscheidungen des Reichsgerichts[86], des Oberverwaltungsgerichts Hamburg[87] und des Bundesgerichtshofes[88] hatten über Sachverhalte zu befinden, in denen es nur deswegen zu einer substanzvernichtenden Beeinträchtigung laufender Verträge gekommen war, weil die Verwaltung in rechtsfehlerhafter Anwendung eines Gesetzes gegen einen Vertragspartner eingeschritten war oder durch ihre Maßnahmen verhindert hatte, daß der betroffene Vertragspartner den Vertrag antrat. Diese früheren Entscheidungen sind damit Vorläufer für das Urteil des Bundesgerichtshofes[89] aus dem Jahre 1960, aus dem sich ergibt, daß ein rechtswidriger Verwaltungsakt grundsätzlich ein entschädigungspflichtiges Sonderopfer verursacht, das seinen Ausgleich im Sinne eines enteignungsgleichen Eingriffes findet.

6. Entschädigungsansprüche bei rechtmäßigen Eingriffen in laufende Verträge

Abschließend soll noch der Sonderfall erwähnt werden, daß sich Forderungen aus schuldrechtlichen Beziehungen als verfassungsrechtlich ge-

---

[84] S. 102 ff. des Textes.
[85] S. 59, 66, 77 des Textes.
[86] RG 3. 7. 1925, Bd. 111 S. 224 ff.
[87] Hambg. OVG 16. 10. 1950, MDR 1950, S. 760.
[88] BGH 10. 6. 1952, Bd. 6 S. 270 ff.
[89] BGH 25. 4. 1960, Bd. 32 S. 208 ff.

schütztes Eigentum gegenüber einem verfassungsmäßigen Gesetz oder einem darauf gestützten und damit rechtmäßigen Verwaltungsakt bewähren. In der heutigen Zeit kommt es vor allem bei der Erschließung oder Neuordnung eines Baugebietes und der Neuanlage von Straßen zu Enteignungen. Dabei werden Grundstückseigentümer, aber auch Mieter und Vermieter betroffen, die beispielsweise für ein Geschäftslokal einen langfristigen, möglicherweise recht günstigen Mietvertrag abgeschlossen haben. Das einschlägige Enteignungsgesetz ist zwar eine allgemeine Norm, gegenüber deren Wirkungen einem laufenden Vertrag an sich kein Bestandsschutz zukommt. Die Besonderheit eines Enteignungsgesetzes besteht aber darin, daß es der Verwaltung das Recht gibt, nur gegen einige ausgewählte Vertragsparteien infolge des Hinzutrittes zufälliger Umstände (Lage des Grundstückes, des Geschäftslokales) vorzugehen. Vertragsparteien mit gleicher Interessenlage werden auf diese Weise ungleich behandelt. Das Enteignungsgesetz zwingt zwar die Vertragsparteien, ihren Vertrag einem öffentlichen Zweck zu opfern; da der Eingriff aber nicht inhaltsbezogen[90] ist, der alle Partner entsprechender Verträge gleichmäßig trifft, gebietet der Grundsatz der Lastengleichheit, wie er der Enteignung zugrunde liegt, eine Entschädigung wegen der Vernichtung des Vertrages gemäß Art. 14 GG zu zahlen. Für einen derartigen Fall sieht § 11 des preußischen Gesetzes über die Enteignung von Grundeigentum[91] richtigerweise vor, daß der Betrag des Schadens, welchen Nutzungs-, Gebrauchs- und Servitutsberechtigte, Pächter und Mieter durch die Enteignung erleiden, zu ersetzen ist.

[90] *Wolff* I, a.a.O., § 60 I S. 411 ff.
[91] Gesetz vom 11. 6. 1874, Preuß. Gesetzessammlung 1874 S. 221, noch gültig in NRW; vgl. zu § 11 des Gesetzes: BGH 20. 1. 1958, Bd. 26 S. 248 ff. (254); 28. 3. 1955, Bd. 17 S. 96 (104).

Zusammenfassung

1. Zur Erreichung seiner wirtschafts- und sozialpolitischen Ziele hat der Staat ein enges Netz leitender und lenkender Gesetze geschaffen (Wirtschaftslenkung), in deren Rahmen der einzelne Bürger Verträge abschließen und erfüllen kann. Infolge der sich fortlaufend ändernden wirtschaftlichen und sozialen Gegebenheiten ergibt sich für den Gesetzgeber verschiedentlich der Zwang, nachträglich durch Gesetzesänderungen in laufende Verträge eingreifen zu müssen.

2. Nachträgliche Eingriffe des Gesetzgebers in laufende Verträge finden sich auf den verschiedensten Sachgebieten in unterschiedlicher Art und Stärke. Als Beispielsfälle lassen sich Übergangsregelungen, aber auch Preis- und Kündigungsbestimmungen im Wohnungsmietrecht anführen. Eine nachhaltige Eingriffstätigkeit des Gesetzgebers ist unter anderem ferner auf dem Gebiet des Außenhandels (§ 2 Abs. 1 AWG, §§ 2, 8 AbsichG) feststellbar, die sich bei Anwendung der sogenannten Sicherstellungsgesetze erweitern kann. Soweit Gemeinden den Anschluß- und Benutzungszwang einführen, geschieht es gegebenenfalls unter Verdrängung privater Versorgungsverträge der Gemeindeangehörigen.

3. Sofern nachträgliche Eingriffe des Gesetzgebers laufende Verträge unwirksam werden lassen, erfolgt die Abwicklung des Vertragsverhältnisses zwischen den Parteien unter anderem gemäß § 812 BGB. Bei Behinderung der Erfüllungsleistung durch Verbote usw. ergibt sich eine Abwicklung der laufenden Vertragsbeziehungen im Rahmen der §§ 275, 323, 812 BGB. Alle Ausgleichsverhältnisse zwischen den Parteien bewirken im Ergebnis nur eine Schadensteilung. Auch alle nachträglichen inhaltlichen Veränderungen laufender Verträge kraft Gesetzes ergeben zumindest für eine der betroffenen Parteien (Herabsetzung einer Preisforderung) einen wirtschaftlichen Schaden. In allen Fällen erhebt sich deshab die Frage nach einem entsprechenden Ausgleich durch den Staat, sofern die nachträglichen gesetzgeberischen Maßnahmen selbst als zulässig angesehen werden müssen.

4. Der laufende Vertrag ist im Gegensatz zur Weimarer Verfassung (Art. 152) durch das Grundgesetz nicht im Rahmen einer besonderen Verfassungsbestimmung geschützt. Rechtsprechung und Lehre sehen aber in den aus einem Vertrag fließenden Rechten geschütztes „Eigentum" im Sinne des Art. 14 GG. Eingriffe in laufende Verträge stellen sich für sie entweder als Inhaltsbestimmung oder Schrankenziehung (Sozialbindung) oder als Enteignung dar. Grundlage für diese Bewertung ist die Entwicklung in der Weimarer Zeit, die jedes private Vermögensrecht dem erweiterten Eigentumsbegriff des Art. 153 WRV unterstellte. Das Grundgesetz hat diesen Eigentumsbegriff für Art. 14 uneingeschränkt übernommen und dadurch zur Richtschnur für nachträgliche Eingriffe des Gesetzgebers in laufende Verträge erhoben. Offen ist lediglich die Frage, wann und in welchem Umfang eine selbständige, nichtdingliche Rechtsposition im Rahmen laufender Verträge Eigentum im Sinne des Art. 14 GG ist.

5. a) Trotz der grundsätzlichen Anerkennung der Rechte und Forderungen aus Verträgen als Eigentum im Sinne des Art. 153 WRV ist dem Gesetzgeber vom Reichsgericht nicht das Recht bestritten worden, derartige Rechtspositionen notfalls nachträglich entschädigungslos zu beschränken oder dem rechtlichen Untergang auszusetzen, soweit es sich dabei um generelle Maßnahmen handelte (Einzelakttheorie). Diese Einstellung gegenüber der notwendigen Gestaltungsfreiheit des Gesetzgebers ist von der Rechtsprechung in der Nachkriegszeit grundsätzlich beibehalten worden. Eine Entschädigung wegen eines Eingriffes in einen laufenden Vertrag ist regelmäßig nur zugesprochen worden, soweit die Verwaltung im Einzelfall unter Verstoß gegen geltendes Recht tätig wurde. Nur das Oberverwaltungsgericht Münster (Bd. 14 S. 81 ff.) billigte eine Entschädigung zu, als der Erlaß einer generellen Satzung einen Wasserlieferungsvertrag zum Untergang brachte.

Diesem Ausnahmefall stehen Entscheidungen gegenüber, in denen trotz Entziehung, Vernichtung oder Verschlechterung bestehender Rechte und Forderungen aus Schuldverhältnissen (Entziehungstheorie) keine Entschädigung zugesprochen wurde. Soweit nicht auf eine Begründung verzichtet wurde, sah der Bundesgerichtshof die Eingriffe unter anderem als Folge eines rechtlichen „Makels" (Bd. 31 S. 1 ff.) oder einer besonderen Pflichtigkeit (Bd. 40 S. 355 ff.) der betroffenen vermögenswerten Rechtsposition an.

b) Im Gegensatz zur Rechtsprechung steht die einschlägige Literatur überwiegend auf dem Standpunkt, die Vernichtung oder endgültige Unmöglichkeit der Erfüllung eines laufenden Vertrages durch Maßnahmen des Gesetzgebers oder der ihm folgenden Verwaltung erfülle den Tatbestand einer entschädigungspflichtigen Enteignung.

6. Infolge der fehlenden abschließenden Verdeutlichung des erweiterten verfassungsrechtlichen Eigentumsbegriffes ergibt sich für die Bestimmung des Tatbestandes der Enteignung die Notwendigkeit zur Bildung von einzelnen Fallgruppen. Unter Berücksichtigung ihrer speziellen Problematik müssen für die Bestimmung des Tatbestandes der Enteignung gemeinsame, andersartige oder zusätzliche Kriterien herangezogen werden. Die Tatsache, daß verschiedene Rechtspositionen als verfassungsrechtlich geschütztes Eigentum angesehen werden, erbringt keinen Nachweis, daß jede Maßnahme, die bei der einen Rechtsposition den Tatbestand der Enteignung verwirklicht, notwendigerweise bei einer anderen, aber anders strukturierten Rechtsposition die gleichen Entschädigungspflichten begründet. Dieser Grundsatz gilt auch dann, wenn die vermögensmäßigen Folgen der verschiedenen Maßnahmen gleich sind.

7. Den Rechtspositionen aus laufenden Verträgen ist eigen, daß sie nur im Rahmen der gegebenen Rechtsordnung zur Entstehung kommt. Die Rechtsordnung ist Entstehungsvoraussetzung. Jedem laufenden Vertrag ist deshalb eine „Bestandsschwäche" gegenüber nachfolgenden generellen Rechtsänderungen wesentlich.

8. Die immanente „Bestandsschwäche" eines jeden Vertrages widerspricht nicht der Vertragsfreiheit als Teil der allgemeinen Handlungsfreiheit (Art. 2 Abs. 1 GG). Die Freiheit, Verträge abschließen zu können, umfaßt nicht den Anspruch, daß jeder zustande gekommene Vertrag frei von nachträglichen Behinderungen durch den Gesetzgeber zur Abwicklung kommt. Die in der Vergangenheit und in der Gegenwart üblichen Eingriffe (u. a. § 106 GWB, § 22 Abs. 2 AWG) in laufende Verträge lassen die Vertragsfreiheit in ihrem Kern unberührt und verstoßen deshalb nicht gegen die

verfassungsrechtlich geschützte Handlungsfreiheit (Art. 2 Abs. 1 GG).
Wegen der besonderen „Bestandsschwäche" gegenüber nachträglichen
Rechtsänderungen ist das Kriterium der Vernichtung oder Entziehung von
Eigentum (Entziehungstheorien) zur Bestimmung des Tatbestandes der
Enteignung (Art. 14 GG) bei laufenden Verträgen ungeeignet.

 9. Eingriffe des Gesetzgebers in laufende Verträge verletzen nicht das be-
    sondere Verbot der Rückwirkung von Gesetzen, da es sich regelmäßig
    „nur" um Fälle der unechten Rückwirkung handelt. Die Zulässigkeit von
    nachträgichen Eingriffen richtet sich allenfalls danach, in welchem Um-
    fang die Vertragspartner auf den Fortbestand der bei Vertragsabschluß
    gegebenen Rechtslage vertrauen dürfen. Infolge der veränderten und ver-
    größerten Aufgabenstellung für den Gesetzgeber in einem Sozialstaat ist
    nur ausnahmsweise ein dahingehendes Vertrauen gerechtfertigt. Das kann
    unter anderem der Fall sein, wenn der Staat besondere, ausdrückliche Zu-
    sicherungen ausspricht, um Parteien zum Vertragsabschluß zu veranlas-
    sen.

10. Eingriffe des Gesetzgebers in laufende Verträge unterliegen dem allge-
    meinen Gebot der Verhältnismäßigkeit (Übermaßverbot) und müssen für
    den vom Staat definierten und verfolgten Zweck geeignet und erforderlich
    sein. In Einzelfällen kann sich die Notwendigkeit zu Übergangsregelungen.
    Härteklauseln usw. ergeben.

11. Soweit in Ausnahmefällen nachträgliche Eingriffe des Gesetzgebers gegen
    das Grundgesetz verstoßen (legislatives Unrecht), können die Vertrags-
    parteien wegen der entstandenen Sonderopferlage eine Entschädigung
    wegen enteignungsgleichem Eingriffs verlangen.

12. Eine Entschädigung kann ferner in den Fällen beansprucht werden, in
    denen der Eingriff zwar rechtmäßig ist, aber Vertragsparteien mit gleicher
    Interessenlage ungleich behandelt. Dabei ist unter anderem an Eingriffe
    in Mietverträge aufgrund spezieller Enteignungsgesetze zu denken.

Literaturverzeichnis

Anschütz, Gerhard: Die Verfassung des Deutschen Reiches. Kommentar, 14. Auflage, Berlin 1933

Apelt, Willibalt: Geschichte der Weimarer Verfassung. 2. unveränderte Auflage, München und Berlin 1964

Bachof, Otto: Begriff und Wesen des sozialen Rechtsstaates, VDVStRL Heft 12, Berlin 1954, S. 8 ff.

— Verfassungsrecht, Verwaltungsrecht, Verfahrensrecht. Die Rechtsprechung des Bundesverwaltungsgerichts ab Band 13, JZ 1966, S. 11 ff.

Badura, Peter: Eigentumsgarantie und Benutzungszwang, DÖV 1964, S. 539 ff.

Bender, Bernd: Sozialbildung des Eigentums und Enteignung, NJW 1965, S. 1297 ff.

Bettermann, Karl August: Grundfragen des Preisrechts für Mieten und Pachten, Tübingen 1952

— Anmerkung zu BGH, Urteil vom 4. 2. 1962, DVBl. 1962, S. 485, a.a.O., S. 486

Bettermann, Karl August und Ernesto *Loh:* Verfassungsrechtliche Bedenken gegen die Besteuerung von Altkontrakten durch das Absicherungsgesetz, BB 1969, S. 70

Biedenkopf, Kurt H.: Die Verfassungsproblematik eines Kartellverbotes, BB 1956, S. 473 ff.

Bullinger, Martin: Die behördliche Genehmigung privater Rechtsgeschäfte und ihre Versagung, DÖV 1957, S. 761 ff.

Dagtoglou, Prodromos: Ersatzpflicht des Staates bei legislativem Unrecht?, Tübingen 1963

Deiters: Anmerkung zum Außenwirtschaftsgesetz vom 28. 4. 1961 (BGBl. I S. 481), Deutsches Bundesrecht, Baden-Baden, Loseblattsammlung, 163. Lieferung

Ditges, Harald: Probleme des neuen Außenwirtschaftsgesetzes, NJW 1961, S. 1849 ff.

Dürig, Günter: Zurück zum klassischen Enteignungsbegriff!, JZ 1954, S. 4 ff.

— Grundfragen des öffentlich-rechtlichen Entschädigungssystems, JZ 1955, S. 521 ff.

— Der Staat und die vermögenswerten Berechtigungen seiner Bürger. Staat und Bürger, Festschrift für Willibalt Apelt, München und Berlin 1958, S. 13 ff.

Ehlermann, Claus-Dieter: Wirtschaftslenkung und Entschädigung, Heidelberg 1957

Enneccerus, Ludwig und Hans Carl *Nipperdey:* Allgemeiner Teil des bürgerlichen Rechts, Erster Halbband, 14. Auflage, Tübingen 1952

— Allgemeiner Teil des bürgerlichen Rechts, Erster Halbband, 15. Auflage, Tübingen 1959

Erler, Georg: Die Rechtsstellung der Exportgläubiger gegenüber der zentralen Verrechnungsstelle bei internationalen Clearingabkommen. Zeitschrift für ausländisches und öffentliches Recht und Völkerrecht, Band 15, Stuttgart und Köln 1953/54, S. 1 ff.

Fischer, Max: Der Begriff der Vertragsfreiheit, Aachen o. J.

Flume, Werner: Rechtsgeschäft und Privatautonomie. Hundert Jahre Deutsches Rechtsleben. Festschrift Deutscher Juristentag, I. Band, Karlsruhe 1960, S. 135 ff.

— Allgemeiner Teil des Bürgerlichen Rechts, Zweiter Band, Das Rechtsgeschäft, Berlin - Heidelberg - New York 1965

Forsthoff, Ernst: Rechtsfragen zur Regelung der Sonntagsarbeit, BB 1960, S. 1135 ff.

— Lehrbuch des Verwaltungsrechts, Erster Band, Allgemeiner Teil, 9. Auflage, München und Berlin 1966

Friauf, Karl Heinrich: Die verfassungsrechtlichen Grenzen der Wirtschaftslenkung und Sozialgestaltung durch Steuergesetze, Tübingen 1966

Fuß, Ernst-Werner: Rechtsverhältnisse und Verbindlichkeiten einer für verfassungswidrig erklärten Partei. Anmerkung zu BAG, Urteil vom 12. 2. 1959, JZ 1959, S. 767 ff.; a.a.O., S. 741 ff.

Geiger, Willi: Gesetz über das Bundesverfassungsgericht, Kommentar, Berlin und Frankfurt a. M. 1952

Gentz, Manfred: Zur Verhältnismäßigkeit von Grundrechtseingriffen, NJW 1968, S. 1600 ff.

Genscher, Hans-Dietrich und Arthur *Büsing:* Sonderumsatzsteuer des Absicherungsgesetzes für schwebende Exportverträge verfassungswidrig?, BB 1968, S. 1442

Giese, Friedrich: Die Verfassung des Deutschen Reichs. Kommentar, 8. Auflage, Berlin 1931

Gönnenwein, Otto: Gemeinderecht, Tübingen 1963

Götz, Volkmar: Recht der Wirtschaftssubventionen, München, Berlin 1966

Greiner, Gottfried: Wiederbelebung des klassischen Enteignungsbegriffs, DÖV 1954, S. 583 ff.

Hamann, Andreas: Rechtsstaat und Wirtschaftslenkung, Heidelberg 1953
— Das Grundgesetz. Kommentar, 2. Auflage, Neuwied - Berlin 1960

Harsdorf, Herbert: Außenwirtschaftsgesetz. Reihe zur Außenwirtschaft Heft 1, Frankfurt a. M. 1961

Henrichs, Wilhelm: Anmerkung zu BAG, Urteil vom 12. 2. 1959, NJW 1959, S. 1243

Henze, Gerhard: Hoheitliche Eingriffe in private Außenhandelsverträge. Dissertation, Heidelberg 1963

Hesse, Konrad: Grundzüge des Verfassungsrechts der Bundesrepublik Deutschland, Karlsruhe 1968

Hofacker, Wilhelm: Grundrechte und Grundpflichten der Deutschen, Stuttgart 1926

Huber, Ernst Rudolf: Wirtschaftsverwaltungsrecht, Erster Band, 2. Auflage, Tübingen 1953, Zweiter Band, 2. Auflage, Tübingen 1954

Huber, Hans: Die verfassungsrechtliche Bedeutung der Vertragsfreiheit, Berlin 1966

Ipsen, Hans Peter: Das Bundesverfassungsgericht und das Privateigentum, AöR Band 91, Tübingen 1966, S. 86 ff.

Jaenicke, Günther: Gefährdungshaftung im öffentlichen Recht, VDVStRL Heft 20, Berlin 1963, S. 135 ff.

Janssen, Günter: Der Anspruch auf Entschädigung bei Aufopferung und Enteignung, Stuttgart 1961

Jellinek, Walter: Verwaltungsrecht. Neudruck der 3. Auflage von 1931, Bad Homburg v. d. H., Berlin, Zürich 1966

Jesch, Dietrich: Gesetz und Verwaltung, 1. Auflage, Tübingen 1961
— Anmerkung zum Bay. VGH 17. 3. 1961, DÖV 1962, S. 426

Kessler, Heinrich: Der enteignungsgleiche Eingriff in der Rechtsprechung des Bundesgerichtshofes, DRiZ 1967, S. 374 ff.

Kimminich, Otto: Die Rückwirkung von Gesetzen, JZ 1962, S. 518 ff.
— Kommentierung zu Art. 14 GG. Bonner Kommentar, Zweitbearbeitung, Stand 17. Lieferung, Hamburg 1966

Klein, Friedrich und Günther *Barbey:* Bundesverfassungsgericht und Rückwirkung von Gesetzen, Bonn 1964

Knieper, Rolf: Probleme des Absicherungsgesetzes vom 29. 11. 1968, NJW 1969, S. 215

Kollmar, Hans: Das Problem der staatlichen Lenkung und Beeinflussung des rechtsgeschäftlichen Verkehrs, Tübingen 1961

Köttgen, Arnold: Grundprobleme des Wasserrechts. Beiträge zur Wasserwirtschaft, 1. Heft, Jena 1925, S. 1 ff.
— Gemeindliche Daseinsvorsorge und gewerbliche Unternehmerinitiative, Göttingen 1961

Kreft, Friedrich: Grenzfragen des Enteignungsrechts in der Rechtsprechung des Bundesgerichtshofes und des Bundesverwaltungsgerichtes, in Ehrengabe für Bruno Heusinger, München 1968, S. 167 ff.

Krückmann, Paul: Enteignung, Einziehung, Kontrahierungszwang, Änderung der Rechtseinrichtung, Rückwirkung und die Rechtsprechung des Reichsgerichts, Berlin 1930

Krüger, Herbert: Verfassungsänderung und Verfassungsauslegung, DÖV 1961, S. 721 ff.

Langen, Eugen: Außenwirtschaftsgesetz. Kommentar, Loseblattsammlung, Stand 1. 1. 1966, München und Berlin 1965

Larenz, Karl: Allgemeiner Teil des Deutschen Bürgerlichen Rechts, München 1967

Larenz, Karl: Geschäftsgrundlage und Vertragserfüllung, 3. Auflage, München, Berlin 1963

— Lehrbuch des Schuldrechts, Erster Band, Allgemeiner Teil, 9. Auflage, München und Berlin 1968

— Lehrbuch des Schuldrechts, Zweiter Band, Besonderer Teil, 7. Auflage, München und Berlin 1965

Lehmann, Heinrich und Heinz *Hübner:* Allgemeiner Teil des Bürgerlichen Gesetzbuches, 15. Auflage, Berlin 1966

Laufke, Franz: Vertragsfreiheit und Grundgesetz. Festschrift für Heinrich Lehmann, I. Band, Berlin, Tübingen, Frankfurt 1956, S. 145 ff.

Leibholz, Gerhard und H. J. *Rinck:* Grundgesetz für die Bundesrepublik Deutschland. Kommentar anhand der Rechtsprechung des Bundesverfassungsgerichts, 3. Auflage, Köln - Marienburg 1968

Lerche, Peter: Rechtsprobleme der wirtschaftslenkenden Verwaltung, DÖV 1961, S. 486 ff.

— Übermaß und Verfassungsrecht, Köln, Berlin, München, Bonn 1961

v. Mangoldt, Hermann: Das Bonner Grundgesetz. Berlin und Frankfurt 1953

v. Mangoldt, Hermann und Friedrich *Klein:* Das Bonner Grundgesetz. Kommentar, Band 1, 2. Auflage, Berlin - Frankfurt/Main 1957

Maunz, Theodor und Günter *Dürig:* Grundgesetz. Kommentar, Band 1, München, Berlin, Stand 1968

Matz, Werner: Entstehungsgeschichte der Artikel des Grundgesetzes. Jahrbuch des Öffentlichen Rechts der Gegenwart, Neue Folge, Band 1, Tübingen 1951

Müller-Henneberg und Ivo E. *Schwartz:* Gesetz gegen Wettbewerbsbeschränkungen und Europäisches Kartellrecht, Gemeinschaftskommentar, 2. Auflage, Köln - Berlin - Bonn - München 1963

Neumann, Peter: Wirtschaftslenkende Verwaltung, Stuttgart 1959

Nipperdey, Hans Carl: Freie Entfaltung der Persönlichkeit, in Bettermann-Nipperdey, Die Grundrechte, Band IV, 2. Halbband, 1962, S. 741 ff.

Ossenbühl, Fritz: Die Rücknahme fehlerhafter begünstigender Verwaltungsakte, 2. durch einen Nachtrag erweiterte Auflage, Berlin 1965

Palandt: Bürgerliches Gesetzbuch. Kommentar, 28. Auflage, München und Berlin 1969

Peters, Hans: Das Recht auf freie Entfaltung der Persönlichkeit in der höchstrichterlichen Rechtsprechung, Köln - Opladen 1963

— Die Verfassungsmäßigkeit des Verbots der Beförderung von Massengütern im Fernverkehr auf der Straße, Gutachten, Bielefeld, Minden, Detmold 1954

— Öffentliche und staatliche Aufgaben, in Festschrift für Nipperdey, Band II, München - Berlin 1965

Poetzsch-Heffter, Fritz: Handkommentar der Reichsverfassung, 3. Auflage, Berlin 1928

Raiser, Ludwig: Vertragsfreiheit heute, JZ 1958, S. 1 ff.

Raiser, Ludwig: Vertragsfunktion und Vertragsfreiheit. Hundert Jahre Deutscher Juristentag, Band I, Karlsruhe 1960, S. 101 ff.

Reichsgerichtsrätekommentar: Das Bürgerliche Gesetzbuch. Kommentar, herausgegeben von Reichsgerichtsräten und Bundesrichtern, I. Band, 1. Teil, 11. Auflage, Berlin 1959

Reinhardt, Rudolf: Die Vereinigung subjektiver und objektiver Gestaltungskräfte in Verträge, in Festschrift für Walter Schmidt-Rimpler, Karlsruhe 1957

Reißmüller, Johann Georg: Anmerkung zu BGH, Urteil vom 18. 9. 1959, JZ 1960, S. 121 ff.

Reuß, Hermann: Der Wesenskern des Eigentums in der Rechtsprechung, DVBl. 1965, S. 384 ff.

Rinck, Gerd: Wirtschaftsrecht, Köln, Berlin, Bonn, München 1963

Roquette, Hermann: Mietrecht, 4. Auflage, Tübingen 1954

Roth, Karlernst: Die öffentlichen Abgaben und die Eigentumsgarantie im Bonner Grundgesetz, Heidelberg 1958

Rupp, Hans Heinrich: Das Urteil des Bundesverfassungsgerichts zum Sammlungsgesetz — eine Wende in der Grundrechtsinterpretation des Art. 2 Abs. 1 GG?, NJW 1966, S. 2037 ff.

Saage, Erwin: Vertragshilfegesetz. Berlin und Frankfurt 1952

Schack, Friedrich: Ersatzpflicht des Staates bei „legislativem Unrecht", MDR 1968, S. 186 ff.
— Entschädigung bei legislativem Unrecht, MDR 1953, S. 514 ff.
— Generelle Eigentumsentziehungen als Enteignungen, NJW 1954, S. 577 ff.
— Empfiehlt es sich, die verschiedenen Pflichten des Staates zur Entschädigungsleistung aus der Wahrnehmung von Hoheitsrechten nach Grund, Inhalt und Geltendmachung gesetzlich neu zu regeln?, in Verhandlungen des 41. Deutschen Juristentag 1955, Band I, 1. Halbband, Tübingen 1955, S. 1 ff.
— Der „enteignungsgleiche Eingriff", JZ 1960, S. 625 ff.

Scheerbarth, Hans Walter: Die Anwendung von Gesetzen auf früher entstandene Sachverhalte (sogenannte Rückwirkung von Gesetzen), Berlin 1961

Schelcher, Walter: Eigentum und Enteignung nach der Reichsverfassung, in Fischer's Zeitschrift für Verwaltungsrecht, Band 60, Leipzig 1927, S. 137 ff.
— Die Rechte und Pflichten aus dem Eigentum, in Die Grundrechte und Grundpflichten der Reichsverfassung. Herausgegeben von Hans Carl Nipperdey, Dritter Band, Berlin 1930, S. 196 ff.

Scheuner, Ulrich: Die staatliche Intervention im Bereich der Wirtschaft. Rechtsformen und Rechtsschutz, in VDVStRL Heft 11, Berlin 1954, S. 1 ff.
— Die Abgrenzung der Enteignung, DÖV 1954, S. 587 ff.

Schmidt, Reiner: Anmerkung zu BGH, Urteil vom 7. 12. 1967, NJW 1968, S. 791 ff.

Schmidt, Walter: Die Freiheit vor dem Gesetz; Zur Auslegung des Art. 2 Abs. 1 des Grundgesetzes, AöR Band 91, Tübingen 1966, S. 42 ff.

Schmitt, Carl: Die Auflösung des Enteignungsbegriffs, JW 1929, S. 495 ff.
— Verfassungsrechtliche Aufsätze aus den Jahren 1924—1954, Berlin 1958

Schmitt, Carl: Anmerkung zum Aufsatz: Die Auflösung des Enteignungsbegriffs, S. 118 ff.

Schulte, Hans: Enteignung und privatrechtliche Aufopferung, DVBl. 1965, S. 386 ff.

Schulz, Heinz Friedrich: Außenwirtschaftsrecht, Kommentar, Köln - Berlin - Bonn - München 1965/1966

Sellmann, Martin: Sozialbindung des Eigentums und Enteignung, NJW 1965, S. 1689 ff.

Selmer, Peter: Der Aufopferungsanspruch auf vermögensrechtlichem Gebiet. Dissertation, Frankfurt/Main 1965

Sieg, Harald, Hans *Fahring* und Karl-Friedrich *Kölling:* Außenwirtschaftsgesetz. Kommentar, Berlin - Frankfurt 1963

Siegl, Waldemar: Baulandumlegung und Enteignung, DVBl. 1956, S. 285 ff.

Soergel-Siebert: Kommentar zum Bürgerlichen Gesetzbuch, V. Band, Einführungsgesetz, 9. Auflage, 1961

Staudinger: Kommentar zum Bürgerlichen Gesetzbuch, I. Band, Allgemeiner Teil, 11. Auflage, Berlin 1957

Stern, Klaus: Die Neufassung des Art. 109 GG, NJW 1967, S. 1831 ff.

Stödter, Rolf: Die öffentlich-rechtliche Entschädigung. Abhandlungen und Mitteilungen aus dem Seminar für Öffentliches Recht in Hamburg, Heft 28, Hamburg 1933
— Über den Enteignungsbegriff, DÖV 1953, S. 97 ff., 137 ff.

Tetzner, Heinrich: Kartellrecht, 2. Auflage, München und Berlin 1967

Wagner, Heinz: Die Abgrenzung von Enteignung und enteignungsgleichem Eingriff, NJW 1967, S. 2333 ff.
— Vortrag auf der Staatsrechtslehrertagung, NJW 1969, S. 26
— Der Haftungsrahmen in der Lehre vom Sonderopfer, Festschrift für Hermann Jahrreiß, Köln - Berlin - Bonn - München 1964, S. 441 ff.
— Eingriff und unmittelbare Einwirkung im öffentlich-rechtlichen Entschädigungsrecht, NJW 1966, S. 569 ff.

Wapenhensch: Der Eingriff in laufende Verträge im Außenwirtschaftsrecht, AWD 1961, S. 273 ff.

Weber, Werner: Anmerkung zu Deutsches Obergericht, Urteil vom 13. 4. 1950, AöR Band 77, S. 77
— Eigentum und Enteignung, in Neumann-Nipperdey-Scheuner, Die Grundrechte, Zweiter Band, Berlin 1954, S. 331 ff.

Weimar, Robert: „Zufalls" Schädigungen durch die öffentliche Hand, DÖV 1963, S. 607

Wiesen, Heinrich: Dirigierte Verträge. Eingriffe des Staates in Kauf-, Miet- und Pachtverträge nach französischem und deutschem Recht. Dissertation, Bonn 1962

Wolff, Hans J.: Verwaltungsrecht I. Ein Studienbuch, 7. Auflage, München, Berlin 1968

Wolff, Martin: Reichsverfassung und Eigentum, Festgabe für Wilhelm Kahl, Tübingen 1923

Zuck, Rüdiger: Die globalgesteuerte Marktwirtschaft und das neue Recht der Wirtschaftsverfassung, NJW 1967, S. 1301 ff.

MIX
Papier aus verantwortungsvollen Quellen
Paper from responsible sources
FSC® C105338

Printed by Libri Plureos GmbH
in Hamburg, Germany